STERNSTUNDEN DES TENNIS

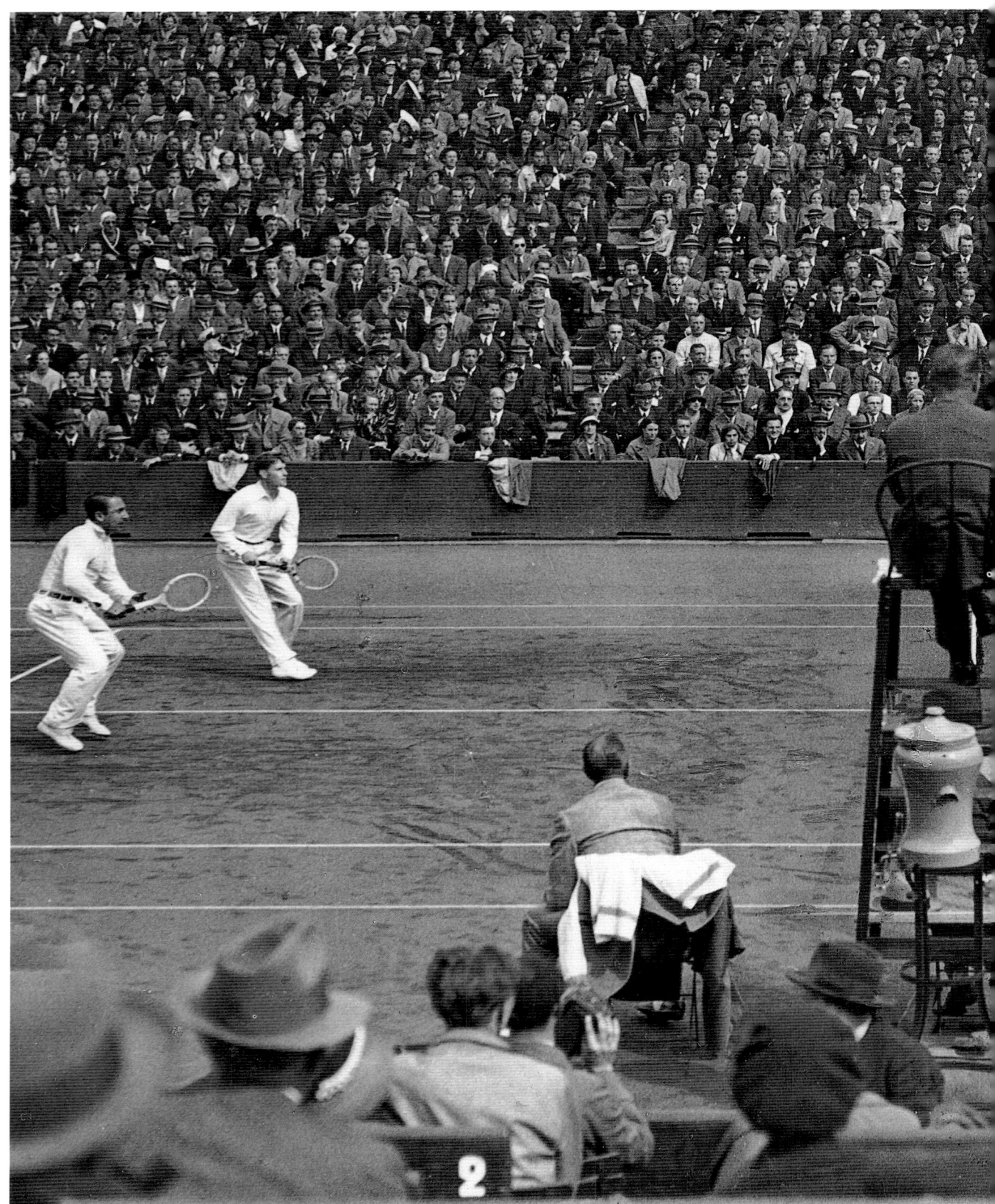

Ulrich Kaiser

STERNSTUNDEN DES TENNIS

COPRESS

Titelfoto: Rauchensteiner

Farbabbildungen:
Bongarts, Rauchensteiner,
SVEN SIMON, Paul Zimmer

Schwarzweißabbildungen:
Bongarts, Rauchensteiner,
Schirner, Süddeutscher Verlag,
SVEN SIMON, Ullstein

Produktion und Layout:
VerlagsService Dr. Helmut Neuberger
& Karl Schaumann GmbH

Umschlaggestaltung: Uwe Richter
Lektorat: Robert Fischer

CIP-Titelaufnahme der Deutschen
Bibliothek

Sternstunden des Tennis
/ Ulrich Kaiser. – München :
Copress, 1992
ISBN 3-7679-0377-6
NE Kaiser, Ulrich

© 1992 Copress Verlag GmbH,
München
Alle Rechte vorbehalten.
Wiedergabe, auch auszugsweise,
nur mit ausdrücklicher Genehmigung
des Verlags
Gesamtherstellung: Bruckmann München
Printed in Germany
ISBN 3-7679-0377-6

Inhalt

Zu diesem Buch

Ein Buch wie dieses unterliegt einer seltsamen Methode: Es ruft Zweifel beim Autor hervor – und zwar wegen dem, was nicht drin steht. Es gibt nämlich viel mehr »Sternstunden« dieses Spiels, als solch ein Band zu fassen vermag. Wo ist jenes Daviscup-Match zwischen B. Becker und A. Agassi in München, ist Steffi Grafs Sechsnullsechsnull-Sieg im Finale von Paris nicht dazuzuzählen – kann es da nicht auch irgendeine x-beliebige Clubmeisterschaft gegeben haben, in der Unvorstellbares geschah? Und noch eins kommt hinzu: Natürlich sucht der Leser hauptsächlich nach Geschehnissen der nahen Vergangenheit, die er selbst erlebte, und genauso natürlich ist er enttäuscht, wenn er ausgerechnet jenes Match nicht findet, von dem er glaubt, es müsse hier stehen. Die erwähnten Zweifel entstehen also beim Weglassen.

Die Rechtfertigung des Autors: Dieses Spiel hat eine lange Geschichte – es hat nicht erst begonnen, als es zum Volkssport wurde. Und es wäre genauso falsch, diese Geschichte einfach zu ignorieren. Sie ist nämlich von Menschen gemacht worden, die in ihrer Zeit ebenfalls das waren, was man heute als »Star« bezeichnet – sie hatten nur das Glück oder das Pech, daß es damals die heutigen, weltumspannenden Medien noch nicht gab, die ihren Ruhm überall verbreiteten, und daß man ihnen auch das Geld nicht zahlte, das im Zusammenhang mit diesem Ruhm steht.

Und noch eins: Es war und ist ja nicht nur ein Spiel und das dazugehörige Ergebnis, welches als Resultat eine »Sternstunde« hervorbringt. Die Menschen gehören dazu – Arme und Reiche, Kluge und Dumme, Frauen und Männer, Junge und Alte, Laute und Leise. Menschen aller Rassen, Religionen und Staaten, aus verschiedenen Gesellschaften, Klimazonen, politischen Einflüssen und Elternhäusern. Wie kann es geschehen, daß einer aus einem Kaff im hintersten Australien plötzlich im Mittelpunkt einer Weltöffentlichkeit steht, weil er es fertigbringt, einen Ball über ein Netz zu schlagen? Die Beschreibung dieser Menschen und ihres Umfeldes war dem Autor oft wichtiger als der Ablauf eines Matches – egal, welche Spannung es erzeugte.

Daß schließlich mehr als die Hälfte der hier aufgezeichneten Tennisspiele in Wimbledon stattfanden, hat eine plausible Erklärung: Es ist die uneingeschränkte Zuneigung des Autors zu diesem Ort und seinen oft skurrilen Traditionen, von denen er hofft, daß sie nie abnehmen.

Ulrich Kaiser

Der Anfang

Spencer Gore – Julian Marshall

Wimbledon, 19. Juli 1877

Der 19. Juli 1877 war ein Donnerstag – ein Datum, das in der Geschichte nicht unbedingt zu jenen zählt, die man in der Schule auswendig lernen muß. In Großbritannien herrschte Queen Victoria, die gerade auch Kaiserin von Indien geworden war. Auf dem Balkan gab es kriegerische Auseinandersetzungen. In Deutschland beruhigte man sich über Siebzig/Einundsiebzig – in Frankreich ebenfalls. An diesem Tag also gab es in einem Vorort im Südwesten Londons ein Tennismatch, das ein Gentleman namens Spencer Gore gegen einen anderen namens Julian Marshall 6:1, 6:2, 6:4 für sich entschied. Spencer Gore war weit davon entfernt, seinen Sieg als epochal oder gar geschichtsträchtig anzusehen. Als er später einmal seine Erlebnisse zu Papier brachte, schrieb er darüber: »Keiner, der es in einem anderen Sport jemals zu etwas gebracht hat, wird sich mit dieser Art, ›Tennis zu spielen‹, anfreunden können. Die Monotonie dieses Spiels, die unübersichtliche Zählweise und auch die Schwierigkeit, es zu erlernen, werden jeden

200 Zuschauer bezahlten für das Finale des ersten Turniers im »All England Croquet and Lawn Tennis Club« in Wimbledon am 19. Juli 1877 je einen Shilling Eintritt.

wirklich sportinteressierten Menschen vertreiben. Ich bezweifele sehr stark, daß daraus jemals ein wirklich populärer Sport wird.« Mr. Gore hatte an jenem Donnerstag, dem 19. Juli 1877, übrigens das erste Wimbledon-Finale gewonnen. Aus der Distanz von mehr als einem Jahrhundert muß man ihm sicherlich einiges sportliches Können bescheinigen, was aber nichts daran ändert, daß er ein lausiger Prophet war.

Heute kann es jedem Tennis-Fan passieren, daß er beim Verlassen eines Stadions davon überzeugt ist, eine der sogenannten »Sternstunden« dieses Spiels erlebt zu haben. Damals, an diesem schwülen Sommertag in dem Londoner Vorort, gab es niemanden unter den Zuschauern, der sich zu dieser Aussage bereit erklärt hätte. Woraus man erkennen könnte, daß es der Distanz bedarf, bevor ein recht simples Ereignis zu einem historischen Datum wird. In der Tat: Ein simples Ereignis in einem simplen Verein, dessen Name in keiner Weise auf das Tennisspiel hinwies. Der Verein hieß *The All England Croquet Club*.

Die Vorgeschichte zu diesem zumindest tennis-historischen Ereignis begann am 23. Juli 1868 in einem Redaktionsraum der Zeitschrift »The Field« im Hause Nr. 346 einer Londoner Straße namens Strand, deren Name durch den Weillschen Text der *Dreigroschenoper* weithin populär und im deutschsprachigen Raum auch mißgedeutet wurde. Der »tote Mann am Strand«, den Mackie Messer so herzzerreißend besingt, lag keineswegs an einem sandigen Ufer, sondern an dieser Straße, an der heute keine Leichen mehr herumliegen, sondern Geschäfte abgewickelt werden. »The Field« würde man derzeit als eine Art Freizeitmagazin ansehen; es standen die Beschrei-

bungen von Kartenspielen darin, Anleitungen zur Gartenpflege, natürlich Pferderennen und schließlich auch Hinweise für Tätigkeiten, mit denen man langweilige Wochenenden überbrücken konnte, die im victorianischen Zeitalter offensichtlich besonders langweilig waren. An diesem Tag fand hier also eine Redaktionskonferenz statt, und da es sich um Historie handelt, muß man der Vollständigkeit halber wohl die Anwesenden erwähnen: Der Chefredakteur John H. Walsh, Captain R. F. Dalton, Reverend A. Law, Mr. John Hale, Mr. Jeremia Clark-Maddock und Mr. Walter Jones Whitmore. Man diskutierte die Probleme des Croquet-Spiels – jener zweifelsohne beschaulichen Tätigkeit, bei der man hölzerne Kugeln mittels eines Holzhammers durch putzige Törchen beförderte, die man in einen schönen Rasen gesteckt hat. Man muß hier hinzufügen, daß Walter Jones Whitmore als absoluter Experte dieses sportiven Zeitvertreibs anzusehen war – er war im Jahr zuvor Landes-Champion dieses Spiels geworden.

Da bedauerlicherweise kein genaues Protokoll dieser Sitzung vorliegt, muß man sich auf die Wiedergabe des Resultats beschränken, und dieses besagt einwandfrei, daß irgend jemand irgendwann die Frage aufwarf, warum man denn nicht einfach selbst einen Croquet-Club gründe. Der Beschluß war offensichtlich einstimmig: Whitmore wurde Clubsekretär, Maddock Schatzmeister. Und da es sich um erfahrene Journalisten handelte, legte man auch gleich die Beitragsgebühr von einer Guinea jährlich fest; weil man sich auch in Großbritannien seit einiger Zeit eines dezimalisierten Währungssystems befleißigt, sollte man hier erklärend einfügen, daß es sich bei einer Guinea um einundzwanzig Shilling

oder ein Pfund und einen Shilling handelte – ganz einfach.

Gut zwei Wochen später, am 6. August 1868, tagte der Vorstand und wies bereits auf 38 Mitglieder hin – und da man demzufolge logischerweise bereits 39 Pfund und 18 Shilling in der Kasse hatte, beschloß man ein Spesenkonto: Fünf Pfund wurden für die Suche einer Immobilie ausgesetzt, die dazu geeignet schien, einen Rasen anzulegen, auf dem sich das Croquet-Spiel betreiben ließe. Hier allerdings taten sich Schwierigkeiten auf. Anfragen in Crystal Palace, in der Nähe von Knights Bridge, im Regents Park und im Holland Park scheiterten an überhöhten Pachtforderungen oder an den Einsprüchen der Anlieger. Die Lage war in der Tat sehr mißlich. In der ersten Euphorie hatte man auch lebenslange Mitgliedschaften zum Preise von zehn Guineas ausgegeben – es war Geld da, guter Wille, viel theoretisches Wissen, aber leider keine Möglichkeit, all das in die Praxis umzusetzen. Es geschah nun das, was in jedem Sportverein geschieht, wenn etwas nicht klappt: Bei einer Mitgliederversammlung am 3. Juni 1869 – knapp elf Monate nach der Gründung – kam es zu einer Art Palastrevolution, in deren Verlauf sich der Club-Sekretär und Croquet-Champion Jones Whitmore an die Spitze einer Opposition stellte, die von all dem die Nase voll hatte und ihr Geld zurückverlangte. Es gelang wohl, die Wogen zu glätten. Auf jeden Fall gab es ein weiteres geschichtsträchtiges Datum: Am 24. September 1869 gab der Club bekannt, daß es gelungen sei, den Earl of Essex zu überzeugen, die Präsidentschaft des *All England Croquet Club* zu übernehmen – eine Tatsache, die nicht geringzuschätzen war, denn aus einem Club, in dem ein Earl of Essex der Präsident ist, tritt man nicht so leicht aus. Die zweite Nachricht des Tages kam von dem Schatzmeister Maddock und beinhaltete, daß man draußen in Wimbledon ein Stück Land in Aussicht habe. Es handelte sich um vier Acres (1 Acre = 4,0467 m²), für die ein Landwirt namens Alfred Dixon im ersten Jahr fünfzig, im zweiten fünfundsiebzig und im dritten hundert Pfund Pacht verlangte.

Wimbledon war einmal Schauplatz einer nicht besonders erinnerungswürdigen »Schlacht« gewesen, es hatte dort eine Hinrichtungsstätte gegeben, und ansonsten führten Dragoner oder Husaren Ihrer Majestät manchmal Manöver durch. Immerhin: Die *London and South Western Railway* hatte ihre Geleise dort hinaus gelegt und begrenzte das Gelände auf der einen Seite; auf der anderen lag die Worple Road. Nach einer Spendenaktion gab man 495 Pfund für die Bodenarbeiten, den Bau eines Gärtnerhäuschens und einen Pavillon aus. Am 7. April 1870 stellte man einen Gärtner für einen Tageslohn von vier Shilling ein; ein Teil seiner Arbeit bestand darin, die Zäune so instand zu halten, daß die Rinder und Schweine der Nachbarschaft nicht einzudringen vermochten. Am 24. Juni 1870 fand zum erstenmal eine Vorstandsitzung des *All England Croquet Club* auf dem Clubgelände statt. Man vermochte nunmehr einer geruhsamen Zukunft entgegenzublicken, die lediglich durch das ›Klack‹ unterbrochen wurde, wenn der Hammer gegen die Holzkugel prallte.

Nicht nur der Vollständigkeit halber, sondern auch wegen der später ersichtlichen historischen Rele-

Major Walter Clopton Wingfield. Ihm wird nachgesagt, daß er weit mehr an der geschäftlichen Ausnutzung des Tennis interessiert gewesen sei als an der Einhaltung der von ihm patentierten Regeln.

vanz, muß man von gewissen finanziellen Schwierigkeiten im Jahre 1873 berichten: Man rief zu einer Spendenaktion auf, in deren Verlauf Mr. John Walsh – jener Chefredakteur von »The Field« – auch eine Rasenwalze stiftete. Geschichtlich weniger wichtig war, daß der großherzige Sponsor an seine Stiftung die Bedingung knüpfte, daß man seiner mit herbem Liebreiz bedachten Tochter eine lebenslange Mitgliedschaft verleihe.

Es ist nun an der Zeit, die Croquet-Spieler (›Klack‹) in Wimbledon ein wenig alleine zu lassen, um sich jenen Freizeit-Beschäftigungen verschiedenster Herkunft zu widmen bei denen man einen Ball über ein Netz zu schlagen hatte. »Rackets« hieß eines davon, »Royal Tennis« ein anderes, »Real Tennis« noch mal eines – es gab viele Varianten, die man meistens in Hallen oder in geschlossenen Höfen spielte. 1872 hatte ein Kaufmann namens Harry Gem in Leamington etwas getan, was sich im nachhinein als soziale Tat erweisen könnte, damals aber wohl kaum so gemeint war: Er hatte den ersten *Lawn Tennis Club* der Welt gegründet, und zwar unter freiem Himmel auf einem schönen Rasenplatz. Natürlich war das Spiel weit von irgendeiner Popularität entfernt. Hier nun trat der damals vierzigjährige Walter Clopton Wingfield auf die Bühne – ein pensionierter Major mit alter Familie und äußerst spärlichem Einkommen. Wingfield hatte eine Idee, die nichts mit sportlichem Pioniertum zu tun hatte, sondern mit sehr kommerziellen Interessen: Er klaute sich aus den verschiedenen Ballspielarten die Regeln zusammen

Oben: Ganz im Sinne des »Erfinders« – Tennis auf dem Eis. Darunter die vielleicht erste Darstellung eines Damendoppels und ein weiterer Holzstich aus dem »Punch«, 1874.

und schrieb sie auf – ein Tatbestand, den man gar nicht hoch genug einschätzen kann, denn zuvor hatten Regeln fast ausschließlich auf mündlicher Überlieferung basiert. Am 23. Februar 1874 meldete der Major diese Regeln zum Patent an – da man zu jener Zeit allem, was aus dem alten Griechenland kam, eine gewisse Sympathie entgegenbrachte, unter dem Namen »Sphairistique«. Außerdem ließ er sich Kisten herstellen, auf die man diesen Namen malte; in der Kiste befanden sich Hammer, Pflöcke, Schnüre und Nägel, mit deren Hilfe man sich – so der Prospekt – einen »neuen und weiterentwickelten transportablen Platz für das Spiel des historischen Tennis« aufbauen konnte. Schläger und Bälle mußte man sich gesondert kaufen.

Um wieder auf die Zeitschrift »The Field« zu kommen: In der Ausgabe vom 21. März 1874 gab man einer Geschichte von Major Wingfield breiten Raum, in der er seine »Erfindung« ausführlich erklärte und darauf hinwies, daß man nach Einsendung einer Sixpenny-Briefmarke Prospektmaterial erhalten würde, und daß er das Patent besäße. In der Folgezeit standen weitere Geschichten über dieses Thema im Blatt. Es wurde schleichgeworben, daß es nur so knackte.

Die Wingfield-Regeln fanden allerdings keineswegs ungeteilten Beifall. Ganz im Gegenteil: Man bezichtigte ihn offen des Plagiats, man verspottete ihn gar wegen allzu romantischer Formulierungen, die an anderer Stelle wieder im krassen Gegensatz zu einem militärischen Befehlston standen. Nach langem Hin und Her und viel Streit um Zuständigkeiten – es gab ja keinen Tennisverband als Institution – landeten die Regeln beim *Marylebone Cricket Club* (MCC), der seinerzeit in England auf den verschiedensten sportlichen Gebieten

bereits als schiedsrichtende Regel-Instanz aufgetreten war. Die Crikket-Gentlemen redigierten den Text, formulierten neu und brachten manche Regeln der Realität näher. So weit – so gut. Am 2. März 1877 lief Major Wingfields Patent aus; er wurde geadelt, erhielt zweihundert Pfund und eine goldene Uhr. Er starb 1912. Seine Büste ist im Hause der *British Lawn Tennis Association* zu besichtigen.

Doch kehren wir wieder zum Croquet-Verein nach Wimbledon zurück: Hier hatte man am 25. Februar 1875 in einer Vorstandssitzung beschlossen, einen Teil des Rasens für die Anlegung eines Tennis-Feldes zur Verfügung zu stellen. Das sollte nichts Besonderes sein – man hatte nur die Absicht, den Mitgliedern die Möglichkeiten zur Freizeitgestaltung ein wenig zu erweitern. Initiator war ein gewisser Henry Jones, der zu dieser Zeit 44 Jahre alt war, und lange Zeit als Arzt in London praktiziert hatte, bevor er sich zum Schreiben berufen fühlte. Er füllte in »The Field« eine Kolumne unter dem Pseudonym Cavendish und galt als ausge-

sprochener Experte des Whist-Kartenspiels. Henry Jones übernahm im *All England Croquet Club* die Vorbereitungen der Einführung einer Art Tennisabteilung. Dabei kam ihm entgegen, daß der *Marylebone Cricket Club* kurz zuvor seine überarbeiteten Regeln herausgegeben hatte – zufällig war Ende 1874 auch jemand auf die Idee gekommen, den Gummiball mit Flanell zu umkleben, was das Spiel viel reizvoller machte. Bis Anfang 1877 hatte der Club schon vier Tennisplätze, was die Croquet-Fans mit stillem Grimm zur Kenntnis nahmen. Es hätte trotzdem zu einer stillen Koexistenz kommen können, wäre nicht ein unvorhersehbares Ereignis geschehen: Jene einst vom »The Field«-Chefredakteur Walsh gestiftete Rasenwalze ging kaputt, und es war kein Geld für eine Reparatur da.

Walter Clopton Wingfield hatte seine Tennis-Regeln aus dem Rackett-Spiel, dem Royal Tennis und dem Badminton zusammengeklaubt. Inspiriert haben könnte ihn dazu auch diese Weihnachtskarte aus dem Jahr 1862.

Am 2. Juni 1877 diskutierte der Vorstand über diese Mißlichkeit angeblich sehr temperamentvoll, wobei die Croquetspieler den Tennisspielern vorwarfen, die Walze kaputtgemacht zu haben, die Tennisspieler das gleiche von den Croquetspielern behaupteten, und schließlich beide gemeinsam den Platzmeister dafür verantwortlich machten. Schließlich soll John Walsh eine für die Tennisgeschichte entscheidende Frage gestellt haben: »Warum machen wir kein Tennis-Turnier, bei dem die Teilnehmer ein Startgeld und die Zuschauer Eintritt bezahlen müssen?!« Die Versammlung bestimmte Henry Jones zum Organisator, der von seinem Chefredakteur Walsh sofort beauftragt wurde, einen Text zu formulieren. Am 9. Juni 1877 stand in »The Field« folgende Ankündigung: »Der All England Croquet and Lawn Tennis Club in Wimbledon richtet ein Tennisturnier für alle Amateurspieler aus, welches am Montag, 9. Juli, und den folgenden Tagen stattfinden soll. Die Gebühr für jeden Teilnehmer liegt bei 1 Pfund 1 Shilling. Es sind zwei Preise ausgesetzt – ein goldener für den Gewinner, ein silberner für den Zweiten.« Eine Woche später ließ Chefredakteur Walsh es sich nicht nehmen, die Preise um einen silbernen Herausforderungspokal im Werte von 25 Guineas zu erweitern, wobei man natürlich auf den edlen Spender und die Möglichkeit hinwies, die Zeitschrift zu abonnieren. Die »Times« kündigte das Ereignis erstmals am 6. Juli an – hier war von dreißig Plätzen zu lesen, die es dort draußen nie gab, und von »zahlreichen Anmeldungen«. In Wirklichkeit meldeten sich zweiundzwanzig Teilnehmer, von denen einer dann nicht erschien. Man wollte eigentlich in vier Tagen mit dem Turnier fertig sein. Das klappte nicht, weil die Spieler allesamt beschlossen, Freitag und Samstag das Cricket-Match zwischen Eton und Harrow anzuschauen, am Sonntag durfte man sowieso nicht, und dann regnete es auch noch.

Spencer Gore war damals 27 Jahre alt; ein »altes Semester« auf der Universität Harrow, wo er weniger wegen seiner Studienleistungen als wegen seiner Tätigkeiten im Rugby, Cricket und dem tennisverwandten »Rackets« Ansehen ge-

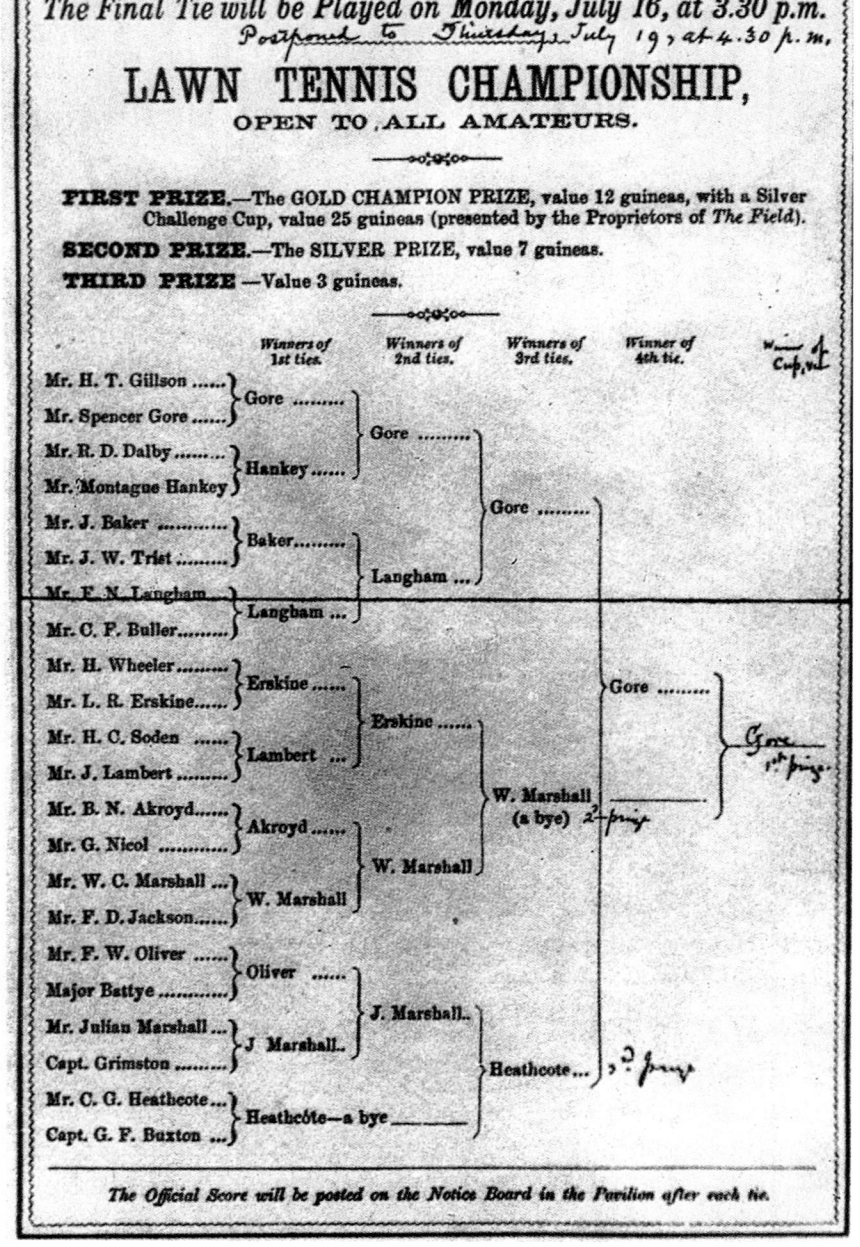

Die Anzeigetafel in Wimbledon für die erste »Lawn Tennis Championship«, 1877. Im Finale gewann Spencer Gore gegen Julian Marshall mit 6:1, 6:2 und 6:4.

Von Anfang an legte man in Wimbledon Wert auf die Einhaltung der Etikette. Hier werden Serviermädchen »für das Wimbledon-Turnier angelernt« (1926).

noß. Gore schlug in der ersten Runde einen gewissen H. T. Gillson 6:2, 6:0, 6:3, in der zweiten Runde gewann er gegen M. Hankey mit 6:4, 4:6, 6:2, 6:1, in der dritten Runde besiegte er F. N. Langham 6:3, 6:2, 5:6, 6:1, im Semifinale schließlich schaltete er C. G. Heathcote mit 6:2, 6:5, 6:2 aus. Erklärend sollte man hinzufügen, daß zum Satzgewinn sechs Spiele nötig

waren – man brauchte keine zwei Spiele Vorsprung, und das Wort »Tiebreak« gab es noch nicht. Turnier-Organisator Henry Jones alias Cavendish fehlte es noch an Routine, was dazu führte, daß im Semifinale auf einmal nur drei Spieler standen. Es wurden insgesamt siebzig Sätze gespielt mit 601 Spielen, von denen 376 von den jeweiligen Aufschlägern gewonnen wurden. Spencer Gore profitierte davon, daß die Netze an den Seiten sehr stark erhöht waren; so nahm er bei jedem Ballwechsel möglichst schnell eine Position in der Mitte

des Netzes ein, von wo er seine Volleys spielen konnte – Passierschläge an den Seiten vorbei waren so gut wie unmöglich. Es kamen etwa zweihundert Zuschauer. Nach Abzug aller Kosten blieben dem Club runde zehn Pfund übrig, die immerhin zur Reparatur der kaputten Rasenwalze ausreichten.

Wimbledon, 19. Juli 1877
Finale der ersten
All England Championships

Spencer Gore – Julian Marshall
6:1, 6:2, 6:4.

13

Damen-Aufschlag

Lottie Dod – Blanche Hillyard

Wimbledon, 6. Juli 1887

Am 6. Juli 1887, einem Mittwoch, gewann Charlotte »Lottie« Dod die Herausforderungsrunde des Wimbledonturniers gegen Blanche Bingley mit 6:2, 6:0. Hinter dieser dürren Mitteilung verbergen sich mindestens ein halbes Dutzend weiterer Nachrichten, die es allesamt wert sind, erwähnt zu werden. Die unterlegene Titelverteidigerin beispielsweise gewann den Titel bis 1900 insgesamt sechsmal, sie nahm von 1884 bis

1913 nicht weniger als 24mal in Wimbledon teil, wurde zweimal Meisterin von Deutschland und hätte nie einen Fisch mit dem Messer oder einen Tennisball ohne Handschuhe berührt. Sie war am Tag dieser Niederlage knapp 24 Jahre alt und heiratete später George Hillyard, den mächtigen Sekretär des *All England Clubs*. Von Lottie Dod ist zu sagen, daß sie an diesem Tag erst fünfzehn Jahre und zehn Monate alt war – sie wird die

jüngste Siegerin aller Zeiten bleiben. Man geht auch nicht fehl mit der Behauptung, daß sie die erste große Sportlerin der Welt war, die sich durch ihre vielseitigen Begabungen und Spitzenleistungen auszuzeichnen vermochte.

An diesem Juli-Tag 1887 ging das vierte Turnier der Damen in Wimbledon zu Ende. Man hatte ihnen erst 1884 gestattet, ebenfalls hier teilzunehmen. Nicht ganz freiwillig: Die Bestrebungen der Frauen zur Emanzipation waren von den Herren der Schöpfung anfangs wenig beachtet worden; die ersten Suffragetten hatten sich unter Emmeline Pankhurst noch kaum formiert, von den »Blue Stockings« war noch keine Rede. In Wimbledon an der Worple Road war es je-

Sportliche Betätigungen mit Schläger und Ball waren schon lange vor Wimbledon nicht bloß Männern vorbehalten (1874).

Maud Watson gewann 1884 als erste Frau in Wimbledon. Sie blieb fünf Jahre lang ungeschlagen und soll die weiße Kleidung mit eingeführt haben.

doch zu einem Zwischenfall gekommen: Nachts hatte der Gärtner einige weibliche Wesen entdeckt, die aus Protest über das der Männerwelt vorbehaltene Spiel versuchten, Feuer an die Holztribüne zu legen. Es entstand kein Schaden, aber man wurde zum Nachdenken angeregt, was schließlich zur Einführung eines Damenturniers führte, wie es sie in Edinburgh und auch in Irland bereits seit Jahren gab. Sie fanden allerdings meistens auf abgelegenen Plätzen statt, die durch hohe Hekken neugierige Blicke verhinderten. Es war ja immer noch die Ära der Queen Victoria, und es hätte immerhin sein können, daß unter den lang-wallenden Röcken ein un-

ziemlicher Knöchel herausschaute oder daß die ebenso weit-wallenden Blusen die Andeutung eines Busens hätten erahnen lassen. Die züchtigen Damen spielten unter weiten Hüten und preßten ihre Formen in schmerzende Korsetts aus Fischbein, welches sich bei den nun einmal notwendigen abrupten Bewegungen auch in die Rippen zu bohren pflegte. Die Damen jener Jahre hatten für ihre sportliche Betätigung durchaus zu leiden. In diese Welt nun kam Lottie Dod, ein Teenager.

Trotz ihrer erst fünfzehn Jahre war sie keine Unbekannte in diesem Metier. Sie war am 21. September 1871 in Bebington in Ceshire als viertes Kind eines Baumwollmaklers geboren worden. Vater James Dod hatte genügend Geld verdient und sich hier niedergelassen; im Garten des Hauses befand sich auch ein Tennisplatz, auf dem Lottie als Neunjährige mit diesem Spiel begann. Wenige Monate später wurde sie Mitglied im *Rock Ferry Lawn Tennis Club*. 1883 trat sie erstmals bei einem Turnier auf; sie gewann mit ihrer Schwester Ann das Doppel bei den nordenglischen Meisterschaften in Manchester. Lottie Dod blieb auch im nächsten Jahr dabei, nur im Doppel zu spielen. Erst 1885 versuchte sie sich erstmals im Einzel. Sie gewann das Turnier in Waterloo und erregte Aufsehen, als sie in Manchester erst im Endspiel an der Wimbledonsiegerin Maud Watson mit 6:8, 5:7 scheiterte. 1886 gewann sie bei den westenglischen Meisterschaften in Bath erstmals gegen Maud Watson – und wurde seitdem »little wonder« genannt. Es war die erste Niederlage für Maud Watson seit 1881, die sich später dafür revanchierte. Aber zu diesem Match erschienen 1500 Zuschauer – mehr als jemals zuvor zu einem Damen-Match.

Der Favoritenschreck

Als Lottie Dod sich für das Wimbledonturnier 1887 anmeldete, besaß sie bereits den Ruf des Favoritenschrecks. Wobei man zugeben muß, daß sie außerordentliche Vorteile genoß. Die erwachsenen Konkurrentinnen und auch die Turnier-Organisatoren akzeptierten sie immer noch als Kind. Das bedeutete, daß man es ihr nachsah, wenn Lotties Rock nicht bis auf den Boden reichte, sondern schon an den Waden endete. Die Ärmel ihrer Bluse reichten nur bis kurz über den Ellenbogen, sie trug leichtere Schuhe und auf dem Kopf keinen breitkrempigen Hut, sondern eine Mütze. Sie gewann im *Fitzwilliam Club* von Dublin die Meister-

1887 gewann Lottie Dod als Fünfzehnjährige erstmals in Wimbledon. Später entwikkelte sie sich zu einem »Favoritenschreck«.

schaft Irlands, sie holte sich das Turnier in Bath und auch das in Manchester – jedesmal im Endspiel über Maud Watson, die es daraufhin vorzog, in Wimbledon lieber gar nicht erst an den Start zu gehen.

Die Geschichte des Turniers, in dem die fünfzehnjährige Lottie Dod ihren ersten Wimbledontitel gewann, ist schnell erzählt – schon allein deswegen, weil gerade ein Dutzend Teilnehmerinnen mitspielten. Sie gewann gegen Brenda James 6:1, 6:1 und gegen Janet Cole 6:2, 6:3, bevor sie auf Blanche Bingley traf. Die beiden hatten erst einmal gegeneinander gespielt: ein Jahr vorher in Cheltenham, und die Ältere hatte dem jungen Mädchen gezeigt, wem hier Respekt gebührt. Dieses Finale dauerte kaum länger als eine halbe Stunde. Bis zum 2:2 im ersten Satz gab es eine Reihe

Von ihr hieß es, sie besitze das »penetranteste Service unter allen Damen«! Offenbar brachte ihr das Erfolg: Sechsmal gewann Blanche Bingley in Wimbledon.

sehr hübscher Ballwechsel – dann holte sich Lottie Dod zehn Spiele in Folge bis zum 6:2, 6:0. Der zweite Satz dauerte gerade zehn Minuten, und Blanche Bingley gewann darin zehn Punkte. Lottie Dod beherrschte den Platz mit ihrer Vorhand, deren Härte und Genauigkeit von keiner anderen Spielerin erreicht wurde. Ihre Rückhand galt zu dieser Zeit noch als unsicher und wurde erst in den folgenden Jahren besser. Wenn irgendwie möglich, suchte sie die Position am Netz, von wo aus sie präzise Volleys setzte – das war einigermaßen ungewöhnlich, denn »man« rannte als Dame nicht ans Netz. Ihren Aufschlag allerdings servierte sie immer aus der Hüfte – später schrieb sie einmal, sie könne keinen entscheidenden Vorteil darin sehen, den Aufschlag »Überkopf« durchzuführen. Das Wichtigste aber: Sie besaß das richtige Temperament für dieses Spiel und ein Ballgefühl, das es ihr gestattete, in jeder Situation auch den richtigen Schlag anzuwenden.

1888 nahm sie nur an sieben Turnieren teil, und lediglich dreimal startete sie im Einzel. Beim Turnier in Bath diktierte ihr der Organisator ein Handicap von 0:15 in jedem Spiel: Wegen zu großer Überlegenheit. Blanche Bingley, mittlerweile verheiratete Hillyard, verzichtete auf diesen Vorteil, gewann den ersten Satz 10:8 und schaffte im zweiten den Gleichstand bis zum 3:3 – dann gewann sie kein Spiel mehr. Blanche Hillyard war auch die Herausforderin in Wimbledon und verlor 3:6, 3:6. Es kamen fast 2000 Menschen, um das Match zu sehen. 1889 hatte Lottie Dod keine Lust, nach Wimbledon zu kommen – sie verbrachte den Sommer beim Segeln vor der Westküste Schottlands. Dort war es auch, wo sie das Golfspiel entdeckte. 1891 spielte sie zunächst kein

einziges Turnier, kam dann doch nach Wimbledon, um ihre Rivalin Blanche Hillyard 6:2, 6:1 zu schlagen. Ähnlich war es 1892 und 1893. Sie war noch keine zweiundzwanzig Jahre alt, als sie herausfand, daß ihr die ewigen Erfolge keinen Spaß mehr bereiteten. Lottie Dod beendete ihre Tennislaufbahn aus Langeweile.

Eine außergewöhnliche Frau

Die Geschichte wäre hier zu Ende, wenn Lottie Dod sich darauf beschränkt hätte, eine berühmte Tennisspielerin aus der Frühzeit zu bleiben. Viele Jahre danach schrieb sie: »Der große Spaß beim Sport und seinen Spielen liegt in der harten Arbeit, die man benötigt, um sie zu erlernen.« Sie wurde Mitglied im *Ladies Golf Club* in Birkenhead und nahm an vielen Turnieren teil. 1894 startete sie erstmals bei den Ladies Open – 1898 und 1899 erreichte sie das Semifinale dieses Turniers, das damals als Lochwettspiel ausgetragen wurde. Im Mai 1904 wurde sie in Troon Gewinnerin der Ladies Open im Finale über May Hazlet vor mindestens fünftausend Zuschauern, die gekommen waren, um das mittlerweile erwachsen gewordene »little wonder« zu feiern. Sie kam in das Golf-Nationalteam und wurde schließlich sogar dessen Kapitänin. Während der Wintermonate ließ sie in jenen Jahren die Golfschläger liegen und spielte Hockey. Sie tat auch das so gut, daß sie in der Nationalmannschaft 1899 und 1900 eine Reihe von Länderspielen bestritt. Damit nicht genug: Im Bogenschießen holte sie sich bei den Olympischen Spielen 1908 in London eine Silbermedaille – ihr Bruder William gewann im Herren-Wettbewerb übrigens Gold. Sie galt als erfahrene Eiskunstläuferin und plazierte sich bei Wettkämpfen

Die Damen kommen: Am Vortag des Wimbledon-Turniers 1926 versammeln sich die Spielerinnen auf dem Court. Die zweite Dame von links ist Suzanne Lenglen, die von 1919 bis 1923 und 1925 dieses Turnier gewann. In der Mitte Mrs. Lambert Chambert, Lenglens glorreiche Vorgängerin.

in St. Moritz; später wurde sie eine gesuchte Punktrichterin in diesem Sport. Sie nahm an Ruderregatten, Reitturnieren und Billardwettkämpfen teil – sie war Bergsteigerin, bis ins hohe Alter eine gefürchtete Bridge-Spielerin, sie galt als außerordentliche Pianistin – während des Ersten Weltkrieges stellte sie sich in den Dienst des Roten Kreuzes, das ihr dafür eine Goldmedaille verlieh.

Lottie Dod war mit Sicherheit eine außergewöhnliche Frau, die ihre Beobachtungsgabe mit scharfem Sarkasmus zum Ausdruck brachte – vor allem, als der Sport in Richtungen driftete, die ihr unvorstellbar waren. Sie war zweifelsohne die vielseitigste Athletin ihrer Tage – eine, die durch ihr Ansehen und ihr Vorbild dazu beitrug, die Emanzipations-Bestrebungen der Frauen in der Zeit um die Jahrhundertwende voranzutreiben. Es wird nie wieder jemand geben, der es in so vielen Sportarten zu hohen Ehren bringt – es wird wohl auch nie mehr jemand geben, der im Alter von fünfzehn Jahren in Wimbledon gewinnt.

Charlotte Dod hat niemals geheiratet und lebte schließlich in einem vornehmen Heim für ältere Damen in London. Sie starb am 27. Juni 1960 – mitten während des Wimbledonturniers.

Wimbledon, 6. Juli 1887
Herausforderungsrunde der Damen
Lottie Dod – Blanche Hillyard
6:2, 6:0

17

Geburt des Davis-Cup

USA – Großbritannien

Boston, 8. August 1900

Am Mittwoch, dem 7. August des Jahres 1900, hat es in Boston in Strömen geregnet. Leidtragende dieses mißlichen Wetters waren unter anderem auch einige junge Leute – Amerikaner und Briten –, die diesen Tag dafür nutzen wollten, einen Mannschaftskampf um die *International Lawn Tennis Challenge Trophy* auszutragen. Man begann damit also mit einer Verspätung von vierundzwanzig Stunden, was dem Enthusiasmus kaum Abbruch tat. Aus Großbritannien waren Arthur W. Gore, Edmund D. Black und Herbert Roper-Barrett angereist – genauer: Sie hatten am 27. Juli 1900 im Cannon Street Hotel in London eine Lebewohl-Party des Verbandes über sich ergehen lassen, der sie mit den besten Wünschen verabschiedete, bestiegen den Zug nach Liverpool und schifften sich auf der »Campania« ein. Am 4. August legte der Dampfer in New York an. Da sich im Hafen nur der Bürobote eines amerikanischen Offiziellen eingefunden hatte, der den Reisenden mitteilte, daß Boston immerhin sechs Eisenbahnstunden entfernt sei, beschlossen die drei wakkeren Tennisspieler, zunächst einmal die Niagara-Fälle zu besichtigen. Sie trafen erst am Abend des 6. August in Boston ein, wo man sie mit verständlicher Unruhe erwartet hatte. Die amerikanischen Spieler Dwight Filley Davis, Holcombe Ward und Malcolm Whitman kamen gerade vom Abschlußtraining, die Briten hatten rund vier Wochen keinen Schläger in der Hand gehabt.

Man loste die Begegnungen mit Hilfe zweier Strohhüte im Clubhaus aus. Whitman attackierte die Rückhand von Gore und gewann 6:1, 6:3, 6:2. Davis schlug auf dem Platz daneben zur selben Zeit Black mit 4:6, 6:2, 6:4, 6:4. Es stand also zur Verwunderung der Gäste schon einmal 2:0 für die Amerikaner, die ihren Erfolg am nächsten Tag im Doppel fortsetz-

Dwight Filley Davis (Mitte), der Stifter des Davis-Cups, und seine beiden Mitstreiter Malcolm Whitman (links) und Holcombe Ward (rechts).

ten: Davis/Ward schlugen Black/Roper-Barrett 6:4, 6:4, 6:4. Damit war die Angelegenheit praktisch entschieden, denn man hatte die Austragung von vier Einzeln und dem Doppel ausgemacht – wer drei Matches gewinnt, hat gewonnen. Davis und Gore begannen am dritten Tag zwar noch ein weiteres Einzel, das aber beim Stande von 9:7, 9:9 zugunsten des Amerikaners abgebrochen wurde – es regnete wieder. Das britische Team nahm noch an einem Empfang teil, den man ihm zu Ehren abhielt. Dann reiste man mit dem nächsten Schiff zurück.

Dwight Davis – ein Linkshänder verwirrt seine Gegner

Die Vorgeschichte dieses Wettkampfes dürfte um einiges interessanter sein als der Wettkampf selbst. Im Frühjahr 1899 hatten die drei Harvard-Studenten Dwight Davis, Holcombe Ward und Malcolm Whitman eine lange Reise von der amerikanischen Ostküste bis weit in den damals schon nicht mehr ganz so wilden Westen unternommen. In Kalifornien gewannen sie eine Reihe von Wettkämpfen, aber kaum jemand nahm von ihren Taten groß Notiz. Die Gründe für das Desinteresse am Tennis lagen auf der Hand: Es gab keinen wirklich internationalen Wettbewerb für dieses Spiel. Wimbledon wurde ausschließlich von den Briten beherrscht, die USA-Meisterschaften genauso von den Amerikanern – und die Olympischen Spiele 1896 in Athen vergaben zwar auch Tennis-Medaillen, aber wer interessierte sich schon dafür?! Dwight Filley Davis stammte aus einem begüterten Südstaaten-Haus in Missouri und lernte das Spiel während der Sommerferien in einem Camp in Massachusetts kennen. Er war zwanzig Jahre alt,

Linkshänder, groß, schnell, stark – er hatte zusammen mit Ward und mit Unterstützung seiner erstklassigen Grundschläge die College- und die nationalen Meisterschaften im Doppel gewonnen. Ward war absolut farbenblind, was ihn nicht daran hinderte, mit einem verrückt getwisteten Aufschlag jeden Gegner zu verwirren, der diese Waffe zum erstenmal erlebte. Whitman war mit 23 Jahren der Älteste; von 1898 bis

Im Bostoner »Longwood Cricket Club« fand im Jahr 1900 die erste Davis-Cup-Begegnung statt. Dabei hatten die Amerikaner die besseren Karten.

Die besten Spieler der Briten fehlten bei der Davis-Cup-Uraufführung im August 1900 in Boston: Reginald »Reggie« und Lawrence »Laurie« Doherty. Zwischen 1897 und 1906 gewann das Brüderpaar mehr Meisterschaften als irgendein anderer Tennisspieler.

Erst in der dritten Begegnung (1903, ebenfalls in Boston) gelang den Briten die Revanche. Diese Seite links/rechts: Die Dohertys attackieren im Doppel die Wrenns. Rechte Seite: Auch die beiden Einzel gewannen die Dohertys.

1900 hielt er den amerikanischen Titel und wurde nur viermal geschlagen. Auch er stammte aus einer sehr wohlhabenden Familie – ein hochgewachsener blonder Athlet, der den Sport bald wieder aufgab, weil es ihm an Gegnern gebrach und weil er es für sinnvoller hielt, das väterliche Geschäft zu übernehmen.

Bei der Rückreise aus Kalifornien brüteten die drei jungen Leute ihre Idee einer *International Lawn Tennis Challenge Trophy* aus. Dwight Davis übernahm die Initiative und redete mit den Offiziellen des amerikanischen Verbandes, die nichts dagegen hatten, solange es sie kein Geld kostete. Davis war es auch, der bei seinem Herrn Papa das Geld lockermachte, zu den Bostoner Silberschmieden Shreve, Crump & Low marschierte und einen gewaltigen Pokal in Auftrag gab. Das Ding war am Schluß 13 Zoll hoch (33,02 cm) und hatte einen äußeren Durchmesser von 18,5 Zoll (46,99 cm); dazu war es mit zeitgenössischen Verzierungen versehen und wurde auf einen Ma-

hagoni-Sockel montiert. Die Gravur lautete richtig: »International Lawn Tennis Challenge Trophy.« Und etwas kleiner darunter: »Presented by Dwight D. F. Davis, 1900.« Nun hatte man zum Preis von tausend Dollar eine wunderbare Trophäe und brauchte nur noch jemand, der um sie spielt.

Debakel in Boston

Mit dem Datum des 16. Januar 1900 schickte der US-Verband einen Brief an den britischen Verband, in dem es hieß, daß man einen Pokal habe, um den man gerne mit einem Team der führenden Tennisnation spielen würde. Man umriß grob die Regeln, erhoffte eine positive Antwort und verblieb mit guten Wünschen für eine Behebung der derzeitigen Schwierigkeiten; letzteres bezog sich auf den Burenkrieg in Südafrika. Am 7. März 1900 entschied der britische Verband, eine Mannschaft nach Amerika zu entsenden – allerdings entwickelte man dabei keinen großen Enthusiasmus. Die drei Spieler, die man schließlich dazu überreden konnte, mußten einen Teil der Kosten selber tragen, was ihnen nicht weiter schwerfiel. Arthur »Baby« Gore hatte bereits im Wimbledonfinale gestanden, aber zu seinen drei Siegen hier kam er erst

später – 1909 wurde er mit 41 Jahren der älteste Gewinner. Roper-Barrett war Kronanwalt, spielte abends ein bißchen und galt als guter Doppelspieler. Black war Schotte und hatte gerade Zeit für die Reise. Die Doherty-Brüder, die in jenen Jahren wohl die besten Spieler der Welt waren, zeigten sich nicht geneigt, die lange Schiffsreise zu unternehmen. Es machte ihnen allerdings daraus auch niemand einen Vorwurf. Jedermann, der in Großbritannien etwas von diesem Spiel zu verstehen glaubte, war fest davon überzeugt, daß auch eine zweit- oder drittklassige Mannschaft ausreichen würde, den amerikanischen Tennis-Vettern das Fürchten zu lehren.

Das Debakel im *Longwood Club* von Boston führte auch zu einem Phänomen, das bis heute bei derartigen Gelegenheiten nicht unüblich ist: Es wurden viele Erklärungen abgegeben, die man etwas unfeiner als ganz simple Ausreden bezeichnen kann. Der Anwalt Herbert Roper-Barrett griff persönlich zur Feder und schrieb: »Der Rasen auf dem Platz stand etwa doppelt so hoch wie der längste Rasen, auf dem ich je gespielt habe. Das Netz war eine Schande für jeden zivilisierten Tennisspieler, da es nur mit einer Schnur gehalten wurde, die man jeweils nach einigen Spielen

immer wieder nachstellen mußte. Für die dort benutzten Bälle fehlen mir die Worte. Sie waren schrecklich weich und mit dem Twist-Aufschlag der Amerikaner kamen sie dahergeflogen wie Eierpflaumen. Sie veränderten nicht nur flatterig ihre Flugbahn, sondern brachen beim Aufprall seitlich weg, wie ich es nie für möglich gehalten habe. Unsere Mannschaft wurde klar benachteiligt.« Wenigstens fügte er hinzu, daß unter den Zuschauern auch Damen waren, die einen angenehmen Anblick boten.

Aus der Perspektive der Gastgeber sah das allerdings anders aus. In der Zeitschrift »Harper's Weekly« ging der Spitzenspieler Parmly Paret mit den Briten ins Gericht: »Selbst wenn man zugibt, daß die amerikanischen Bälle etwas größer und weicher sind, lagen die Fehler der Briten in ihrer Auffassung. Sie gaben selbst zu, daß sie sich bis zu ihrer Abreise keine Gedanken über die amerikanischen Spieler gemacht hatten. Sie kamen mit ihrem übertriebenen Selbstbewußtsein ohne Training hierher und sind nun enttäuscht wieder abgereist. Sie sollten die Schuld für die armselige Vorstellung bei sich selbst suchen!« Obgleich man in London immer wieder darauf hinwies, daß es sich ja längst nicht um die stärkste britische Mannschaft gehandelt habe,

saß der Stachel tief. Um die Niederlage möglichst schnell wiedergutzumachen, verschickte man schon früh eine neue Herausforderung für das Jahr 1901. Als sich dann allerdings herausstellte, daß die besten Spieler wieder nicht zur Verfügung stehen würden, zog man diese Herausforderung wieder zurück. Die Besten: Das waren die Brüder Reginald »Reggie« und Lawrence »Laurie« Doherty. Reggie Doherty hatte in Wimbledon von 1897 bis 1900 viermal in Folge gewonnen – die Serie des zwei Jahre jüngeren Laurie Doherty begann 1902 und endete 1906 nach dem fünften Sieg. Beide miteinander gewannen zudem achtmal das Doppel.

Erst im Jahr 1902 zogen die Doherty-Brüder über den Atlantik, um den Pokal zu holen. Aber Laurie konnte wegen seiner angegriffenen Gesundheit nur im Doppel mitspielen, und Reggie alleine schaffte es nicht. Außerdem gab es Spannungen innerhalb des Teams, wo man den bereits über dreißigjährigen Dr. Josua Pim im zweiten Einzel einsetzte. Immerhin war jetzt das Interesse der Doherty-Brüder geweckt. 1903 stellten sie dem britischen Verband die Bedingung, alleine und ohne Verbands-Offizielle reisen zu wollen. Man willigte ein – die *International Lawn Tennis*

Challenge Trophy wanderte endlich dorthin, wo sie nach Ansicht der Briten auch hingehörte. Die drei Harvard-Studenten, die sich das alles ausgedacht hatten, waren da aber schon nicht mehr dabei.

Der Davis-Cup – ein Pokal für die Unsterblichkeit

Einer von ihnen, Dwight Filley Davis, der seinem Vater die tausend Dollar für den Pokal abgeluchst hatte, wurde Mitte der zwanziger Jahre Kriegsminister der Vereinigten Staaten und danach der Generalgouverneur auf den Philippinen. Viel Ruhm hat er aus diesen politischen Ämtern nicht geerntet. Da aber der anspruchsvolle Name dieses ›Pottes‹ niemand flüssig von den Lippen kam, wurde er kurzerhand »Davis-Cup« genannt. So wurde Dwight F. Davis doch noch ein Stückchen Unsterblichkeit zuteil.

Boston, 8. August 1900
Erstes Daviscup-Match
USA – Großbritannien

Malcolm Whitman – Arthur Gore
6:1, 6:3, 6:2
Dwight Davis – Edmund Black
4:6, 6:2, 6:4, 6:4
(beide Matches fanden gleichzeitig statt)

Auf einsamer Höhe

Norman Brookes – Otto Froitzheim

Wimbledon, 2. Juli 1914

Ein Jahr zuvor war der Weltverband der Tennisspieler gegründet worden – die *International Lawn Tennis Federation* (ILTF), nachdem der *All England Lawn Tennis and Croquet Club* in Wimbledon mehr als dreißig Jahre die Stelle einer Institution eingenommen hatte, die sich für Fragen der Regeln und Wettbewerbe zuständig hielt. Die Tennis-Lords in Wimbledon hatten das nicht schlecht gemacht – ähnlich dem *Royal and Ancient Golf Club* im schottischen St. Andrews, der derartige Pflichten und Rechte bis auf den heutigen Tag ausführt. Aber am Ende des alten und zu Beginn des neuen Jahrhunderts wurden fast alle internationalen Sportverbände gegründet. Am 1. März 1913 kamen in Paris in der Rue de Provence Nr. 34 – dem Sitz des französischen Athletikverbandes – die Delegierten aus dreizehn Ländern zusammen, um den Schritt zu vollziehen: aus Australien, Österreich, Belgien, Großbritannien, Dänemark, Frankreich, Holland, Rußland, Südafrika, Schweden, Schweiz, USA und Deutschland.

Es war sicherlich ein Zufall, daß man vier Monate später zum erstenmal auf die Deutschen aufmerksam wurde: In Wimbledon hatten der Hamburger Friedrich Wilhelm Rahe und der Münchner Dr. Heinrich Kleinschroth im Herrendoppel das Turnier gegen die stärkste Konkurrenz gewonnen, anschließend aber die damals übliche Herausforderungsrunde gegen die britischen Titelverteidiger Dixon/Roper-Barrett verloren. Noch fünfzig Jahre später führte Heini Kleinschroth dieses Mißgeschick auf die Tatsache zurück, daß er sich zusammen mit Rahe vorher auf die Tribüne begeben habe, um unter heißer Sonne ein anderes Match im Einzel anzuschauen.

Dieses Doppel in allen Ehren: Den ersten deutschen Spieler der Weltklasse erlebten die Zuschauer ein Jahr später – Otto Froitzheim. Er war 1884 geboren worden und hatte 1912 in Paris bereits die kurzlebige »Weltmeisterschaft auf Hartplätzen« für sich entschieden; in Hamburg gewann er bis dahin viermal die Internationale Meisterschaft von Deutschland – er tat das später noch dreimal, zuletzt 1925 als knapp Vierzigjähriger. Froitzheim wurde hoher Staatsbeamter in Berlin, Köln, Wiesbaden und Aachen, wo er zuletzt als Regierungspräsident wirkte; er starb hier 1962. Es ist einigermaßen wichtig, auf diesen Berufsweg hinzuweisen, weil in der Tennis-Karriere von Otto Froitzheim immer wieder Turniere auftauchen, bei denen er die Finals nicht oder nur zum Teil bestritt und dann aufgab. Der Grund: Er legte großen Wert darauf, am Montagmorgen in seinem Amt am Schreibtisch zu sitzen, um hier seiner Arbeit nachzukommen – und wenn so ein Endspiel verregnete und über das Wochenende hinaus auf den Beginn der nächsten verlegt wurde, reiste er ab.

Ein Deutscher in der Weltrangliste

Die Anhänger dieses Spiels nannten ihn in späteren Jahren etwas emphatisch den »Meister auf einsamer Höhe«. An dieser Bezeichnung war etwas dran: Mehr als eineinhalb Jahrzehnte gab es keinen deutschen Spieler, der ihm ein ernsthafter Rivale gewesen wäre. Als er 1918 nach dem Krieg aus der vierjährigen britischen Internierung heimkehrte, setzte er seine Laufbahn dort fort, wo sie 1914 unterbrochen wurde. Otto Froitzheim galt als gutaussehender Athlet – aber sein Spiel war für den oberflächlichen Beobachter nicht unbedingt eine Augenweide. Kurz: Er galt selbst zu einer Zeit, als sich alle Spieler meistens in der Nähe der Grundlinie aufhielten, als langweilig. Aber dieser Eindruck täuschte. Es gab damals wahrscheinlich auf der ganzen Welt keinen anderen, der die taktischen Tennis-Finessen so beherrschte wie er. Otto Froitzheim vermochte heißblütige Netzstürmer kühl mit einem Lob auszuspielen oder sie mit einem aus dem Handgelenk geschlagenen Passierschlag aus dem Gleichgewicht zu bringen. Andererseits brachte er es fertig, einem an der Grundlinie respektvoll verharrenden Gegner halbhoch geschlagene Bälle präzise in die Ecke zu setzen, bis den anderen die Geduld verließ. Sie verglichen ihn seinerzeit mit dem Schachweltmeister Aljechin und bezeichneten sein Spiel in farbigen Worten als die Schwarze Kunst ei-

Man beachte die lässige Schlägerhaltung: Otto Froitzheim, hier bei den Lawn-Tennis-Weltmeisterschaften in Saint-Cloud bei Paris 1912, ein »Meister auf einsamer Höhe«.

nes Magiers. Sei's drum. Auf jeden Fall brachte Froitzheim es fertig, seinen Gegnern das eigene Spiel aufzuzwingen – seine Sicherheit war legendär, selbst wenn er hoch im Rückstand lag. Von den Spielern der damaligen Weltklasse hat er nahezu jeden mindestens einmal geschlagen. Die amerikanische Zeitschrift »American Lawn Tennis« schrieb über ihn: »Dieser Deutsche ist durch sein geistreiches Spiel in die Reihe der Weltbesten getreten.« Genauer: In der Weltrangliste, die der britische Journalist Wallis Myers gerade erst »erfunden« hatte und jährlich einmal im »Daily Telegraph« veröffentlichte, war er hinter dem Amerikaner Maurice McLoughlin, dem Australier Norman Brookes und dem Neuseeländer Anthony Wilding die Nummer vier.

Otto Froitzheim war zu diesem Wimbledonturnier 1914 mit Eisenbahn und Schiff angereist; man gestattete ihm im *Hurlingham Club* an drei Tagen jeweils einige Stunden Training auf dem Rasenplatz, auf dem er übrigens sein Spiel kaum anders aufzog als auf dem roten Sandboden, den er von zu Hause gewöhnt war. Vor Beginn des Turniers, das am Montag, dem 22. Juni, begann und wegen Regens erst am Montag, dem 6. Juli, endete, gab es unter den Spielern eine kleine Revolution. Die Wortführer verlangten die Abschaffung der »Challenge Round« – der Herausforderungsrunde. Es war seit 1877 immer so gewesen, daß der Vorjahressieger dem eigentlichen Turnier zuschauen konnte – er hatte nur ein einziges Match gegen den neuen Turniergewinner zu bestreiten, der sich das Recht zur Herausforderung zu erkämpfen hatte. Schließlich kam es zu einer Abstimmung: 68 Spieler sprachen sich dafür aus, daß der Vorjahressieger wie jeder andere das gesamte Turnier mitzu-

spielen habe, 46 wollten es bei der bisher gebräuchlichen Regelung belassen, 26 enthielten sich der Stimme. Aber die Mehrheit reichte nicht. (Erst 1922 warf man die Tradition über Bord.) Und noch eine Angelegenheit stand im Mittelpunkt von Diskussionen: Der Zuschauerandrang war in den letzten Jahren so stark geworden, daß man sich ernsthafte Gedanken über die Aufgabe der veralteten und zu klein gewordenen Anlage an der Worple Road machte. Man hatte sogar fertige Pläne, die aber wieder beiseite gelegt wurden, weil einige Wochen nach dem Turnier der Krieg ausbrach.

Brookes gegen Froitzheim – ein Klassiker

Von Otto Froitzheim nahm man bei diesem Turnier 1914 erst im Viertelfinale Kenntnis. Da staunte man über die nicht spektakuläre, aber intelligente Art und Weise, in der er nacheinander die aktuelle britische Daviscup-Mannschaft bezwang. Zuerst besiegte er John Clarke nach verlorenem ersten Satz schließlich klar mit 6:2 im vierten Durchgang. Im Semifinale beherrschte Froitzheim noch glatter in drei Sätzen Tom Mavrogordato. Froitzheims Gegner im Finale war der Australier Norman Brookes, der sich zuvor sieben Jahre lang die beschwerliche Schiffsreise um den halben Erdball erspart hatte. Nach seinem Sieg 1907 legte Brookes mehr Wert darauf, seine Holzfabrik in Melbourne aufzubauen; er hatte sich bei australischen Turnieren in Form gehalten und vor allem immer wieder mit dem Daviscup-Team von »Australasia« für Furore gesorgt – einer mit Neuseeland kombinierten Mannschaft.

Das Match zwischen Brookes und Froitzheim wurde zu einem Klassiker jener Jahre. Augenzeuge Wal-

lis Myers schrieb im »Daily Telegraph« darüber: »Es entwickelte sich ein langes, hin- und herwogendes Match, das unter den Zuschauern für Aufregung sorgte. Es war ein heißer Tag, und Brookes startete mit furiosen Angriffen. Zweifellos wünschte er sich einen Sieg in drei Sätzen, um Kräfte zu sparen. Er war schließlich von diesem Ziel nur noch ein Spiel entfernt, nachdem er die ersten beiden Sätze für sich entschieden hatte und im dritten mit 5:4 führte. Der nie erlahmende Widerstand des Deutschen rettete diesen Satz für ihn, und im vierten ging er schnell mit 3:0 in Führung. Es war offensichtlich, daß Brookes ermüdete, denn sehr oft fehlte ihm jener eine Schritt zum erfolgreichen Volley. Der Deutsche glich aus und es gab eine Pause vor dem fünften Satz. Diese Pause verlieh Brookes neue Kräfte. Mit Hilfe von Champagner und sehr viel Glück (mehr als eine zweifelhafte Entscheidung fiel in wichtigen Situationen gegen den Deutschen) gewann Brookes den fünften Satz mit 8:6. Aber Froitzheims Auftreten, seine sportliche Haltung und seine erstklassige Leistung bei der Hitze verdienten größtes Lob.« Brookes siegte 6:2, 6:1, 5:7, 4:6, 8:6 und hatte noch einmal Glück, weil er sich wegen des Regens zwei Tage lang erholen konnte, bevor er das »Challenge Match« gegen Tony Wilding glatt in drei Sätzen für sich entschied.

Was Wallis Myers als zweifelhafte Entscheidung bezeichnete, war ein klar im Aus gelandeter Ball im fünften Satz, als Froitzheim 3:2 und 40:30 führte – er hätte also die 4:2-Führung gebracht. Beim 6:6 im fünften Satz und einem 40:30 für Brookes schwieg der Linienrichter erneut zum Nachteil des Deutschen. Und was das von Myers erwähnte »Glück« anbetrifft: Die beiden letzten Punkte des Matches

Otto Froitzheim bei einem Turnier in Berlin. Beim Finale des sogenannten »All Comers«-Turniers zur Ermittlung des Herausforderers in Wimbledon am 2. Juli 1914 staunte man über die wenig spektakuläre, aber um so intelligentere Art und Weise, mit der er nacheinander die aktuelle britische Davis-Cup-Mannschaft bezwang und erst im Finale von dem erstmals in Wimbledon spielenden Australier Norman Brookes besiegt wurde, der dazu »Champagner und sehr viel Glück« benötigte.

gelangen Norman Brookes mit einem Ball, der vom Holz seines Schlägerrahmens ins andere Feld plumpste, und einem Netzroller. Ob Pech oder Ungerechtigkeit: Otto Froitzheim hatte die Tenniswelt darauf aufmerksam gemacht, daß man dieses Spiel auch anderswo erstklassig beherrschte.

Nein – dieses Mal reiste Froitzheim nicht schnell nach Hause, um am Montagmorgen an seinem Schreibtisch Verwaltungs- und Regierungsgeschäfte zu erledigen. Er bestieg zusammen mit seinem Partner Oskar Kreuzer ein Schiff, um nach Pittsburgh zu reisen, wo man im Davispokal gegen Australien anzutreten hatte. Die Spiele begannen am 30. Juli und gingen am 1. August zu Ende – dem Tag der Kriegserklärung gegen Rußland, drei Tage später folgte die gegen Großbritannien. Froitzheim und Kreuzer wurden in Gibraltar vom Schiff geholt und interniert. Sie schrieben einen Brief an den Sekretär des *All England Clubs* in Wimbledon und baten um Freilassung, um für ihr Land kämpfen zu dürfen – ohne jemals darauf eine Antwort zu erhalten.

Wimbledon, 2. Juli 1914

Finale des sog. »All Comers«-Turniers
zur Ermittlung des Herausforderers

Norman Brookes – Otto Froitzheim
6:2, 6:1, 5:7, 4:6, 8:6

Kampf der Generationen

Suzanne Lenglen – D. Lambert-Chambers

Wimbledon, 5. Juli 1919

Dorothea Katherine Lambert-Chambers, geborene Douglass, wurde am 3. September 1878 geboren – sie war also am 5. Juli 1919 fast 41 Jahre alt. Sie gewann 1903 das erste Mal in Wimbledon und verteidigte den Titel 1904 erfolgreich. 1906, 1910 und 1911 holte sie sich erneut den Titel, schließlich noch einmal 1913 und 1914. Zur Erinnerung: Der Sieger oder die Siegerin des Vorjahres hatten damals lediglich das Herausforderungs-Match, die »Challenge Round«, zu bestreiten. Der eigentliche Turniersieger erhielt das Recht, den Titelverteidiger herauszufordern. Dieses Herausforderungssystem galt bei vielen Wettbewerben, die im sogenannten K.o.-System entschieden wurden –, auch in den Gründerjahren des englischen Fußball-Pokals war das so –, und im Davispokal änderte man das erst Mitte der siebziger Jahre. Die Sache hatte bei einem Turnier wie Wimbledon zwei Seiten: Natürlich war der Titelverteidiger ausgeruhter – andererseits besaß der Herausforderer den Vorteil der Match-Praxis. Im Hinblick auf das Alter von Dorothea Lambert-Chambers sollte man jedoch keine falschen Schlüsse ziehen: Sie war ohne Zweifel immer noch eine der besten Spielerinnen der Welt, und noch 1926 war sie gut genug, für Großbritannien im Wightman-Cup gegen die USA zu spielen. Aber wenn es je einen Kampf der

Generationen gab, dann an diesem 5. Juli 1919, denn die Herausforderin der Britin hieß Suzanne Lenglen; die Französin war am 28. Mai 1899 geboren – also gerade zwanzig Jahre alt. Die Französin hatte nie zuvor auf einem Rasenplatz gespielt. Sie gewann das Viertelfinale gegen Kitty McKane, die als Kitty Godfree 1926 siegte; sie gewann das Semifinale gegen Elizabeth Ryan, die hier neunzehn Titel in den Doppeln holte, und sie gewann gegen Patricia Satterthwaite das Endspiel, wobei sie nur zwei Spiele abgab.

Die Zuschauer spielten verrückt wegen des temperamentvollen Spiels der jungen Pariserin – sie rissen Zäune nieder, zertrampelten Rosen-Rabatten, und im *All England Club* begann man einzusehen, daß es an der Zeit war, eine größere Anlage zu bauen.

»Shocking Wimbledon«

Dorothea Lambert-Chambers mit ihren sicherlich gestärkten Petticoats unter dem knöchellangen Rock, der hochgeschlossenen Bluse und den am Handgelenk geknöpften langen Ärmeln – Suzanne Lenglen in einem lockeren einteiligen Kleidchen, das kurz unter den Knien endete und Ärmeln, die gerade über die Schultern fielen: Es soll Ladies unter den Zuschauern gegeben haben, die entrüstet über diese Zurschaustellung weiblichen

Fleisches ihren Platz auf der Tribüne verließen – »shocking«. In der königlichen Loge blieben immerhin König George V., Königin Mary, Lord Curzon und Admiral Beatty.

Die Engländerin beschrieb diese Auseinandersetzung viele Jahre später in dem Band »The Game of My Life«: Sie habe immer schon vorher sagen können, ob sie sich in guter Form fühle – an diesem Tage meinte sie, auf dem Gipfel der Welt zu sein. Sie wurde von dieser Höhe sehr schnell auf den Boden gebracht, denn Suzanne Lenglen ging bald mit 4:1 in Führung und kam bei 5:4 zu ihrem ersten Satzball. Dorothea Lambert-Chambers schrieb, daß ihr zwei schöne Dropshots in Folge gelangen, die die bedrohliche Situation bereinigten.

Das liest sich sehr beiläufig, aber aus dieser Beiläufigkeit vermag man auch die Klasse der Engländerin erkennen: Wer spielt schon Halbvolleys in einer solchen Situation? Dorothea Lambert-Chambers gelang der Ausgleich, und bei einer 6:5-Führung fehlte ihr zweimal nur noch ein Punkt zum Satzgewinn. Dieses Mal war es an der Französin, zu zeigen, was sie konnte; sie tat es mit der Leichtigkeit und der Grazie, die sie immer auszeichneten. Suzanne Lenglen gewann den ersten Satz schließlich 10:8 – und sie tat es ausgerechnet mit einem Halbvolley, der Spezialität ihrer Gegnerin, die darüber schrieb, er sei »most wonderfully executed« gewesen.

Nun wäre es nicht verwunderlich gewesen, wenn die Kräfte der Älteren nachgelassen hätten. Aber die Britin glaubte, das Gegenteil entdeckt zu haben: »Obgleich Suzanne viele Jahre jünger war, sah es so

Suzanne Lenglen. Wegen ihres ballettartigen, »schwebenden« Stils wurde die französische Ausnahme-Tennisspielerin auch »die Göttliche« genannt.

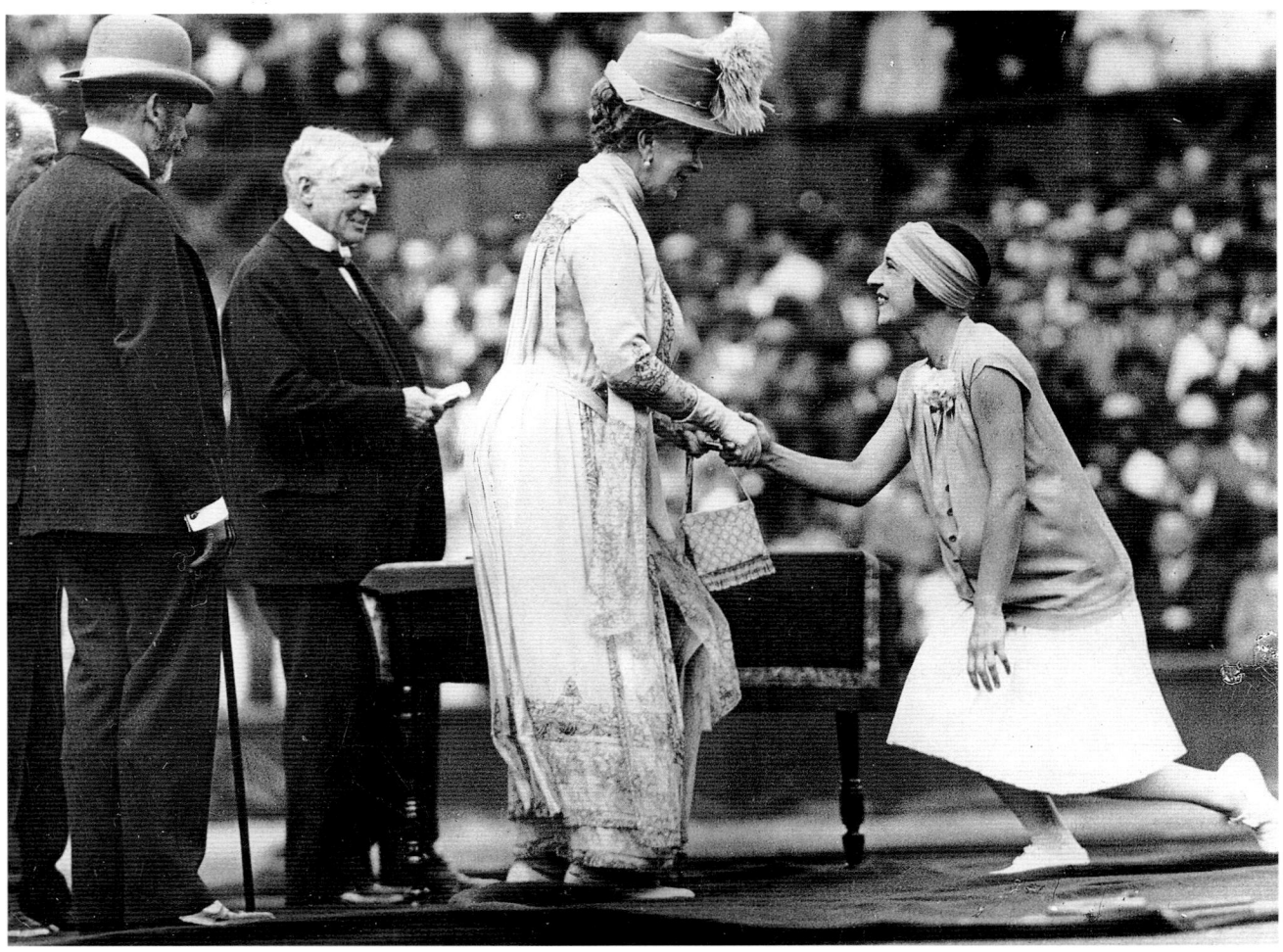

Auch Königinnen wissen den weißen Sport zu schätzen: Suzanne Lenglen beim Hofknicks vor Queen Mary.

aus, als sei sie nach dem langen Satz müder als ich. Diese Beobachtung gab mir die Kraft, den Kampf noch konzentrierter fortzusetzen.« Dorothea Lambert-Chambers führte schnell 4:1 und beging dann vielleicht den Fehler, einige Male zu unüberlegt ans Netz vorzurücken, um die Angelegenheit mit ihren Volleys zu beschleunigen. Bei 4:4 war auch dieser Satz wieder ausgeglichen. Aber die Titelverteidigerin ließ sich dadurch nicht entmutigen. Sie schaltete wieder zurück auf ihr Spiel von der Grundlinie, und da

sie nun auch mit ihrer Rückhand mehr Sicherheit gewann, holte sie sich schließlich den Satz mit 6:4. Suzanne Lenglen ließ sich von ihrem Vater etwas Kognak zur Stärkung reichen, in den sie Zuckerstückchen tauchte und lutschte. Ihrer Gegnerin machte der Anblick der müden Suzanne natürlich Mut, aber auch sie spürte jetzt das lange Spiel. »Ich hätte am liebsten gesagt, daß es jetzt genug ist für heute – aber es stand ja immer noch der dritte Satz bevor.«

Matchbälle wie Alpträume

Und welch' ein Satz es werden sollte! Dieses Mal war es wieder die

Französin, die 4:1 in Führung ging. Die Britin konnte sich kaum noch auf den Beinen halten: »Mir schmerzten die Waden, als sei ich hundert Meilen gelaufen. Aber was mich noch mehr erschreckte als die körperliche Müdigkeit war die Leere in meinem Kopf – eine mentale Müdigkeit, wie ich sie an mir noch nie beobachtet hatte.« Dorothea Lambert-Chambers vermochte in ihrem Bericht nicht zu sagen, wie sie es schaffte, aber auf einmal stand es 4:4. Und dann führte die Britin sogar 6:5 und 40:15 – zwei Matchbälle: »Die junge Suzanne in meiner Sammlung der Siege! Nun gut – es wurde nichts daraus. Mir sind Matchbälle

immer wie Alpträume vorgekommen – egal, ob ich gegen eine Meisterin oder eine Anfängerin spielte. Mein Arm war weich, als würde er aus Baumwolle bestehen. Suzanne spürte die Belastung mit Sicherheit genauso wie ich. Nach einem kurzen Return stand sie plötzlich am Netz – das hatte sie während des ganzen Matches nicht gemacht. Ich schlug einen Lob, der nicht lang genug war – sie sprang hoch, und der Ball berührte gerade noch den Holzrahmen ihres Schlägers, von hier flog er im Bogen genau auf die Netzkante und tropfte auf meine Seite herunter. Suzanne erzählte mir später, daß sie den Ball überhaupt nicht gesehen hatte, bis er

endlich in meinem Feld lag. Wenn es je einen glücklichen Schlag gab – dann war es dieser. Nun stand es 40:30, und ich hatte ja immer noch einen weiteren Matchball. Wieder gab es einen kurzen Return, und wieder stand Suzanne plötzlich am Netz. Wenn man mich fragen würde, ob ich bei gleicher Gelegenheit einen anderen Ball spielen würde – ich würde es immer verneinen. Ich hatte in diesem Match und auch in vielen anderen unzählige Punkte mit einem kurzen Crossball mit der Vorhand erzielt – es war auch jetzt der für mich einzig mögliche, richtige Schlag –, ich würde ihn immer wieder in einer solchen Situation schlagen – auch beim Matchball in

Kraftvoll und elegant: Im Wimbledon-Finale des Jahres 1919 stieß Suzanne Lenglen die Tennis-Legende Lambert-Chambers vom Thron.

einem Finale von Wimbledon. Dieses Mal blieb der Ball an der Netzkante hängen – es sah einen Moment lang so aus, als wolle er es sich überlegen, auf welche Seite er herabfällt –? dann plumpste er zurück in mein Feld. Warum – o warum fiel er nicht auf die andere Seite! Ich kann mich an den Rest des Matches nicht mehr erinnern. Ich muß ja wohl noch ein Spiel gewonnen haben, denn Suzanne holte sich den Satz mit 9:7 und das ganze Match mit 10:8, 4:6, 9:7.«

Soweit die Darstellung der Beteiligten, aus der nur wenig von der Enttäuschung zu entnehmen ist, die sie ohne Zweifel gespürt haben muß. Nie hatte es bis dahin ein so langes Match der Damen in Wimbledon gegeben – und schon gar nicht im Endspiel oder der »Challenge Round«. Es verging mehr als ein halbes Jahrhundert, bevor ein längeres Finale registriert wurde (1970: Margaret Court – Billie Jean King 14:12, 11:9). Der Ehemann der Verliererin hatte den Centre Court längst verlassen und ging

Eine der berühmtesten Tennisspielerinnen der Welt: Suzanne Lenglen mit Mademoiselle Vlasto beim Doppel in Wimbledon (1928), in dem sie den Amerikanerinnen Ryan und Brown unterlagen.

draußen nervös spazieren. Admiral Beatty beklagte den Verlust eines diamantenen Kragenknopfes. Man bat die beiden Spielerinnen in die königliche Loge, aber sie waren nicht imstande, die Treppen dort hinaufzusteigen – vielleicht hatten sie auch ganz einfach keine Lust mehr, die geringste körperliche Anstrengung auf sich zu nehmen. Suzanne Lenglen zeigte die aufgeplatzten Blutblasen an den Füßen vor, Dorothea Lambert-Chambers wurde von ihrem Mann getröstet. Sie traf später den König, der ihr sagte: »Ich weiß nicht, wie Sie sich fühlten – aber ich fühlte mich krank vor Aufregung!« Doch die Engländerin war eine viel zu kluge Frau, um nicht zu wissen, daß sie hier mehr verloren hatte als nur ein

Match – sie wußte, daß hier eine Ablösung stattgefunden hatte.
Suzanne Lenglen wäre wohl auch ohne diesen Glücksball zu einer beherrschenden Spielerin jener Jahre geworden – 1920 war sie es dann, die sich zurücklehnen konnte, um darauf zu warten, wer sich von den Konkurrentinnen dafür qualifizierte, sie herausfordern zu dürfen. Die Herausforderin hieß – Dorothea Lambert-Chambers. Dieses Mal gewann Suzanne Lenglen 6:3, 6:0.

Diva gegen Pokerface

Suzanne Lenglen – Helen Wills

Cannes, 16. Februar 1926

Die Frühlingsturniere an der Côte d'Azur, von denen schließlich nur das in Monte Carlo übrigblieb, bildeten zu einer Zeit, als niemand auf die Idee kam, einen bedeutenden Titel in einer Halle zu vergeben, den traditionellen Jahresauftakt der europäischen Tennissaison. Es gab keinen Spieler von Ansehen auf der Welt, der sich dieses erste Kräftemessen entgehen ließ.

Man reiste bereits früh an, genoß die Sonne der Riviera, trainierte, die Stars ließen sich verwöhnen und spielten dafür seltsame Matches nach ausgeklügeltem Handicap-System mit Königen, Herzögen, Grafen und jenen Menschen, die es sich leisten konnten, den Winter in der milden Luft des Mittelmeers zu verbringen. Suzanne Lenglen wohnte hier mit ihren Eltern Charles und Anaïs während der anderswo kalten Jahreszeit in der Avenue Auber Nr. 15 in Nizza, direkt gegenüber des dortigen *Lawn Tennis Club*. Doch was heißt hier »wohnen«: sie residierte! Suzanne Rachel Flore Lenglen, am 24. Mai 1899 geboren, erhielt zu ihrem elften Geburtstag ein Tennisracket geschenkt; als sie fünfzehn war, wurde sie in Paris Weltmeisterin auf Hartplätzen. Sie gewann

»Schlußhaltung nach dem Rückhandschlag« vermerkt der Chronist zu diesem Bild von Helen Wills, genannt »Miss Pokerface«.

31

Suzanne Lenglen im Mixed mit René Lacoste, 1925. Mindestens ebensoviel Einsatz zeigte sie im darauffolgenden Jahr in Cannes, als sie Helen Wills mit 6:3 und 8:6 bezwang.

zwei olympische Goldmedaillen, siegte siebenmal in Wimbledon – es gab Turniere, in denen sie kein einziges Spiel abgab.

Die Lenglens waren reich: Der Vater hatte einst ein ererbtes Fuhrwerkunternehmen mit achthundert Pferden verkauft. Suzanne Lenglen war die einzige Diva, die dieses Spiel je so vollendet beherrschte – hier in Nizza lag ihr zumindest der männliche Teil der ersten Gesellschaft Europas zu Füßen. Der Dichter Claude Anet widmete ihr eine Ode, der König von Portugal durfte mit ihr Mixed spielen. Sie war sicherlich keine Schönheit, aber eine Verkörperung jenes »Esprit«, den man Französinnen gerne nachsagt.

Auf der anderen Seite: eine Amerikanerin von kühler Schönheit, sechs Jahre jünger als die Lenglen, die man nach einem Schlager jener Tage Miss Pokerface nannte. Helen Wills war als Kind mit ihren Eltern ins kalifornische Berkeley gezogen, hatte hier das Spiel gelernt und schließlich mit William »Little Bill« Johnston perfektioniert. Mit ihrem schweren Fünfzehn-Unzen-Schläger schlug sie die beste Vorhand jener Tage. Wegen ihrer Schweigsamkeit auf dem Platz und dem Fatalismus, mit dem sie auch die schlimmste Fehlentscheidung eines Schiedsrichters hinnahm, galt sie als unnahbar und kalt. Eine falsche Charakterisierung sicherlich: Viel später schrieb sie zarte Verse, die mehr von ihr verrieten.

Als sie am 15. Januar 1926 an Bord des Dampfers »De Grasse« in Le Havre anlegte, um an den Riviera-Turnieren teilzunehmen, hatte sie bereits dreimal in Folge die US-Meisterschaft gewonnen. In Paris stiegen der »fliegende Baske«, Jean

Borotra, und der Präsident des französischen Verbandes, Pierre Gillou, in den Zug, um die Amerikanerin zu begrüßen und zu geleiten.

Eine »wilde Schlacht« an der Côte d'Azur

Die Schilderung der Umstände und die Beschreibung der Hauptpersonen erklären kaum etwas von der Hysterie, mit der die Welt dem ersten Zusammentreffen der beiden Damen entgegenfieberte. Es gab keine Zeitung oder Agentur von Ansehen, die nicht ihre Berichterstatter an die Côte d'Azur gesandt

hätten. Der spanische Novellist Blasco Ibañez erhielt für die Geschichte vierzigtausend Francs – eine amerikanische Filmgesellschaft bot hunderttausend Dollar für die Drehgenehmigung, wobei man wissen muß, daß die gleiche Summe für den Schwergewichts-Boxkampf zwischen Jack Dempsey und Georges Carpentier ausgegeben worden war. Nie zuvor hatte Damen-Tennis so ein weltweites Interesse geweckt.

Die beiden Hauptdarstellerinnen dieses Dramas betrachteten sich zunächst aus der Distanz. Die Lenglen, die nie über eine besonders stabile Gesundheit verfügt

hatte, beschränkte sich zunächst darauf, die ersten Turniere nur im Doppel und im Mixed zu bestreiten. Helen Wills ihrerseits meldete nur fürs Einzel und gewann die beiden ersten Riviera-Turniere wie sie wollte. In Nizza schließlich ließ die Amerikanerin sich überreden, auch am Mixed teilzunehmen. Im Finale standen die beiden sich erstmals gegenüber – Suzanne Lenglen mit Hubert de Morpurgo, Helen Wills

33

mit Charles Aeschlimann – die Französin plus Partner siegten 6:1, 6:2. In einer Zeitung stand, es sei die »wahnsinnigste und roheste Schlacht gewesen, die es je an der Côte d'Azur gab«. Die Amerikanerin meinte lediglich, es sei recht unterhaltsam gewesen. Die Nachricht schließlich, daß Suzanne Lenglen und Helen Wills endlich beide ihre Meldungen für das Turnier im Einzel im *Carlton Club* in Cannes abgegeben hätten, steigerte die Verrücktheiten ins Unermeßliche. Jedes Bett im Umkreis von fünfzig Kilometern war innerhalb weniger Stunden gebucht, es wurden Telefonleitungen gelegt, man vermietete Garagen und Scheunen, der *Carlton Club* ließ eine zusätzliche Tribüne für dreitausend Zuschauer bauen und verdreifachte seine Eintrittspreise für den Finaltag – so als würde es überhaupt keine anderen Teilnehmerinnen geben.

In Cannes regnete es. Von Dienstag bis Donnerstag konnte überhaupt nicht gespielt werden. In den Zeitungen wurde währenddessen gemutmaßt, ob Helen Wills vielleicht abreisen oder Suzanne Lenglen wieder einen Hepatitis-Anfall erleiden würde. Am Dienstag, dem 16. Februar 1926, standen sich die beiden im Endspiel gegenüber. Auf den Dächern und Bäumen rund um den *Carlton Club* riskierten Tausende Kopf und Kragen, um einen Blick auf die Spielerinnen werfen zu können. Entlang der Croisette-Promenade herrschten fast schon bürgerkriegsähnliche Zustände. Auf der Tribüne saßen König Manuel von Portugal, der Großherzog Michael von Rußland, Prinz Georg von Griechenland, der Maharadscha von Pudakota und der Herzog von Westminster. Der Club hatte allein für dieses Finale das beste Schiedsrichter-Aufgebot anreisen lassen, das es auf der Welt gab: George Hillyard, Sekretär und

Oberschiedsrichter im *All England Club* in Wimbledon, nahm auf dem hohen Stuhl Platz – an den Linien saßen der englische Amateur-Golfmeister Cyril Tolley, der spanische Galopptrainer Victor Cazalet, der deutsche Tennisprofi und langjährige Berliner Trainer Roman Najuch, der britische Hotel-Magnat Sir Francis Towle sowie Lord Charles Hope und der Belgier Richard Dunkerley.

Das Drama von Cannes

Als die Spielerinnen um elf Uhr den Platz betraten, hatte Suzanne Lenglen bereits eine hitzige Auseinandersetzung mit dem Hotelmanager hinter sich, den sie für eine angeblich schlaflose Nacht verantwortlich machte – sie behauptete, Schmerzen im Arm zu haben –, ihr Vater Charles reichte ihr zur Stärkung einen Kognak. Helen Wills beobachtete das Geschehen und verzog unter ihrem Augenschirm keine Miene. Die Lenglen trug einen lachsfarbenen Pullover und ein ebensolches Band im Haar. Sie gewann das erste Spiel mit eigenem Aufschlag »zu Null«. Helen Wills glich aus und ging 2:1 in Führung – hauptsächlich wegen ihrer harten Drives von der Grundlinie. Aber anschließend gewann die Französin zehn Punkte in Folge und führte 4:2, weil sie ihre Gegnerin zu Fehlern zwang. Nur mit Mühe und einem verzweifelten Volley gelang es Helen Wills, noch einmal auf 3:4 heranzukommen – aber in den nächsten beiden Spielen gewann sie nur zwei Punkte. Die Lenglen hatte für dieses 6:3 nur neunzehn Minuten benötigt. Ihr Vater reichte ihr wiederum einen Kognak.

Niemand glaubte an eine schnelle Entscheidung, denn Helen Wills galt als langsame Starterin. Den Beweis dafür brachte sie im zweiten Satz. Auf einmal war Suzanne

Lenglen in der Defensive, die Amerikanerin setzte ein Volley nach dem anderen und führte 3:1. Kein Mensch vermag bis heute zu sagen, warum Helen Wills dann auf einmal ihre Taktik änderte: Sie hieb ihre langen Drives nicht mehr mit Gewalt in das Feld der Gegnerin, sondern nahm selbst das Tempo aus dem Spiel und versuchte sich in Halbvolleys und allerlei Kunstschlägen – es gibt viele Beispiele dafür, daß einer der Konkurrenten angesichts einer angeblichen Überlegenheit plötzlich mit dem anderen »spielen« will. Und fast immer geht das schief. Im Nu stand es 3:3. Das siebte Spiel wurde zum längsten des ganzen Matches. Mehrere Male Einstand – nach nicht weniger als vierzehn Punkten gelang Helen Wills das 4:3. Im nächsten Spiel ließ die Amerikanerin bei 30:30 einen Vorhandball ihrer Gegnerin durch – sie glaubte, er sei im Aus, aber Linienrichter Cyril Tolley blieb stumm – die Chance zum 5:3 war vorbei. Bei 5:5 waren sie immer noch gleichauf. Dann führte die Französin 6:5 und 40:15 – zwei Matchbälle. Nach einem schier endlosen Ballwechsel schlug Helen Wills einen Ball auf die Linie – Linienrichter Lord Hope schwieg, aber irgendein Zuschauer rief »Aus«. Suzanne Lenglen glaubte, das Match sei beendet – sie ging zum Netz, um sich die Gratulation ihrer Gegnerin abzuholen – der Platz war innerhalb weniger Sekunden von Fotografen, Reportern und Zuschauern überfüllt –, und mitten durch das Gedränge rempelte sich Lord Charles Hope zum Schiedsrichterstuhl, wo er George Hillyard erklärte, daß das Match noch nicht zu Ende sei. Der erfahrene Schiedsrichter ließ den Platz wieder räumen und das Match fortsetzen. Suzanne Lenglen, die vom Vater erneut einen Kognak serviert bekam, hatte immer noch einen Matchball, aber der geriet ihr zu lang – 6:6. Dann führte Helen Wills mit ihren Aufschlag schon 40:30 im nächsten Spiel, verlor es nach einigem Hin und Her aber doch – 7:6 für Lenglen. Bei 30:15 fabriziert sie einen Doppelfehler – doch die beiden nächsten Punkte gehörten ihr – 8:6. Helen Wills gratulierte zum zweiten Male, man trug riesige Blumengebinde auf den Platz – die Diva schluchzte und lachte und redete, das Make-up zerfloß in Schweiß

Gruppenbild mit Doppelpartnern: Charles Aschelmann, Helen Wills, Baron Morpurgo und Suzanne Lenglen.

und Tränen, der Vater reichte wieder den Kognak, Hysterie. Plötzlich sprang Suzanne Lenglen auf, stieß Reporter und Offizielle zurück, drängte sich durch die Zuschauermenge und stürzte in ein Kassenhäuschen – sie fiel, riß einen Tisch um und lag schließlich weinend am Boden, umgeben von Geldscheinen...

Es gab kein weiteres Treffen der beiden Damen in diesem Sommer. Helen Wills genoß einige Wochen lang das Leben an der Riviera, gewann einige Turniere, mußte dann aber nach einer Blinddarm-Operation die Saison beenden. Suzanne Lenglen spielte eine Reihe von

Cannes, 16. Februar 1926
Finale des Turniers im Carlton Club

Suzanne Lenglen – Helen Wills
6:3, 8:6

Schaukämpfen. Sie gab an, sich nicht wohl zu fühlen. In Wimbledon später ergaben sich Mißverständnisse wegen einer Spielansetzung in der zweiten Runde, über die man sich heute noch streitet. Die französische Diva fühlte sich benachteiligt und ließ wissen, daß sie wegen einer Erkrankung nicht weiterspielen könne. Einige Wochen später verabschiedete sie sich vom großen Turniertennis.

Das Mirakel

Henri Cochet – William T. Tilden

Wimbledon, 30. Juni 1927

Elf Jahre nach dem Ereignis schrieb William Tatem Tilden in seinem 1938 erschienenen Buch »My Story« darüber: »Ich habe seither viele interessante, kuriose und unrichtige Meinungen über das gehört, was geschehen ist. Eine der Erklärungen besagt, daß König Alfonso von Spanien auf die Tribüne gekommen sei, als ich 5:1 führte im dritten Satz – und daß ich ihm noch etwas zeigen wollte von diesem Match. Blödsinn! Ich wußte nicht einmal, daß er überhaupt da war. Eine andere Erklärung, von der ich hörte, war die, daß eine Gruppe von Hindus unter den Zuschauern mich hypnotisiert habe. Wenn sie es taten, habe ich es zumindest nicht gespürt – aber dann hätten sie eine vorzügliche Arbeit geleistet. Ich persönlich weiß bis heute keine zufriedenstellende Erklärung. Alles, was ich weiß, ist die Tatsache, daß die gesamte Koordinierung meines Körpers auf einmal nicht mehr stimmte und ich es nicht fertigbrachte, einen Ball in das andere Feld zu schlagen. Das hatte nichts mit dem zu tun, was Cochet tat. Er spielte während des ganzen Matches das gleiche Tennis. Natürlich wuchs sein Selbstbewußtsein, als er spürte, daß mit mir etwas nicht stimmte, aber in keinem Falle produzierte er irgendwelche sensationellen Schläge, die dazu führten, daß das Match sich schließlich doch noch umkehrte.«

Tilden sprach von einem Semifinal-Match in Wimbledon 1927, welches in allen dicken Büchern, die je zu diesem Thema verfaßt wurden, aufgezeichnet steht. Und daß er immer wieder über diese Auseinandersetzung redete, beweist nur, wie tief sie ihn getroffen hatte. Ihn, den großen Tilden, der von sich selbst überzeugt war, der beste Spieler aller Zeiten gewesen zu sein – eine Meinung, die von gar nicht so wenigen Beobachtern geteilt wurde. »Big Bill« Tilden hatte dieses Turnier 1920 und 1921 für sich entschieden und dann beschlossen, sich in Zukunft die zwei Wochen langen Seereisen nach Europa mit all ihrem Ungemach und den Unbequemlichkeiten zu ersparen. Als man 1922 die neue Wimbledon-Anlage mit dem neuen Centre Court einweihte, vermochte das nichts an seiner Meinung zu ändern: Falls jemand sich mit ihm messen wollte, sollte er gefälligst nach Amerika kommen.

Niemand fand eine richtige Erklärung dafür, warum er sich nun 1927 eines anderen besonnen hatte. Vielleicht war es die Tatsache, daß es da in Europa eine Reihe von Franzosen gab, die an seine Stelle getreten waren. In Wimbledon gewann Jean Borotra 1924, René Lacoste 1925, wieder Borotra 1926. Dann gab es noch den kleinen Henri Cochet, der in Paris gesiegt hatte. Schließlich waren vorher auch die US-Meisterschaften an Lacoste gegangen. Vielleicht glaubte Tilden

auch nur, es würde ihm guttun, wieder einmal nach Europa zu reisen – vielleicht wollte er irgendeinem Freund die Stätten seiner Triumphe zeigen. Der hochgewachsene und sehr gutaussehende Mann, der sich so gerne im legeren Pullover ablichten ließ, fand immer Gründe für Dinge, die er machen wollte.

Tilden, am 10. Februar 1893 in Philadelphia geboren, war der einzige Sohn eines strengen Vaters, der seinen Sprößling für einen Weichling hielt – weil er sich mit diesem Spiel für Mädchen beschäftigte –, und einer Mutter, die ihn abgöttisch liebte und gerne als berühmten Konzertpianisten, Schriftsteller oder wenigstens Schauspieler gesehen hätte. Einen Teil dieser Vorstellungen hat Tilden auch erfüllt: Er schrieb sehr schlechte Novellen und Theaterstücke, aber hervorragende Bücher über dieses Spiel, die heute noch als beispielhaft gelten dürfen. Man ließ ihn wegen des berühmten Namens auch in einigen Theaterstücken und Filmen auftreten, wo er ebenfalls nur wenig Talent zeigte. Er war ohne jeden Zweifel ein Intellektueller – ein Mann, der charmant sein konnte, gebildet war, eine Zierde jener Gesellschaften in New York oder Hollywood, wo sich jene trafen, die sich immer treffen. Und er war in jedem Fall ein großartiger Sportler, der sich ernsthaft bemühte, Fehlerquellen auszumerzen. Als er die US-Meisterschaften 1919 im Endspiel verlor, zog er sich ein halbes Jahr in die Wälder zurück, trainierte, unterwarf sich Kraftübungen – als er zurückkam, präsentierte er der staunenden Tenniswelt einen Rückhandschlag, wie ihn kein

Henri Cochet (links) und William T. Tilden auf dem Weg ins Halbfinale von Wimbledon. Noch wirken sie ausgeruht – noch haben sie fünf kräftezehrende Sätze vor sich.

anderer beherrschte. William T. Tilden war Perfektionist.

Dieser Perfektionismus änderte nichts an der Tatsache, daß er in diesem Sommer 1927 bereits vierunddreißig Jahre alt war – rund acht Jahre älter als Henri Cochet, der kein Intellektueller, kein Schriftsteller, kein Schauspieler war, sondern der Sohn eines Platzwartes des Tennisclubs in Lyon. Man kann nicht sagen, daß Tilden seinen Gegner besonders schätzte, und man muß annehmen, daß diese Antipathie durchaus gegenseitig war.

Unerwartete Wendung

In Wimbledon hieß der stellvertretende Oberschiedsrichter 1927 Frank Burrow; er hatte dieses Amt bereits 1907 übernommen und galt als einer der besten Kenner dieses Spiels. Tilden hatte in diesem Semifinale gegen Cochet den ersten Satz mit 6:2 gewonnen, den zweiten mit 6:4. Er führte im dritten Satz 5:1, und es stand 15:15. Es schien nur noch eine Frage von Minuten, bevor der Amerikaner den Franzosen förmlich aus dem Centre Court geblasen haben würde. Frank Burrow, der Augenzeuge, schrieb später über die Szenerie: »Ich hörte von jemand, daß dieses Match fast vorüber sei, und beschloß, mir von der Tribüne die letzten Minuten anzuschauen. Es waren die längsten ›letzten Minuten‹ meines Lebens. Im siebten Spiel dieses dritten Satzes schlug Cochet auf, und Tilden antwortete mit drei seiner besten Drives, um zu einem Ende zu kommen – aber alle drei Bälle verfehlten den Platz um einige wenige Zoll. Tilden

Die Tennis-Grundregel, keinen Ball verloren zu geben, ehe er nicht mit der Hand aufgehoben werden muß, wird hier von Tilden eindrucksvoll demonstriert.

schien sich von diesen Fehlern nicht besonders beeindrucken zu lassen. Wer sollte ihn bei eigenem Aufschlag noch stoppen können, nachdem er bei seinen vorangegangenen Aufschlagspielen jeweils nur ein paar Punkte verloren hatte? Aber irgend etwas stimmte auf einmal nicht mehr mit seiner starken Waffe – er verlor sein Aufschlagspiel ›zu Null‹. Cochet erarbeitete Punkt um Punkt, und jeder konnte erkennen, wie er plötzlich immer sicherer wurde. Ihm gelangen nicht weniger als siebzehn Aufschlag-Asse – in den fünf Spielen vom 1:5-Rückstand bis zu einer 6:5-Führung im dritten Satz gab er insgesamt nur zwei Punkte ab! Als der kleine Franzose schließlich den dritten Satz mit 7:5 für sich entschieden hatte, erhielt er dafür einen Beifall, wie ihn mancher Sieger selbst nach dem Matchball niemals hörte. Aber keiner konnte begreifen, was mit Tilden geschehen war – warum auf einmal seine großartige Technik zerfiel und jede kluge Taktik zerbrach. Jeder wußte, daß Tilden lange Matches haßte – jeder wußte auch, daß Cochet ein Meister der langen Auseinandersetzungen über fünf Sätze war. Tilden hatte alles perfekt geplant und auch bis drei Punkte vor dem Sieg perfekt durchgeführt – dann brach die ganze Maschinerie zusammen.«

Soweit Frank Burrow. Es war keineswegs so, daß Tilden aufgab. Im vierten Satz geriet er zwar schnell in einen 1:3-Rückstand, aber bei 4:4 hatte er wieder zu seinem Gegner aufgeschlossen. Er führte noch einmal 3:2 im fünften Satz, aber jeder konnte mittlerweile erkennen, wie müde der Körper geworden war und wie leer der Kopf. Cochets

Ein Meister der langen Auseinandersetzungen: Henri Cochet hatte die ersten beiden Sätze gegen Tilden schon verloren – dann kam es zum »Mirakel von Wimbledon«.

die ersten beiden Sätze und lag im fünften Durchgang bereits mit 2:5 im Rückstand.

Die Karriere von »Big Bill« Tilden war mit dieser Niederlage noch längst nicht zu Ende. Er zog sich wieder zurück, arbeitete, stritt ewig mit den Verbandsfunktionären, von denen er wußte, daß sie ihn brauchten. In Wimbledon siegte er noch einmal 1930 – als fast Vierzigjähriger. Es war ein wunderbarer Triumph für ihn, nachdem die »vier Musketiere« aus Frankreich ihm inzwischen auch den Daviscup abgenommen hatten. 1931 unterzeichnete er einen Vertrag mit einer Profitruppe, mit der er durch die amerikanische Provinz zog und sich bestaunen ließ. Er nahm an den Weltmeisterschaften dieser wenigen Berufsspieler teil – ein Titel, der nur bei den Profis etwas galt und von den herrschenden Verbänden und den Amateuren kaum zur Kenntnis genommen wurde. Schließlich wurde er in Los Angeles festgenommen und wegen Homosexualität verurteilt; immerhin fand er im puritanischen Amerika einen gnädigen Richter, der sich der Tenniskünste des Stars erinnerte. Aber noch während der Bewährungszeit wurde er wiederum festgenommen und wegen des gleichen »Delikts« erneut verurteilt. Da es nun keine Gnade mehr gab, mußte er die Strafe absitzen.

William Tatem Tilden starb am 5. Juni 1953. Man fand ihn tot in seinem kleinen Appartement – er war gerade dabei gewesen, die Sachen für die Teilnahme an den amerikanischen Profi-Meisterschaften zusammenzupacken. Er liegt in Philadelphia begraben.

Tilden in Forest Hills, Stadtteil von New York und früherer Austragungsort der US-Meisterschaften, 1930. Im selben Jahr gewann er ein letztes Mal in Wimbledon.

Taktik beruhte darauf, Tilden mit kurzen Bällen nach vorne zu locken und mit längeren wieder nach hinten zu schicken – jeder weiß, daß das weitaus ermüdender ist, als das Laufen von links nach rechts. In die gewaltigen und fast ganze Sätze lang fehlerfreien Aufschläge des Amerikaners mischten sich auf einmal überdurchschnittlich viele Doppelfehler. Cochet rückte bei den Schlägen seines Gegenüber immer weiter nach vorne, um den Ball noch im Aufstieg schlagen zu können und so das Spiel zu beschleunigen.

Der Franzose gewann dieses Match, das immer zu den Mirakeln gehören wird, schließlich mit 2:6, 4:6, 7:5, 6:4, 6:3. Cochet gewann anschließend auch das Endspiel gegen seinen Landsmann Jean Borotra auf ähnliche Weise: Er verlor

Wimbledon, 30. Juni 1927
<u>Semifinale der Herren</u>

Henri Cochet – William T. Tilden
2:6, 4:6, 7:5, 6:4, 6:3

Vier Musketiere
USA – Frankreich

Philadelphia, 10. September 1927

Es gab so manchen, der die zwanziger Jahre erlebt hatte und noch Jahrzehnte später behauptete, William Tatem Tilden sei der größte Spieler aller Zeiten gewesen – trotz Budge, trotz Laver, trotz McEnroe. Derartige Streitfragen gibt es in jedem Sport und niemand vermag sie schlüssig zu beantworten. Der Amerikaner »Big Bill« Tilden war ohne Zweifel der herausragende Spieler damals – und niemand vermag zu sagen, ob er mit den Bällen und Schlägern von heute sowie den modernen Trainingsmethoden nicht ebenfalls an der Spitze gewesen wäre.

Der Exzentriker Tilden, der sein Leben anders zu leben beschlossen hatte als andere Menschen, war sich seines Startums bewußt, er ließ andere seine erstklassige Bildung spüren – und er schuf sich Feinde auf dem Tennisplatz, in den Tennisverbänden und im puritanischen Amerika. In diesen Spätsommertagen 1927 war Tilden bereits 34 Jahre alt. Neben ihm, dem hochgewachsenen Athleten, stand der kleinere William »Little Bill« Johnston sowie als Doppelpartner der persönliche Freund Frank Hunter. Die Amerikaner erwarteten im *Germantown Club* in Philadelphia in der Herausforderungsrunde das Daviscup-Team Frankreichs.

Die Franzosen waren hier in Philadelphia längst keine Fremden mehr. Sie waren auf diesem Platz bei gleicher Gelegenheit bereits zweimal geschlagen worden: 1925 mit 5:0 und 1926 mit 4:1. In den drei Jahren davor – 1922, 1923, 1924 – waren sie jeweils im Interzonenfinale an Australien gescheitert. Frankreich stellte also bereits seit langem die beste Equipe Europas und eine der besten der Welt. Das änderte allerdings nichts an der Tatsache, daß die Amerikaner den Pokal siebenmal in Folge für sich entschieden hatten und in schönem Selbstbewußtsein die Meinung vertraten, daß es nun eben zum achten Male geschehen würde.

Niemand kann ein Rezept dafür entwickeln, wie eine tüchtige Tennis-Mannschaft zu entstehen hat. Die vier französischen Spieler, die auf einmal ein Team waren, kamen nicht nur aus den verschiedensten Ecken des Landes, sondern auch aus sehr verschiedenen sozialen Gesellschaften. Da war zunächst Jacques »Toto« Brugnon, der am 11. Mai 1895 in Paris geboren worden war: einer aus gutbürgerlichen Verhältnissen, der zumindest einen Teil seiner Karriere dem Vater der Diva Suzanne Lenglen zu verdanken hatte. Man hatte einen Mixed-Partner für die Lenglen gesucht – einen, der gut genug ist, ohne dem Star die »Show zu stehlen«. Unter hundert Bewerbern war Charles Lenglen auf Brugnon gekommen. Dann gehörte Jean Borotra dazu – geboren am 13. August 1898 unweit der spanischen Grenze in der

Nähe von Biarritz. Borotra rannte jeden Morgen zwölf Kilometer zur Schule, spielte Pelota, studierte Maschinenbau und Jura und fand immer noch Zeit, durch irgendwelche Gelegenheitsarbeiten seine Familie zu unterstützen. Mit Tennis kam er angeblich erst in Wiesbaden in Berührung, wo er 1919 Soldat der Besatzung war – fünf Jahre später war er Wimbledonsieger. Man nannte ihn den »fliegenden Basken«, was sich aber nur zum Teil auf seine Spielweise bezog: Borotra verbrachte sein ganzen Leben zwischen Tennisplatz und irgendwelchen Geschäften immer im Laufschritt.

Henri Cochet war am 14. Dezember 1901 in Lyon geboren worden; sein Vater war dort der Platzmeister in einem Tennisclub, und der immer ein wenig schmächtig wirkende Henri hatte es selbstverständlich irgendwann einmal versucht, dieses Spiel zu betreiben. Er arbeitete in einer Seidenfabrik, ging zum Militär und stieg langsam von einer lokalen Berühmtheit bis zur Weltmeisterschaft empor. Dazwischen lagen lange Krankheiten und viele Niederlagen.

Bleibt schließlich noch der Jüngste, René Lacoste, geboren am 2. Juli 1905: Er war der einzige, der über ein Elternhaus verfügte, das Tennisspieler damals vorzuzeigen hatten, wenn sie auch eine gesellschaftliche Rolle zu spielen gedachten. Er fuhr bereits ein eigenes Auto, als die anderen noch mit der Bahn anreisten, und nachdem er eines Tages beschlossen hatte, ein Weltklassespieler zu werden, wurde er schnell Meister von Frankreich. Lacoste kaufte sich jede Literatur, die zu dem Thema zu haben war, und studierte sie eingehend – er machte sich Notizen über die Spieler, die er für interessant genug hielt, und ließ seine Spielweise mit einer Kamera aufnehmen, um sich selbst kontrollieren und korrigieren zu können, und als sein Trainer die langen Übungsstunden nicht mehr durchhielt, ließ er eine Ballwurfmaschine konstruieren. Man nannte ihn das »Krokodil«, was ihm gar nicht so schlecht gefiel; später ließ er unter diesem Zeichen eine Textilfabrik bauen – das Logo mit diesem Reptil gehört heute noch zu den noblen Marken der Sportbekleidungs-Branche.

Man sollte zu diesem Quartett noch einen weiteren Mann zählen, der wahrscheinlich ein Glücksfall für das französische Tennis war, weil er aus den vier so unterschiedlichen jungen Leuten ein Team schmiedete, das auch nach den vielen Niederlagen zusammenblieb – der Mann hieß Pierre Gillou: Er war um die Jahrhundertwende selber ein guter Spieler gewesen, brachte gute Trainer nach Paris, und er erkannte, daß zu einem aussichtsreichen Sturm auf die Daviscup-Festung USA auch eine ordentliche Vorbereitung gehörte.

Die Herausforderung

1927 hatten die Franzosen in Paris zunächst gegen Rumänien mit 4:1 gewonnen, wobei der verlorene Punkt nur deshalb zustande kam, weil Lacoste gegen Poulieff nicht mehr antrat, nachdem alles entschieden war. Nur knapp 3:2 besiegte man Italien in Rom, wobei Lacoste im letzten Match den entscheidenden Punkt gegen den »berüchtigten Löffler« Giorgio de Stefani holte. Danach gab es im neutralen Eastbourne ein glattes 5:0 über die starken Südafrikaner, wobei nur ein Satz abgegeben wurde. Im Europa-Finale schließlich stand es in Kopenhagen nach zwei Tagen 3:0 gegen Dänemark, und da es regnete, beließ man es dabei. Im Interzonen-Finale in Boston gegen Japan stand es nach zwei Tagen

ebenfalls 3:0, und da die Japaner Harada und Ohta offensichtlich keine Lust zur Entgegennahme weiterer Prügel besaßen, steht in den Annalen hier ein 5:0 verzeichnet.

»Big Bill« Tilden war einer der wenigen Amerikaner, die die Herausforderung der Franzosen ernst nahmen. Von einer Europareise, auf der er sich als nicht mehr unschlagbar gezeigt hatte, nach Amerika zurückgekehrt, warnte Tilden die Verbandsoffiziellen und forderte eine sorgfältige Vorbereitung, aber er fand nur taube Ohren.

Das französische Team war diesesmal fast drei Wochen früher angereist als in den vorangegangenen Jahren. Die Einzelspieler – hier Tilden und Johnston, dort Cochet und Lacoste – standen längst fest. René Lacoste meinte vor der Auslosung der Matches, daß er es begrüßen würde, wenn er das erste Match gegen Johnston bestreiten könne; der schmale Amerikaner hatte im Training nicht besonders beeindruckt, und auch seine Ergebnisse im Lauf des Jahres waren nicht dazu angetan, großen Optimismus zu säen. Erst einige Wochen später stellte sich bei einer routinemäßigen ärztlichen Untersuchung heraus, daß Johnston eine Tuberkulose-Erkrankung hatte – jetzt hoffte man noch auf seine enorme Routine.

Lacostes Wunsch, im ersten Match gegen Johnston zu spielen, lag eine einfache taktische Rechnung zugrunde: Cochet sollte gegen Tilden im zweiten Match eine möglichst lange Spieldauer erzwingen, um den Amerikaner für das Doppel zu ermüden; das Doppel sollte noch einmal die Kräfte Tildens strapazieren, so daß Lacoste gute Chancen besäße. Die beiden Begegnungen gegen Johnston hatte man sowieso schon als Pluspunkte eingerechnet. Nie ging eine Taktik idea-

ler auf als an diesen drei Septembertagen 1927.

Sturm auf die Davis-Cup-Festung USA

Lacoste eröffnete die Davispokal-Herausforderungsrunde mit einem 6:3, 6:2, 6:2 über »Little Bill« Johnston, der nur noch ein Schatten eines Weltklassespielers war. Henri Cochet hätte gegen Tilden einen psychologischen Vorteil haben müssen, da er ihn bei den US-Meisterschaften, in Paris und in Wimbledon geschlagen hatte; aber in seiner Heimatstadt Philadelphia trat ein »anderer« Tilden an. Die Leute hatten ihn zwar auch hier oft verteufelt, aber jetzt war das eine nationale Angelegenheit, und der Amerikaner erhielt Beifall, wie er ihn nie zuvor gehört hatte. Er führte schnell 6:4, 2:6, 6:2, als er vielleicht ein Schwinden der Konzentration spürte. Tilden ließ sich ein Salmiak-Fläschchen kommen, schnupperte daran und durchbrach den Aufschlag des Franzosen zur 7:6-Führung im vierten Satz. Mit einem Aufschlag-As beendete er das Match und stellte damit das 1:1 her.

Die amerikanischen Offiziellen hatten ursprünglich Tilden und Johnston für das Doppel nominiert, obgleich Tilden/Hunter in Wimbledon gewonnen hatten. Nachdem Johnston sich in solch miserabler Verfassung gezeigt hatte, disponierten sie um und ließen Tilden neben seinem Wunschpartner spielen. »Big Bill« spielte eines der besten Doppel seiner langen Laufbahn und riß Hunter zu ähnlicher Leistung mit. Borotra und Brugnon wurden 3:6, 6:3, 6:3, 4:6, 6:0 ge-

Jean Borotra, unweit der spanischen Grenze in der Nähe von Biarritz geboren. Mit Tennis soll er erst 1919 als Besatzungssoldat in Wiesbaden begonnen haben.

Brugnon (links) und Borotra: Mit vereinten Kräften setzen sich die beiden hier gegen die Engländer Hughes und Perry durch.

schlagen – die USA führten 2:1, aber der Plan der Franzosen war noch völlig intakt. Man hielt Tilden so lange es ging auf dem Platz, und die immer wieder eingestreuten Lobs von Borotra und Brugnon hatten viel Kraft gefordert.

Der kühle Taktiker Lacoste nahm den Ansturm von Tilden hin wie einen Windstoß. Der Amerikaner wußte: Er brauchte einen möglichst schnellen Sieg, denn für fünf Sätze würden die Kräfte kaum ausrei-

chen – und Lacoste war elf Jahre jünger! Tilden verlor den ersten Satz 4:6, gewann den nächsten 6:3. Lacoste spielte den Ball mit der Präzision und der Gleichmäßigkeit eines Uhrwerks immer in die Mitte des Platzes – eine nicht besonders spektakuläre, aber hier sehr nützliche Taktik. Er beantwortete die harten Drives des Amerikaners mit halbhohen, weichen Bällen. Tilden ermüdete sichtlich. Lacoste gewann die beiden letzten Sätze 6:2, 6:2. Es war ein emotionsreicher Moment, als der letzte Ball geschlagen war. Die Menschen auf den Tribünen erhoben sich und

spendeten William T. Tilden langen Beifall – sie hatten erkannt, daß sich eine lange Karriere hier ihrem Ende näherte, und der Amerikaner wußte es vielleicht ebenso – zwei- oder dreimal reckte er die Fäuste wie ein abschiednehmender Boxer.

Jetzt kam alles auf das Match zwischen Cochet und Johnston an. Es lag eine fast körperlich spürbare Spannung über dem Centre Court. Der sonst immer so »unterkühlt« wirkende Lacoste fröstelte auf einmal, obgleich die Sonne schien – er zog auf der Tribüne zwei Pullover übereinander und auch noch den Mantel an. Natürlich war Cochet der Favorit, aber würden seine Nerven halten? Der Franzose gewann den ersten Satz 6:4, der Amerikaner den zweiten mit dem gleichen Ergebnis, Cochet holte sich den dritten 6:2, bevor man zur Pause in die Kabinen ging. Als sie zurückkehrten, setzte sich Lacoste auf den Stuhl des Kapitäns – Pierre Gillou fühlte sich außerstande, weiter am Platzrand zu sitzen. Cochet ging 5:2 in Führung. Im nächsten Spiel gab es achtmal Einstand, bevor Johnston es gewann. Auf einmal funktionierten die harten Schläge des Amerikaners wieder wie zu vergangenen Zeiten – er nahm seinem Gegner das Aufschlagsspiel »zu Null« ab. Henri Cochet sagte später, er habe sich in diesem Moment wie ein sicherer Verlierer gefühlt. Beim Seitenwechsel redete Lacoste auf ihn ein. Cochet ging wieder auf den Platz und beendete den Satz innerhalb weniger Minuten mit 6:4. Frankreich hatte den USA den Davispokal abgenommen.

Tränen nach dem Sieg, Champagner bei der Heimreise

Auf der Tribüne saß Mutter Cochet und weinte, Pierre Gillou benahm

**René Lacoste: Der vierte »Musketier«
kaufte sich jede Literatur zum Thema Tennis, machte sich Notizen über Spieler und
ließ sich mit einer Kamera aufnehmen.**

sich wie ein Kind, und Lacoste zog
Mantel und Pullover aus; Brugnon
war die Pfeife aus dem Mund gefallen, Borotra hüpfte herum, und
tausend Fotografen suchten das
»richtige Bild«. Ein amerikanischer
Reporter fand das Wort von den
»vier Musketieren«.

Den Pokal überreichte der Stifter
Dwight Davis, damals Kriegsminister der Vereinigten Staaten. Lacoste holte sich nach Siegen über
Johnston und Tilden auch noch die
US-Meisterschaft. Als die vier
heimreisten, gab es auf dem Schiff
allabendlich ein Fest, bei dem der
Champagner floß. Gillou, Borotra,
Cochet und Brugnon stürzten sich
in die Feierlichkeiten – Lacoste mit
seinem ernsten Lächeln bezahlte
jeweils früh seinen Anteil der verzehrten Flaschen und zog sich in
seine Kabine zurück. Er plante bereits die Zukunft, während die anderen noch durch die Gegenwart
schwebten.

Frankreichs Tennis-Team regierte
jahrelang über alle großen Turniere
der Welt. In Paris baute man zur
Titelverteidigung 1928 extra ein
neues Stadion – das *Stade Roland
Garros*. Es dauerte bis 1933, ehe es
einer anderen Mannschaft gelang,
hier zu gewinnen. Es waren allerdings nicht mehr die Amerikaner,
die für die Ablösung sorgten, sondern die Briten. Die Ära der Musketiere war damit zu Ende.

Philadelphia, 10. September 1927

<u>Daviscup-Finale
im Germantown Club</u>

USA – Frankreich
Letztes Einzel
Henri Cochet – William Johnston
6:4, 4:6, 6:2, 6:4.

Zwei deutsche Damen
Cilly Aussem – Hilde Krahwinkel

Wimbledon, 4. Juli 1931

Die ganze Tennis-Euphorie, die in den achtziger/neunziger Jahren über die Deutschen hereinbrach, verdrängte die Tatsache, daß alles schon einmal dagewesen war – ein wenig kleiner zwar, weniger spektakulär, nicht so medienbeherrschend, vernünftiger vielleicht. Am 4. Juli 1931 gewann Cilly Aussem aus Köln das Finale der Damen in Wimbledon gegen Hilde Krahwinkel aus Essen mit 6:2, 7:5. Es gibt eine ganze Reihe von Gründen, die dazu führten, daß dieses Ereignis niemals so gewürdigt wurde, wie es verdient gewesen wäre. Eventuell lag es an den unruhigen politischen Zeiten, die sich andeuteten – mit Sicherheit spielten die Medien eine Rolle, die nicht so dominierend den Tag bestimmten –, es war wohl auch so, daß der Sport allgemein und Tennis im besonderen zwar nicht mehr in den Kinderschuhen, aber doch gerade erst im Teenager-Alter steckten.

Man hat den beiden Damen Unrecht getan, denn sie standen keineswegs von ungefähr im Finale und verdankten es auch nicht besonders günstigen Zufällen. Es fehlte zwar die Amerikanerin Helen Wills-Moody, die wegen einer Erkrankung absagen mußte, aber sonst standen im Teilnehmerfeld alle Spielerinnen der damaligen Weltklasse. Cilly Aussem hatte im Viertelfinale die starke Schweizerin L. Payot und im Semifinale die ebenfalls erstklassige Französin Si-

mone Mathieu jeweils in drei Sätzen besiegt – Hilde Krahwinkel setzte sich in der Runde der letzten Acht gegen die Britin Dorothy Round durch, die hier später 1934 und 1937 siegte, und schlug beim Kampf um den Eintritt ins Endspiel die Amerikanerin Helen Jacobs mit dem kuriosen Ergebnis von 10:8, 0:6, 6:4 – dieselbe Helen Jacobs, die hier fünfmal im Finale stand, von denen sie nur eines gewann; das war 1936, und die Gegnerin hieß erneut Hilde Krahwinkel. Genauer: Hilde Krahwinkel, inzwischen verheiratet, hieß da bereits Hilde Sperling. Was mit all dem gesagt werden soll: Die beiden Deutschen gehörten zur Weltklasse. Cilly Aussem hatte das nachgewiesen, als sie 1927, 1930 und 1931 internationale Meisterin von Deutschland geworden war, sie siegte bei Frankreichs Titelkämpfen 1931 – in Wimbledon 1930 war sie im Semifinale so unglücklich gestürzt, daß man sie bewußtlos vom Platz tragen mußte. Hilde Krahwinkel war eine Art Sandplatzkönigin und stand in der Weltrangliste sogar noch über der Kölnerin; sie gewann in Paris von 1935 bis 1937 dreimal und schließlich auch in Wimbledon an der Seite von Gottfried von Cramm 1933 das Mixed.

Man nannte Hilde Krahwinkel hinter vorgehaltener Hand »die Spinne«, und das hatte bei dem hochaufgeschossenen Mädchen seine Gründe nicht nur in den langen Ar-

men und langen Beinen, sondern vor allem in der unendlichen Geduld, mit der sie ihre Gegnerinnen beobachtete, ermüdete, einwickelte und schließlich besiegte. Sie war am 26. November 1908 geboren worden – eine stille junge Frau, die bei den Turnieren eher in der Ecke eines Clubhauses saß und mit einem Strickzeug hantierte, als auf der Terrasse Mittelpunkt einer lauten Gesellschaft zu sein. Sie hatte Tennis spielen gelernt, weil »höhere Töchter« damals eben auch Tennis spielen lernten – es war mehr ein Zeichen der gutbürgerlichen sozialen Schicht, in der sie lebte, als eigene sportliche Ambition. Sie wäre viel lieber eine erstklassige Pianistin geworden, aber dieser Wunsch erledigte sich ausgerechnet bei einer der wenigen Feiern in einem Tennis-Clubhaus, an denen sie teilnahm: Es gab ein ausgelassenes Hin und Her, bei dem sie ein Sektglas fing – das Glas zerbrach und zerschnitt ihr die Sehnen von zwei Fingern an der rechten Hand. Der Traum vom großen Klavierspiel war damit vorbei. Beim großen Tennisspiel führte es dazu, daß sie den Schlägergriff mit nur drei Fingern richtig umspannen konnte, und deshalb »hing« der Schläger immer ein wenig nach unten, was den Eindruck noch verstärkte, sie sei eine von jenen, die ihre Gegnerinnen mit ihrem »Löffelspiel« zu Fehlern animieren.

Hilde Krahwinkel hatte sich mit diesem Ruf längst abgefunden – einem Ruf übrigens, der ihr nicht ganz gerecht wurde. Sie vermochte sehr wohl auch ein schnelles Spiel aufzuziehen, wie man es auf einem Boden betreibt, der »schneller« ist als der rote Sand: 1938 schlug sie

Mit Cilly Aussem (links) und Hilde Krahwinkel standen im Jahr 1931 erstmals zwei deutsche Spielerinnen in einem Wimbledon-Finale.

46

Cilly Aussem und Henner Henkel, 1937 die Nummer vier der Weltrangliste. Schon mit fünfzehn wurde sie deutsche Jugendmeisterin, später war sie – zumindest in Deutschland – ein liebenswürdiger Star.

einmal auf dem Rasen des Londoner *Queens Club* die seinerzeit für unschlagbar gehaltene Amerikanerin Helen Wills-Moody, die dann drei Wochen später Wimbledonsiegerin wurde – nach einer 12:10-, 6:4-Revanche im Semifinale über Hilde Krahwinkel.

Die junge Dame aus Essen litt wahrscheinlich unbewußt oder auch bewußt unter der dominierenden Cilly Aussem, die – nur ein paar Monate jünger (geboren am 4. April 1909) – immer strahlender Mittelpunkt der Gesellschaften war. Die Familie Aussem verstand es wohl auch, das hübsche Töchterchen mit den großen Augen und dem ausdrucksvollen Mund in den Vordergrund zu schieben – selbst zu einer Zeit, als Hilde Krahwinkel auf der Weltrangliste den weitaus

besseren Platz einnahm. Hilde Krahwinkel war von 1930 bis 1939 immer unter den besten Zehn zu finden, fünf Jahre sogar unter den besten Fünf, zwei Jahre die Nummer zwei.

Spinne gegen Sternschnuppe

Cilly Aussem war die Sternschnuppe, die schnell aufglühte und genauso schnell verschwunden war. In jenem Jahr 1931 allerdings war sie die logische Siegerin: Auf der Setzliste von Wimbledon war sie die Nummer eins vor der Britin Betty Nuthall, der Französin Simone Mathieu und eben Hilde Krahwinkel. Trotz ihres Temperaments war Cilly Aussem ebenfalls eine Spielerin, die das Tennis nicht nur mit den Armen, sondern vor allem auch mit ihren schnellen Beinen betrieb – eine Grundlinienspielerin, die wie viele andere vor und nach ihr bewies, daß man auch aus dieser Position zu hohen Ehren kommen kann.

Die Aussems in Köln waren sicherlich zu den wohlhabenden Familien zu zählen, die die sportlichen Ambitionen der Tochter gerne unterstützten, weil sie auch zum eigenen Ansehen beitrugen.

Mama Aussem war die ständige Begleiterin der Tochter. In jenem Jahr 1931 fuhren sie im Frühjahr zum Training und zu den Turnieren an der Riviera – weil das einfach dazugehörte, wenn man gewillt war, in der Tenniswelt eine Rolle zu spielen. Bei Mama Aussem dürfte es sich um eine energische Dame gehandelt haben, der nahezu jedes Mittel recht war, wenn es das Wohlergehen ihrer Tochter unterstützte. Die Spitzenspielerin Paula Heimann, später unter dem Namen Paula Stuck von Recnicek eine gefürchtete Gesellschafts-Reporterin, erzählte Jahrzehnte danach allen Ernstes, daß sie den »bösen Blick«

gehabt habe – sie, Paula, habe sich durch das Anstarren so irritiert gefühlt, daß sie nach der Niederlage Mama Aussem eine Ohrfeige offerierte. Wenn man sonst nichts daraus schließen will, dann zumindest die Tatsache, daß die Damen schon damals nicht immer besonders freundlich miteinander umgegangen sind.

Wie auch immer: Mama Aussem schritt in Monte Carlo zu keinem Geringeren als dem großen William »Big Bill« Tilden mit dem Er-

suchen, der kleinen Cilly Unterricht zu geben, und der Frage, ob er denn glaube, aus der Tochter eine wirkliche Meisterin machen zu können. Tilden – so weiß die Legende zu berichten – blickte lächelnd auf die Mutter herab und sagte: »Gewiß, gnädige Frau – aber nur unter einer Bedingung: Wenn Sie den nächsten Zug nach Hause nehmen und mir nicht dazwischenreden!« Worauf Mama Aussem das wahrscheinlich größte Opfer vollbrachte, dessen eine Tennis-

Lange Jahre wurde Cilly Aussem stets von ihrer Mama begleitet. Aber erst, als »Big Bill« Tilden sie nach Hause schickte, wurde die Tochter Wimbledon-Siegerin.

mutter fähig sein kann – sie reiste tatsächlich ab: Drei Monate später war Cilly Aussem Wimbledon-Siegerin.

Tilden widmete der Kölnerin später in einem seiner Bücher noch ein schönes Kompliment: »Mit Kay Stammer aus England war Cilly das reizendste junge Mädchen, das je

Tennis gespielt hat. Sie war meine beste Mixed-Partnerin!«
Cilly Aussem hatte beim traditionsreichen *Rotweiß-Club* in Köln das Spiel erlernt – sie war fünfzehn, als

Hinter vorgehaltener Hand nannte man Hilde Krahwinkel »die Spinne«, weil sie ihre Gegner mit viel Geduld besiegte.

sie deutsche Jugendmeisterin wurde, stand mit siebzehn im Finale der deutschen Titelkämpfe und war mit neunzehn die Nummer eins der deutschen Rangliste. Eine junge, liebenswürdige Frau, die immer in Bewegung war, voller Charme, Schwung, Rhythmus. In Köln hatte der berühmte Trainer Willy Han-

nemann ihr bereits das beste Zeugnis ausgestellt, als er ihre Zuverlässigkeit, ihren Willen zu harter Arbeit und das ernste Streben nach Erfolg lobte. Nach Berlin umgezogen und im *Rotweiß-Club* spielend, kam sie in die Hände des nicht minder berühmten Roman Najuch, der sich diesem Urteil anschloß. Cilly Aussem war zumindest in Deutschland das, was man später als Star bezeichnete – sie war zudem ein liebenswürdiger Star.
Cilly Aussem hatte immer Schwierigkeiten mit ihren lichtempfindlichen Augen. Sie trug meistens einen langen Schirm auf der Stirn – oft zog sie sich vor den Matches in abgedunkelte Räume zurück. Nach ihrem Sieg in Wimbledon unternahm sie eine ausgedehnte Südamerika-Reise, wo man die kleine Deutsche feierte. Sie verdrängte dabei die Schmerzen, die ihr zu schaffen machten – schließlich gab es eine Notoperation am Blinddarm. Das, was bereits damals bei den Chirurgen zur Routine gehörte, entwickelte weitere Komplikationen. 1934 erschien sie noch einmal auf der Weltrangliste, aber es war eher ein Abschiednehmen als ein Comeback. Sie heiratete den italienischen Grafen Murari della Corte und zog mit ihm in die Nähe von Verona; die Besuche in Deutschland wurden immer seltener. Als sie 1963 fast erblindet starb, wäre das von der Öffentlichkeit nahezu unbemerkt geblieben. Ein Reporter fand die Nachricht schließlich bei der Pflichtlektüre der Todesanzeigen in der Zeitung.
Hilde Krahwinkel-Sperling starb 25 Jahre später, 1988, in ihrer neuen Heimat Dänemark.

Wimbledon, 4. Juli 1931

Finale der Damen

Cilly Aussem – Hilde Krahwinkel
6:2, 7:5

Alles oder nichts

Jack Crawford – Ellsworth Vines

Wimbledon, 7. Juli 1933

Man sagt, John Herbert »Jack« Crawford sei ein Weltmeister für sechs Wochen gewesen – und man tut ihm sicherlich Unrecht damit. Der Australier wäre heute so berühmt wie Donald Budge, der erste Gewinner des Grand Slam – Crawford fehlte 1933 nur ein lumpiger Satz zum Gewinn der vier größten Meisterschaften. Und die Wortschöpfung »Grand Slam«, 1938 für Budge angewandt, wurde von dem Journalisten Allison Danzig bereits 1933 verwendet – im Hinblick auf den bevorstehenden Triumph Crawfords.

Vielleicht lag es an seiner konservativen Heimat im fernen Australien, wo er am 22. März 1908 geboren wurde: Ein Mann, der nie auch nur auf die Idee gekommen wäre, seine langen Flanellhosen in Shorts umzutauschen, oder gar eines von diesen luftigen Hemdchen zu tragen. Er spielte mit einem Schläger, der aus der Zeit der Jahrhundertwende stammte – fast viereckig und mit einer Saite bespannt, die einen tiefen Brummton von sich gab. Er hatte einen Freund und Mitspieler namens Ernest Moon, mit dem zusammen er auch einmal die Internationale Meisterschaft von Deutschland gewann. Man sagt, die beiden seien die größten Schweiger aller Zeiten gewesen – bei Interviews war aus ihnen vielleicht ein »yes« oder »no« herauszuquetschen –, Beobachter meinten, sie hätten bei ihren langen gemeinsamen Schiffsreisen oft wochenlang kein einziges Wort gesprochen.

Crawford hatte 1933 die Meisterschaft Australiens im Finale gegen seinen Landsmann Ken Gledhill mit 2:6, 7:5, 6:3, 6:2 gewonnen; Gledhill war einer von jenen Australiern, die immer wieder bei dieser Meisterschaft plötzlich emporkamen und dann genauso schnell wieder verschwanden. In Paris hatte er den alternden Henri Cochet abgelöst mit 8:6, 6:1, 6:3. Übrigens: Ein Jahr später verlor Crawford hier das Endspiel gegen den Deutschen Gottfried von Cramm in fünf langen Sätzen. Crawford zog weiter nach Wimbledon. Im Viertelfinale bezwang er den Briten Pat Hughes, im Semifinale den Japaner Jiri Satoh – jenen Satoh, der in einer Nacht während einer Schiffsreise verschwand. Im Endspiel traf Crawford auf den Amerikaner Ellsworth Vines, den Titelverteidiger. Der Kalifornier hatte 1932 in den letzten drei Runden den Spanier Enrique Maier, Crawford und zuletzt den Briten Bunny Austin förmlich vom Platz gefegt. Vines, der Modellathlet und Liebling der Zuschauer, gewann 1933 das Viertelfinale gegen Roderich Menzel, den Deutschen aus Prag. Im Semifinale mußte Henri Cochet seine Überlegenheit anerkennen. Das Finale Crawford gegen Vines gilt als eines der größten, das Wimbledons Centre Court je erlebte.

In fünf Sätzen zum Erfolg

Es sah zunächst so aus, als würde »Elli« Vines seinen Vorjahressieg in ähnlich bestechender Form wiederholen. Er führte 5:2, Crawford holte ein wenig auf, aber der Satz ging mit 6:4 an den Amerikaner. Der zweite Satz war ein klassisches Beispiel dafür, wenn in einem Spiel zwei wirklich gleichstarke Athleten aufeinandertreffen: Sie könnten in der Theorie endlos gegeneinander spielen, könnten die Bälle klug verteilen oder unerreichbar hart in die Ecken setzen, wie es Crawford vermochte, oder mit gewaltigem Aufschlag und präzisen Volleys auf Vor- und Rückhand dem anderen keine Chance lassen. Crawford, der als erster aufgeschlagen hatte, lag immer mit einem Spiel in Front – mit 5:4, 6:5, 7:6, 8:6, 9:8, 10:8. Jeder Tennisspieler weiß, daß man warten sollte, bis der andere ein kleines Zeichen des Nachlassens zu erkennen gibt – das Erkennen dieses kleinen Nachlassens gehört zu den Fähigkeiten aller großen Meister. Crawford versuchte eine Zeitlang, die Rückhand seines Gegners anzugreifen, die als ein klein wenig schwächer galt. Aber mit einer solch simplen Taktik vermag man Wimbledon nicht zu gewinnen – schon gar nicht gegen einen wie Vines, dessen relativ schwächerer Schlag durch die häufige Beanspruchung immer besser wurde. Crawford fütterte die Rückhand von Vines mit halbhohen Bällen, die dieser nicht sofort zu Punkten auswerten konnte – wenn Vines dann weit genug aus dem Platz getrieben war, schlug Crawford den Ball auf die andere Seite, was bei der Schnelligkeit von Vines immer noch oft genug ein selbstmörderisches Vorhaben war. Aber der Australier war erfahren genug, plötzlich zu spüren, daß die Aufschläge seines Gegenübers nicht mehr so sicher ihr

Ziel fanden. Zwei oder drei Returns entschieden schließlich den Satz mit 11:9 für Jack Crawford. Wenn man davon absieht, daß Crawford im dritten Satz und Vines im vierten alle ihre Fertigkeiten demonstrierten, blieben diese beiden Durchgänge relativ bedeutungslos. Der Australier nutzte den psychologischen Vorteil, den er durch den Gewinn des langen zweiten Satzes besaß – der Amerikaner brauchte ja den vierten Satz, um im Match zu bleiben. Im fünften Satz setzte Crawford seine tückische Taktik gegen Vines fort: Er hielt den Ball so lange es ging auf der Rückhand des Amerikaners, um dann den punktbringenden Vorhandschlag anzubringen. Vines dagegen vertraute auf seinen zuverlässigen Aufschlag und die nach wie vor sicheren Volleys. So lief es bis zum 5:4 für den Australier. Vines schlug auf und war blitzschnell am Netz – Crawford fiel lediglich ein Lob ein, der sehr wirkungsvoll Zentimeter vor die Grundlinie fiel. Dann riskierte Crawford einen Alles-odernichts-Return auf die Rückhand des Amerikaners, die dabei in der Tat ihre Schwäche offenbarte. Der dritte Aufschlag von Vines schlug wie ein Donnerschlag auf den Platz des Australiers – dieser vollbrachte den vielleicht verrücktesten Schlag des ganzen Matches, als er den Ball mit der Rückhand per Dropshot quer an Vines vorbeisetzte; der Ball tupfte auf den Kalk der Seitenlinie: drei Matchbälle für Jack Crawford! Vines schlug auf – Feh-

Linke Seite: Der Australier Jack Crawford, ein »Weltmeister für sechs Wochen«. 1933 fehlte ihm nur ein einziger Satz zum Gewinn des »Grand Slams«.

Rechte Seite: Der Amerikaner Ellsworth Vines, Modellathlet und Liebling der Zuschauer. 1933 kam es zum »Klassiker« gegen Crawford.

Jack Crawford (rechts) verläßt den Platz, nachdem er dem Deutschen Gottfried von Cramm in einer Davis-Cup-Begegnung mit 0:3 unterlag.

ler. Es gab einige Zuschauer, die applaudierten. Beide Spieler, ebenso große Sportsleute, schauten erstaunt – Vines deutete eine ironische Verbeugung in Richtung dieser Zuschauer an. Den zweiten Aufschlag von Ellsworth Vines beantwortete Jack Crawford so, als würde er einen Eisenklumpen in das andere Feld schleudern – Vines kam noch an den Ball, aber er besaß keine Chance, ihn über das Netz zu befördern. Es war vorbei – 4:6, 11:9, 6:2, 2:6, 6:4 hatte Jack Crawford gesiegt.

Knapp verfehlt

Drei der vier Grand-Slam-Turniere hatte Crawford nun für sich entschieden, als er nach New York zog, um im *West Side Tennis Club* von Forest Hills den Triumph zu vollenden.

Es gab in jenen Jahren viele Ge-

schichten von Tennisspielern, auch der Weltklasse, die für ihre ausschweifenden Feiern genauso berühmt waren wie für ihre Siege. Frank Shields sagte man solches nach, dessen Enkelin ein Filmstar wurde – Art »Tappy« Larsen sagte man das ebenfalls nach. Sicher ist, daß die meisten Spieler aus Australien – schlicht gesagt – kräftige Biertrinker waren und sind. Der ernsthafte und schweigsame Jack Crawford bildete da wohl eine der wenigen Ausnahmen. Aber nach seinem Wimbledonsieg litt Crawford unter einer geheimnisvollen Schlaflosigkeit, die ihn bei der Überfahrt mit dem Schiff von Europa plötzlich überfallen hatte – vielleicht lag es auch nur daran, daß er sich bewußt gemacht hatte, nun auf einmal etwas schaffen zu können, was niemand vorher erreichte. Jemand hatte ihm geraten, ein Bier zu trinken – zum Einschlafen. Sein Körper, der kaum jemals etwas Stärkeres als klares Wasser zu sich genommen hatte, reagierte sofort auf das bißchen Alkohol. Und als ein Bier zum Einschlafen

nicht reichte, trank Crawford eben zwei. Als er in New York ankam, war er ein Nervenbündel. Er, der immer Pflichtbewußte und Korrekte, mochte nicht begreifen, daß sein Körper nicht so funktionierte, wie er es immer getan hatte. Um die Nervosität beim Training zu bekämpfen, mixte er etwas Whiskey in die Thermoskanne mit dem Tee, die er mit auf den Platz nahm.

Jack Crawford erreichte das Finale von Forest Hills und traf hier auf den bärenstarken Briten Fred Perry. Der Arbeitersohn Perry, der erste auf der britischen Insel aus dieser Gesellschaftsschicht, der ein Tennis-Weltmeister wurde, gewann den ersten Satz 6:3. Crawford verzauberte dann zwei Sätze lang die Zuschauer in diesem alten Stadion – er gewann sie mit 13:11 und 6:4. Es fehlte ihm also nur noch ein Satz zum Sieg, zum Gewinn der vier großen Meisterschaften – zum Grand Slam. Zeitgenossen erzählten, daß Jack Crawford sich wohl etwas zuviel Whiskey in den Tee geschüttet habe. Das Getränk wirkte sicherlich beruhigend – aber es beruhigte ihn so sehr, daß ihm der Gewinn mit einemmal überhaupt nichts mehr zu bedeuten schien. Die einigermaßen konsternierten Zuschauer erlebten einen Crawford, der die Bälle sonstwo hinschlug – nur nicht in das dafür bestimmte Feld. Fred Perry holte sich den vierten und fünften Satz innerhalb gut einer halben Stunde mit 6:0, 6:1.

Jack Crawford kam nie wieder in die Nähe des Olymp, auch wenn er noch weitere Turniere gewann. Er starb im Sommer 1991 hochbetagt an einem Gehirntumor.

Wimbledon, 7. Juli 1933
Finale der Herren:

Jack Crawford – Ellsworth Vines
4:6, 11:9, 6:2, 2:6, 6:4

Rivalität der Damen
Helen Wills – Helen Jacobs

Wimbledon, 6. Juli 1935

Helen Wills hat achtmal in Wimbledon gewonnen, siebenmal die US-Meisterschaften in Forest Hills und viermal in Paris. Dazu kamen zwei Olympische Goldmedaillen 1924 und Dutzende von Titeln im Damendoppel und im Mixed. Es ist schwer, in einer solch beispiellosen und mit Höhepunkten über viele Jahre hinweg erfüllten Karriere ein Match herauszupicken, welches vielleicht doch ein wenig über den anderen stand. Es ist um so schwerer, weil die schöne Heldin keineswegs auch eine strahlende Heldin war – strahlend in dem Sinne, daß sie sich anderen Menschen mitteilte. Helen Wills, die bedeutendste Spielerin bis weit über die Mitte dieses Jahrhunderts, galt als eine kühle Königin – und wahrscheinlich ist das genauso falsch wie alle derartigen Verallgemeinerungen. Vielleicht war sie nur klüger und ließ das die anderen spüren durch eine Distanz, die auch schmerzen konnte. Sie stammte aus einer der ersten Familien im kalifornischen Berkeley, wo sie am 6. November 1905 geboren wurde und eine erstklassige Erziehung genoß; es war so außergewöhnlich nicht, daß auch ›höhere Töchter‹ in Kalifornien einen Tennisunterricht erhielten. Sie arbeitete als Reporterin, schrieb gescheite Bücher und galt in den Galerien der Ost- und Westküste als begabte Malerin. Sie segelte und lief Ski, wußte sich in eleganten Zirkeln mit Schriftstellern, Schauspielern, Politikern und Fürsten zu unterhalten. Helen Wills war die beste Tennisspielerin ihrer Tage, aber man kann ein wenig bezweifeln, ob sie dieses Spiel wirklich liebte.

Die Laufbahn der Helen Wills wurde einige Male unterbrochen. Es waren die Schmerzen an der Bandscheibe, die sie zur Pause zwangen – es geschah aber auch, daß sie ganz einfach keine Lust hatte, Reisen zu unternehmen, um immer wieder gegen die gleichen Gegnerinnen die mehr oder minder gleichen Resultate zu erzielen. Sie gewann die US-Meisterschaft 1923, 1924 und 1925; dann überließ sie ihrer aus Norwegen stammenden Vorgängerin Molla Mallory wieder einmal den Titel, bevor sie noch einmal 1927, 1928 und 1929 siegte. Nach der Unterbrechung von einem Jahr gewann sie wieder 1931 – nun schon als Helen Wills-Moody. In Paris entschied sie die Turniere 1928, 1929, 1930 und 1932 für sich. Als sie das erste Mal nach Wimbledon kam, unterlag sie im Endspiel der Britin Kitty McKane; es blieb die einzige Niederlage, die sie je in einem Wimbledon-Finale erlebte. Sie blieb hier von 1927 bis 1930 ungeschlagen, viermal in Folge also, und sie siegte schließlich auch noch in den Jahren 1932, 1933, 1935 und 1938.

Hier soll vom Wimbledon-Endspiel 1935 die Rede sein. Der Grund für die Auswahl dieses Matches liegt nicht nur darin, daß es zu den Klassikern des Centre Courts gezählt wird, sondern auch, weil es den Höhepunkt einer Rivalität zu einer anderen Spielerin bildete. Helen Jacobs (geboren am 8. August 1908) war zwar in Arizona zur Welt gekommen; sie wuchs aber ebenfalls in Berkeley auf, spielte im selben Club wie Helen Wills, hatte dieselben Trainer und nicht ganz so reiche Eltern. Es heißt, daß diese Rivalität bereits entstand, als beide noch Schülerinnen waren: Der Trainer hatte die beiden Mädchen einen Satz spielen lassen, den Helen Wills mit 6:0 gewann.

Helen I und Helen II spielten auf den großen Turnierbühnen insgesamt fünfzehnmal gegeneinander – vierzehnmal ging Helen (I) Wills als Siegerin vom Platz. Und der eine Erfolg, der Helen (II) Jacobs glückte, besaß den Makel der Unvollkommenheit: Im Finale der US-Meisterschaften 1933 litt Helen Wills gegen Helen Jacobs unter grauenvollen Rückenschmerzen, gewann den ersten Satz noch 8:6, verlor den zweiten 0:6 und gab beim Stande von 0:3 im dritten Durchgang auf. Man hat Helen Wills damals vorgeworfen, ihrer Gegnerin diesen einzigen Triumph nicht gegönnt zu haben – so daß sie wutentbrannt rief: »Nun gut – dann habe ich aus reinem Egoismus aufgegeben!« Anschließend mußte sie monatelang in einer Gipsschale bewegungsunfähig das Bett hüten.

In Wimbledon 1935 besaß Helen Wills nicht mehr die Aura der Unbesiegbarkeit. Gleich zu Beginn hatte sie den ersten Satz an die unbekannte Tschechoslowakin Cepkova abgegeben und im zweiten Satz einen 1:3-Rückstand aufholen müssen. Sie war hinter Dorothy Round, Hilde Sperling und Helen Jacobs auch nur die Nummer vier der Setzliste.

Das Spiel von Helen Wills war weit

davon entfernt, als »modern« ange-
sehen zu werden: Sie stand hinten
in der Mitte der Grundlinie und
verteilte flüssig die Bälle in die entfernten Ecken der anderen Platzhälfte. Diesem unaufhörlichen
Strom langer Drives vermochte
Helen Jacobs nur ihre unermüdli-
chen Beine entgegenzusetzen, die
aber nicht zu verhindern vermochten, daß sie immer in der Defensive
war. Helen Wills führte schon 4:0
und jedermann war überzeugt, daß
es wiederum ein typisches Wills-Fi-
nale werden würde. Doch Helen
Jacobs blieb unermüdlich, sie holte
auf und schließlich war sie nur noch
einen Punkt vom 4:4 entfernt.
Aber der Widerstand kam zu spät,
Helen Wills gewann den ersten
Satz 6:3. Im zweiten Satz schien es
so, als seien die Bälle von Helen Jacobs nun wirklich etwas »länger«
geworden. Helen Wills suchte ihr
Heil auf einmal in Netz-Attacken,
aber auf diese Ausflüge hatte die
Gegnerin nur gewartet; mit geraden Schlägen, bei denen der Ball
parallel zu den Linien die uner-
reichbaren Ecken fand, wurde sie
von Helen Jacobs ausgespielt. Der
zweite Satz endete ebenfalls 6:3 –
für Helen Jacobs.

Im Stil einer Championesse

Beide wirkten müde, als man in
den entscheidenden Durchgang
ging – nicht nur körperlich, sondern auch geistig. Helen Jacobs

Links: »Shake hands« nach der Neuauflage
des sensationellen Wimbledon-Finales von
1935: Diesmal, 1938, war Helen Wills-
Moody ihrer Rivalin Helen Jacobs deutlich
überlegen (6:4, 6:0).

Insgesamt achtmal gewann die herausragende Helen Wills in Wimbledon, und nur
hier – im Finale des Jahres 1935 gegen
Helen Jacobs – mußte sie im Endspiel
einen Satz abgeben.

Mit großem Laufeinsatz setzte sich die als »kühle Tenniskönigin« bezeichnete Helen Wills 1935 im Halbfinale gegen Miß Hartigan durch. Nun wartete Helen Jacobs auf sie.

war es, die die Situation als erste zu ihren Gunsten ausnutzte. Mit einem gewaltigen Aufschlag, der Helen Wills fast den Schläger aus der Hand riß, erreichte sie eine 4:2-Führung, anschließend sogar das 5:2. Helen Wills gelang es mit viel Mühe, ein Spiel aufzuholen. Beim 5:3 erreichte Helen Jacobs einen Matchball. Vorausgegangen war ein wilder Ballwechsel – wie das Duell zweier Florettfechterinnen. Nun – nur noch einen Punkt von ih-

rem Sieg entfernt – stand Helen Jacobs so am Netz, daß es links und rechts von ihr keinen Platz für einen Passierball gab. Die Meisterin Helen Wills produzierte aus hoffnungsloser Position den einzig möglichen Ball – und sie tat es im Stil einer Championesse: Mit einem Lob segelte der Ball nur um Zentimeter über das Racket von Helen Jacobs und tropfte kurz vor der Grundlinie auf den Boden.

Im nachhinein sagte man, daß dieser Ball nicht nur den Punkt für Helen Wills bedeutete, sondern das ganze Match. Helen Jacobs war so konsterniert, daß sie zwei nicht besonders schwierige Volleys hintereinander ins Aus setzte. Sie gab

zwar nie auf und fabrizierte zwei harte Aufschlag-Asse, als sie mit 5:6 im Rückstand lag, aber die »Schneekönigin« lockerte den einmal gesetzten Griff nicht mehr. Nun war es Helen Jacobs, die wieder laufen mußte – als sie dreimal nacheinander den Ball ins Aus schlug, war sie geschlagen. Helen Wills gewann 6:3, 3:6, 7:5. Statistiker haben später herausgefunden, daß jede Spielerin 107 Punkte erkämpfte – das Spiegelbild eines ausgeglichenen Matches.

Es war – wie bereits angedeutet – nicht der letzte Sieg der Helen Wills. Drei Jahre später, 1938, kam sie zum letztenmal nach Wimbledon und gewann erneut gegen Helen Jacobs, 6:4, 6:0. Während des Krieges widmete sie sich zusammen mit ihren Freunden von Film und Theater der Truppenbetreuung. Dann zog sie sich mehr und mehr zurück und verließ kaum noch ihren Landsitz in Kalifornien.

Der *All England Club* lud sie zum hundertjährigen Jubiläum des Turniers 1977 ein und auch zum hundertjährigen Bestehen des Damenturniers 1984. Beide Male ließ sie kurz wissen, daß sie nicht daran denke, wegen eines solchen Ereignisses eine lange Reise zu unternehmen...

Als Martina Navratilova im Jahr 1990 ihren neunten Einzeltitel gewann und damit den Rekord von acht Meisterschaften der Helen Wills übertraf, versuchten Reporter in Kalifornien wenigstens eine kurze Stellungnahme von der inzwischen fast 85 Jahre alten Helen zu erhaschen. Sie kamen nie weiter als bis an das vom Gärtner bewachte Tor des Anwesens.

Wimbledon, 6. Juli 1935

<u>Finale der Damen</u>

Helen Wills – Helen Jacobs
6:3, 3:6, 7:5

Der Klassiker
USA – Deutschland

London, 20. Juli 1937

Zur Erklärung: Die Regeln des Davispokal-Wettbewerbs teilten seinerzeit die Welt in die Europazone und die Amerikazone – was man übrigens geographisch nicht zu eng sehen sollte. In jenem Jahr 1937 spielten in »Europa« beispielsweise Neuseeland und Südafrika mit, in »Amerika« fand man Australien und Japan. Das lag erstens an den langsamen Verkehrsmitteln, die es nicht gestatteten, so mal eben um die halbe Welt zu reisen, um dort ein Wochenende lang Tennis zu spielen – es lag auch daran, daß längst nicht so viele Mannschaften daran beteiligt waren, damals waren es gerade vierundzwanzig. Es gab also zunächst zwei kontinentale Finals, danach das sogenannte Interzonenfinale. Der Sieger des Interzonenfinals war der Herausforderer des Vorjahressiegers, der überhaupt nur dieses eine Spiel bestritt – die »Challenge Round«. Das Interzonenfinale hatte auf einem neutralen Platz stattzufinden. In diesem besagten Jahre 1937 fand man diesen Platz in Wimbledon – nein, nicht den Centre Court, sondern den danebenliegenden Platz 1. Soviel zu den äußeren Gegebenheiten.

Die darstellenden Personen und die Begleitumstände: Die USA hatten mit zwei 5:0-Siegen gegen Japan und Australien die Amerikazone gewonnen, zu der sich überhaupt nur vier Teams gemeldet hatten. In Europa hatte sich Deutsch-

land durchgesetzt nach einem 3:2 über Österreich, einem 4:1 über Italien, einem 4:1 über Belgien und schließlich im Endspiel mit noch einmal 4:1 über die Tschechoslowakei. Dem Pokalverteidiger Großbritannien räumte niemand eine Chance gegen die USA oder Deutschland ein; der Brite Fred Perry, damals sicherlich der Beste der Welt, hatte einen Profivertrag unterschrieben und wurde geächtet. Die Nummer eins der Amerikaner hieß Donald Budge, der am 13. Juni 1916 in Kalifornien geboren worden war – ein rothaariger Riese mit Bärenkräften, der mit seinem schnörkellosen Spiel wenige Wochen zuvor das Wimbledonturnier gewonnen hatte, im Endspiel übrigens ganz glatt gegen den Deutschen Gottfried von Cramm. Man muß hier darauf hinweisen, daß zu jener Zeit in der Berliner Reichskanzlei jemand regierte, der – wie alle Diktatoren – auch über die sportlichen Belange die Herrschaft übernommen hatte. Es heißt, er habe Gottfried von Cramm kurzerhand untersagen lassen, den 1936 in Paris gewonnenen französischen Titel zu verteidigen – dafür wurde Henner Henkel hingeschickt, der dort auch »programmgemäß« siegte. Von Cramm sollte – angeblich laut Befehl – möglichst viel auf Rasenplätzen spielen, um in Wimbledon und den Davispokal zu gewinnen. Der Deutsche, der durch seine Erziehung und seine

Lebensumstände mit Sicherheit nicht als Anhänger des Nationalsozialismus anzusehen war, hatte den ersten Teil der Aufgabe knapp verpaßt und war deshalb in Ungnade gefallen. Es heißt, man habe ihm sehr eindrücklich klargemacht, was man von ihm im Davispokal erwarte. Soweit die Situation.

Die entscheidende Begegnung

Nach dem ersten Tag stand es 1:1: Von Cramm hatte in drei kurzen Sätzen Betsy Grant geschlagen, und Budge genauso glatt gegen Henkel gewonnen. Die Amerikaner Mako und Budge entschieden das Doppel gegen Henkel/ v. Cramm nach vier hart umkämpften Sätzen für sich: 2:1 für die USA. Am dritten Tag siegte Henkel in vier Sätzen gegen Grant: 2:2. Es gibt Zeitgenossen, die die letzte und entscheidende Begegnung zwischen Donald Budge und Gottfried von Cramm noch heute für das grandioseste Match in der Daviscup-Geschichte halten.

Budge führte im ersten Satz 5:4 und verlor ihn 5:7. Die Situation im zweiten Satz war ähnlich – diesen Durchgang entschied der Deutsche mit 8:6 für sich. Gottfried von Cramm hatte das Match von der Grundlinie aus geführt. Seine hart geschlagenen Bälle landeten nahezu alle wenige Zentimeter vor den Linien und verhinderten so die Chancen des Amerikaners, ans Netz vorzurücken. Niemand unter den Zuschauern dachte noch daran, wie klar Budge kürzlich das Finale des Wimbledon-Turniers gegen von Cramm gewonnen hatte – hier zeigten der deutsche Stilist und der amerikanische Athlet eine Auseinandersetzung, bei der jeder Punkt erkämpft wurde. Als man nach dem dritten Satz zur Pause ging, hatte Budge mit 6:4 immerhin den Anschluß geschafft. Unter den

Gottfried von Cramm, der »Tennisbaron«, versucht im Davis-Cup-Spiel des Jahres 1937 den Ball zu »löffeln«.

daß von Cramm oder sein Kapitän Dr. Heinrich Kleinschroth darüber besonders deprimiert gewesen wären. Gottfried von Cramm galt als Spieler, der solche langen Kämpfe liebte und sie fast immer zu seinen Gunsten entschieden hatte. Selbst gegen Budge hatte er bei früheren Gelegenheiten schon auf diese Weise gewonnen.

Es sah so aus, als würde sich auch dieses Mal nichts daran ändern. Gottfried von Cramm spielte das Tennis seines Lebens: Seine schnellen Drives ließen den Kalk auf den Linien stauben, seine Stopbälle tropften faul hinter das Netz, er beantwortete die gewaltigen Aufschläge seines Gegners mit noch gewaltigeren Returns und führte nach zwanzig Minuten 4:1.

Es gibt wenigstens zwei Gespräche, die während des Seitenwechsels stattfanden und überliefert sind. Das eine stammt von dem Journalisten Edgar Joubert, der als Edgar Katz aus Essen nach Paris ausgewandert war. Er erzählte von dem Wettangebot, das ihm der polnische Kollege Jerzy Sokolow bei diesem Spielstand machte: 5:1 für Budge. Joubert hielt Sokolow für bekloppt. Das andere Gespräch fand zwischen Budge und dem amerikanischen Team-Kapitän Pate statt. Pate tat das, was Kapitäne in solchen Lagen oft tun – er gab seinem Schützling einen Klaps und die einigermaßen laue Ermunterung: »Don – du schaffst das noch!« Worauf Budge erwiderte: »Mach' dir keine Sorgen – ich lasse dich nicht im Stich! Ich gewinne – und wenn ich darüber sterbe!«

Ein großartiges Match

Donald Budge spielte anschließend Hasard. Um unbedingt in die Netzposition zu kommen, schlug er selbst die langen Bälle des Deutschen als Volley – auch wenn er

amerikanischen Zuschauern kam es zu einem unschönen Wortwechsel: Der große William »Big Bill« Tilden hatte sich in den Tagen zuvor einige Male den Deutschen als Trainingspartner zur Verfügung gestellt gehabt, auch aus der Verärge-

rung heraus, die er in der Vergangenheit immer wieder mit dem amerikanischen Tennisverband hatte. Als er nun in einigen Situationen offensichtlich Partei für Gottfried von Cramm bezog, wurde er mit nicht gerade feinen Schimpfwörtern bedacht. Den vierten Satz entschied Budge mit 6:2 für sich – Ausgleich. Es wäre weit gefehlt, nun annehmen zu wollen,

noch sieben oder acht Meter vom Netz entfernt war. Er war gezwungen, die Bälle perfekt zu setzen, da er sonst mit dem nächsten Schlag passiert und ausplaziert worden wäre. Dieses Alles-oder-nichts-Spiel glückte. Auf einmal stand es 4:4. Von Cramm führte noch zweimal beim Aufschlag von Budge, ohne die schließlich entscheidenden Punkte machen zu können. Beim 6:6 gelang es Donald Budge, dem Deutschen das Aufschlagsspiel abzunehmen. Gottfried von Cramm wehrte insgesamt fünf Matchbälle ab. Als es zu Ende war, standen die Zuschauer auf den Bänken. Es war bereits Dämmerung – viertel vor neun.

Der 1989 gestorbene amerikanische Journalist Allison Danzig, der mehr als ein halbes Jahrhundert lang als »Tennis-Papst« galt, schrieb in der »New York Times«: »Die Brillanz des Tennis war unglaublich. Jeder Punkt wurde errungen, es gab keine Fehler. Die Zuschauer hatten längst vergessen, daß der deutsche Baron aus einem Land kam, dessen Politik man nicht guthieß – sie sahen zwei große Spieler, die sich gegenseitig zu immer größeren Taten inspirierten, die Wunder mit anderen Wundern beantworteten. Es gab Schläge, die für sich allein ein durchschnittliches Match zu einem herausragenden gemacht hätten. Die aufregende

Virtuosität hielt in jedem Spiel an, ohne auch nur einen Moment auf einer Seite abzufallen. Budge eroberte sich ein verlorenes Match Zoll für Zoll zurück. Als es vorbei war, kam der große Sportsmann von Cramm mit einem sonnigen Lächeln nach vorne und schüttelte die Hand seines Gegners. Er hatte das wichtigste Match seines Lebens verloren – ein Match, das seinem Land mit Sicherheit die Möglichkeit gegeben hätte, in der 37jährigen Geschichte dieses Wettbe-

»Das deutsche Doppel«, Kai Lund und Gottfried von Cramm (rechts), unterlag den Amerikanern Allison und van Ryn erst nach fünf hart umkämpften Sätzen.

werbs zum erstenmal den Davis-pokal zu gewinnen – und er nahm seine Niederlage genauso nobel hin, wie er zuvor gespielt hatte. Als Budge nach vorne lief und dieses Lächeln sah, hinter dem sich si-cherlich auch eine grausame Ent-täuschung verbarg, sagte er zu dem Unterlegenen: ›Gottfried – du hast mehr aus diesem Spiel gemacht als ein Spieler, der alles gewonnen hat!‹«

Vier Tage später begann – eben-falls in Wimbledon – die Heraus-forderungsrunde. Die USA schlu-gen Großbritannien sicher 4:1 und

Der Amerikaner Donald Budge (rechts im Bild) schmettert den Ball gegen den Deut-schen Gottfried von Cramm, der hinter der Grundlinie wartet und auf alles gefaßt zu sein scheint.

nahmen den Pokal mit an Bord des Dampfers »Manhattan«. Sechs Wochen später verlor Gottfried von Cramm das Finale der US-Mei-sterschaften – wieder gegen Budge und wieder in fünf Sätzen. Der Deutsche reiste weiter nach Au-stralien. Als er heimkam, nahm man ihn wegen eines angeblichen Devisenvergehens fest. Donald Budge war einer der wenigen, die ihn auch im Gefängnis nicht verga-ßen. Er lehnte es aus Protest ab, an Turnieren in Deutschland mitzu-spielen, und sammelte in Amerika bei berühmten Sportlern Unter-schriften für eine Petition, mit der die Freilassung von Cramms gefor-dert wurde. Als auch der König von Schweden sich für den Tennis-freund einsetzte, ließ man ihn lau-fen. Aber Gottfried von Cramm

wurde nicht mehr in die Daviscup-Mannschaft berufen, und man mel-dete ihn auch nicht zu den großen Turnieren. Der *All England Club* in Wimbledon lehnte es 1938 ab, ihm eine Sondergenehmigung zu geben. Eine Woche vorher beim Londoner Queens-Club-Turnier durfte er nach einer 12:11-Entschei-dung des Komitees teilnehmen. Er gewann das Finale gegen den Ame-rikaner Bobby Riggs 6:1, 6:0. Der gleiche Riggs wurde vierzehn Tage später Wimbledonsieger.

London, 20. Juli 1937
<u>Daviscup-Interzonenfinale</u>

USA–Deutschland
Letztes Einzel
Donald Budge – Gottfried von Cramm
5:7, 6:8, 6:4, 6:2, 8:6

Grand Slam

Donald Budge – Gene Mako

New York, 9. September 1938

Im Frühjahr 1938 kam Jack Harris zu Donald Budge und bot ihm fünfzigtausend Dollar. Jack Harris war Manager einer kleinen Gruppe von Tennis-Profis – oft waren es nicht mehr als zwei. Diese beiden Spieler ließ Harris dann in einer langen Match-Serie gegeneinander antreten – und wer am Schluß die meisten der Begegnungen gewonnen hatte, erhielt einen dicken Scheck. Die Spiele fanden jeden Abend an einem anderen Ort statt. Der Vorteil einer solchen Serie bestand darin, daß die Zeitungen notierten, wie es nun gerade stand zwischen den beiden Kontrahenten. Nach Möglichkeit sollte der eine dem anderen nie zu überlegen sein, damit die Spannung erhalten blieb. Jack Harris war keiner von den ganz großen Managern, aber er hatte einen ordentlichen Ruf in der Branche, als er mit seiner Offerte zu Donald Budge kam. Fünfzigtausend Dollar waren damals eine schöne Stange Geld, aber Budge lehnte ab. Er meinte zu Harris, er fühle sich jetzt stark genug, in diesem Jahr viel mehr Turniere zu gewinnen – vielleicht sogar die vier großen Meisterschaften von Australien, Frankreich, Wimbledon und den USA. Harris hielt Budge für verrückt. »Lieber Freund – da muß es nur eine klitzekleine Unebenheit auf irgendeinem Tennis-

Vom Amateur zum Profi: Donald Budge unterzeichnet in New York einen Vertrag über 75 000 Dollar für eine Schaukampfserie gegen Ellsworth Vines (stehend).

Donald Budge bei der Ballannahme im Doppel mit seinem Freund Gene Mako. Zusammen galten sie als fast unschlagbar.

platz geben, der Ball verspringt und du hast verloren!« Budge hielt ihm entgegen: »Aber wenn ich die vier Turniere in diesem Jahre gewinne, mußt du mir im nächsten Jahr viel mehr bezahlen!«

Dieses Selbstbewußtsein war bei Donald Budge ungewöhnlich. Er war damals erst 21 Jahre alt, ein hochaufgeschossener Modellathlet mit Sommersprossen und roten Haaren. Er war am 13. Juni 1915 im kalifornischen Oakland geboren worden. Sein Vater hatte in Glasgow bei den Rangers Fußball gespielt, und als er eines Tages die Nase voll hatte von der rauhen Wit-

terung Schottlands, baute er sich in Oakland eine Wäscherei auf. Er bekam zwei Söhne, Lloyd und Donald. Donald galt als hervorragender Pitcher in einem Baseball-Team und als noch besseres Football-Talent – mit Tennis hatte er nur wenig im Sinn.

Es war schließlich eine sorgfältig eingefädelte Familien-Intrige, die den Fünfzehnjährigen dazu brachte, sich wenigstens eine oder zwei Wochen lang einem vernünftigen Training zu unterziehen. Vater Budge soll dem Jungen eine neue Baseball-Ausrüstung versprochen haben, wenn er sich bereit erklären würde, an den kalifornischen Jugendmeisterschaften seines Jahrgangs teilzunehmen. Don Budge gewann diesen Titel mit Bravour –

und vergaß über dem Erfolg die Baseball-Sachen. Auf einmal erkannte auch der Tennis-Verband das Talent und schickte ihn zu weiteren Turnieren. Budge traf Gene Mako, der ein wenig als Hätschelkind des Verbandes galt; daraus entwickelte sich eine langjährige Freundschaft und ein kaum bezwingbares Doppel. Budge und Mako reisten zusammen, wohnten zusammen, hörten zusammen die gleichen Jazz-Platten, und sie standen sich nicht selten in den Endspielen der Turniere gegenüber. Don Budge, der Sohn des Wäsche-

Immer ein Ort für Sternstunden. In Wimbledon zu gewinnen heißt: ein Kapitel Tennis-Geschichte schreiben. Jüngster Champion wurde 1985 Boris Becker.

Vorherige Doppelseite:
»Macht auf die Tore«. All-
jährlich im Juni/Juli treffen
sich in Wimbledon die be-
sten Tennisspieler der Welt.

Links: »Toller Aufschlag,
das!« Lady Di freut sich über
das Wimbledon-Finale des
Jahres 1987.

Rechts: Sinnbild wahr gewor-
dener Träume und Objekt
ungeahnter Begierden. Ein
Pokal »regiert« in Wimbledon.

Unten: Wenn der große Re-
gen kommt...

Nächste Doppelseite:
Flushing Meadow, seit 1978
Austragungsort der US-Mei-
sterschaften.

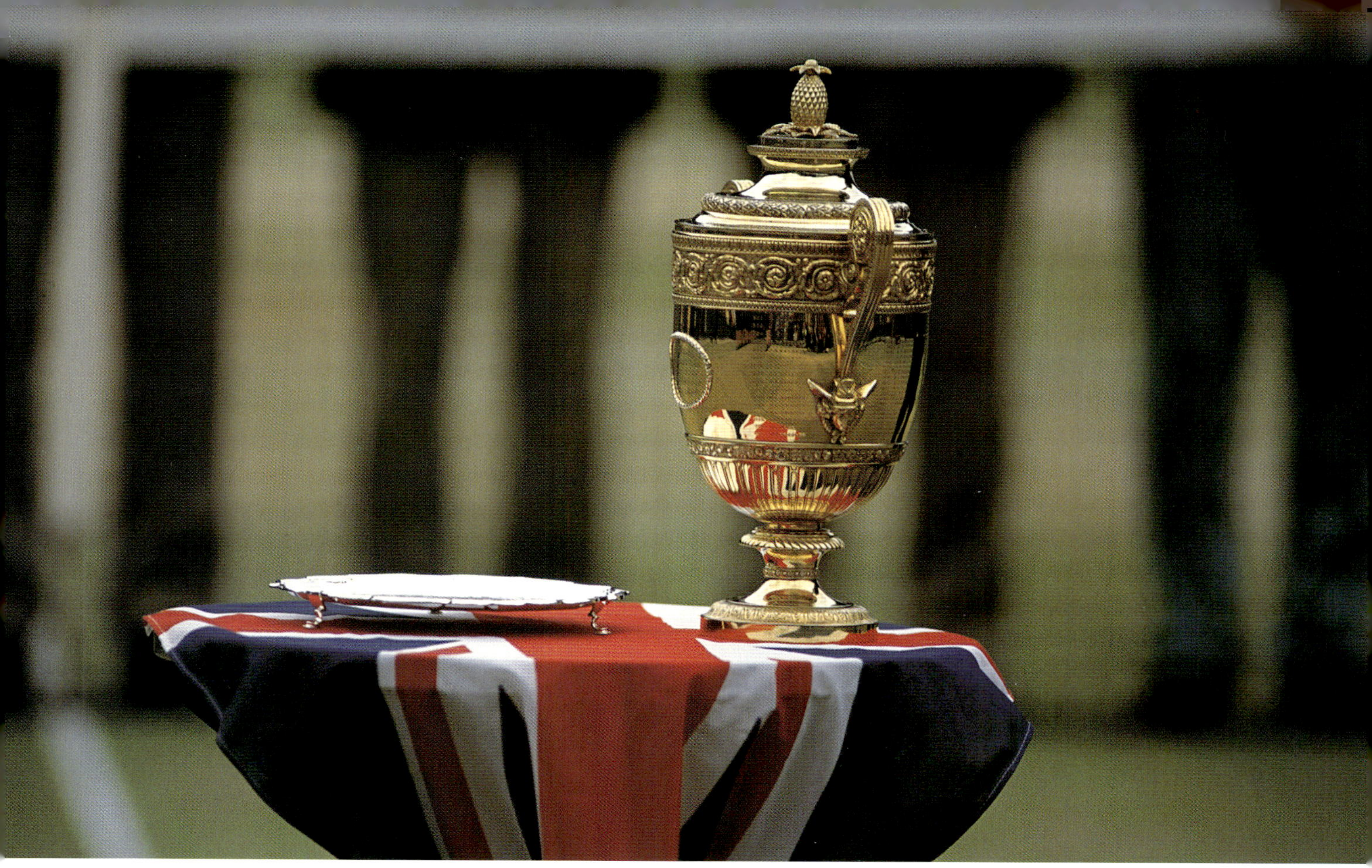

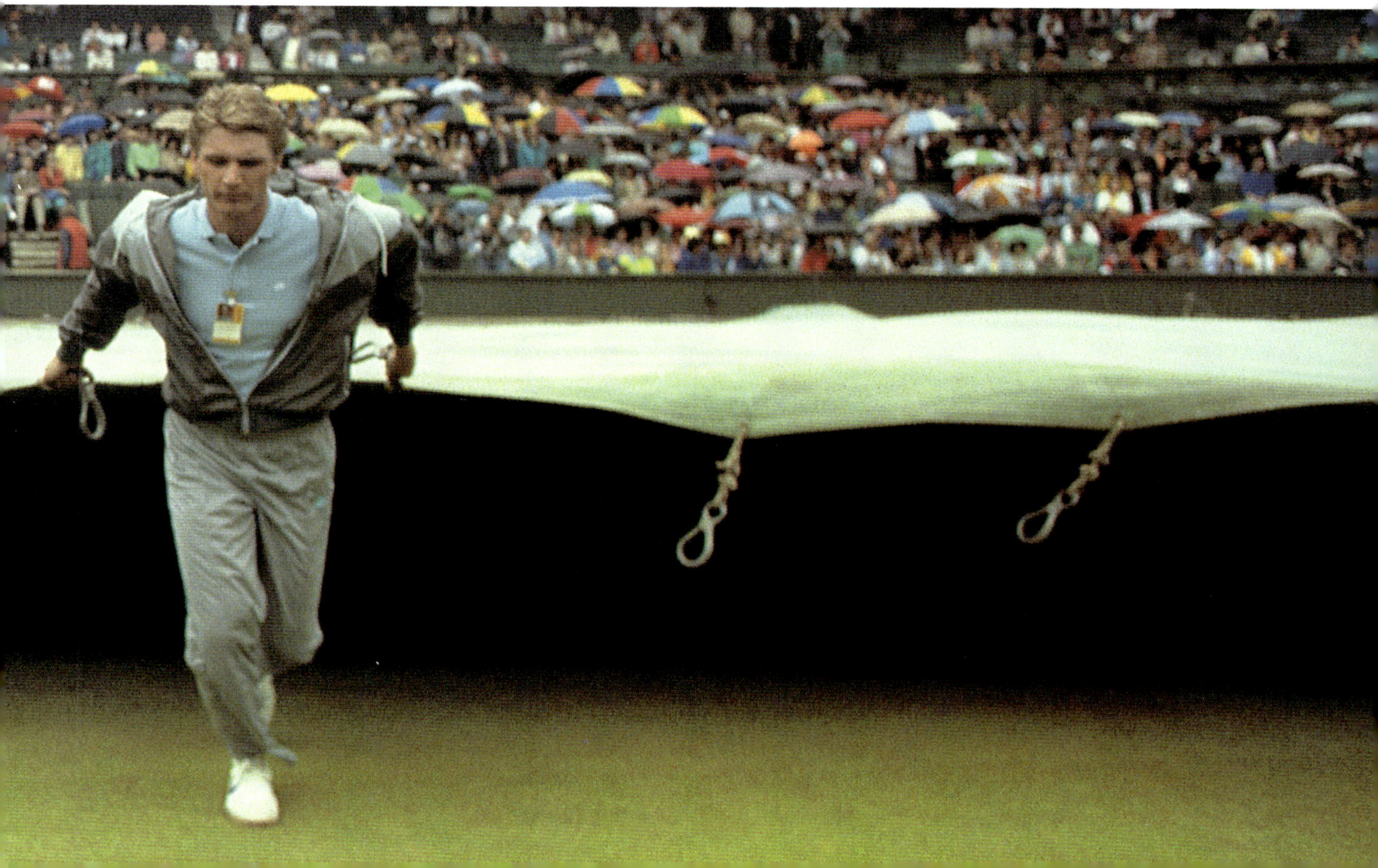

reibesitzers, fühlte sich nur auf dem Platz richtig wohl, wo er den Zuschauern seine steife Baseball-Rückhand und seine gewaltigen Aufschläge vorführen konnte. Gesellschaftliche Auftritte, etwa bei den Filmstars in Hollywood, waren ihm dagegen ein Greuel: Als er 1935 zum erstenmal nach Wimbledon geschickt wurde und auf dem Centre Court miterlebte, daß sich alles von den Plätzen erhob, als die Königin den Platz in ihrer Loge einnahm, glaubte er zunächst, seine Garderobe sei nicht in Ordnung; schließlich winkte er mit dem

Nach den Australian Open die Hürde Nummer zwei im Jahreskalender eines potentiellen Grand-Slam-Gewinners: das Stadion Roland Garros in Paris.

Schläger zum Briten »Bunny« Austin hinüber, er solle doch weiterspielen. Als er sah, wie Austin eine formvollendete Verbeugung zelebrierte, wurde er noch verwirrter und ahmte das nach. Budge hat später erzählt, es sei die für ihn peinlichste Situation des Lebens gewesen.

Als Jack Harris sein Angebot unterbreitete, war Budge, seit Mitte 1937 ungeschlagen, schon der beste Spieler der Welt. Freunde, wie der ebenfalls zur Weltklasse gehörende Ellsworth Vines, versuchten ihm den Plan auszureden, die lange und beschwerliche Reise nach Australien zu unternehmen: »Sie werden gegen dich spielen wie um ihr Leben – jeder will den Besten schlagen!« Budge ließ sich aber von sei-

Nach einem Match Budge gegen von Cramm in Forest Hills: Befriedigt über den nervenaufreibenden Kampf warfen die Zuschauer ihre Sitzkissen in die Arena, ehe sie das Stadion verließen.

nem Vorhaben nicht abbringen und bestieg zusammen mit seinem Kumpel Gene Mako das Schiff, das einundzwanzig Tage später in Australien anlegte.

Einige Schaukämpfe, die er vorher zur Aufbesserung der Reisekasse bestritt, verlor er alle. Am Tag, als die Meisterschaft Australiens begann, hatte Budge durch eine schlimme Halsentzündung die Stimme verloren. Das hinderte ihn nicht daran, die ersten drei Gegner nach Belieben zu schlagen. Der Vollständigkeit halber: Gegen

Hancock gewann er 6:2, 6:3, 6:4, gegen Whillans 6:1, 6:0, 6:1, gegen Schwartz 6:4, 6:3, 10:8. Im Semifinale gegen den australischen Spieler Adrian Quist gab es einigen Widerstand zu überwinden, bevor er 5:7, 6:4, 6:1, 6:2 siegte; im Endspiel schlug er den Weltklassemann John Bromwich 6:4, 6:2, 6:1. Damit war das erste Abenteuer überstanden; als es vorbei war, kam auch die Stimme wieder, so daß Budge sogar eine kleine Rede zu halten imstande war.

Die zweite Station hieß Paris – wieder eine lange Schiffsreise, wieder Jazz-Platten mit Freund Mako, wieder eine Erkrankung –, dieses Mal kam zu der Halsentzündung noch eine Magen- und Darm-Infektion. Zwei Tage vor Beginn der Meisterschaften im *Stade Roland Garros* stand nicht fest, ob Don Budge überhaupt starten könne. Der Cellist und Tennis-Fan Pablo Casals besuchte Budge im Hotel und versprach ihm ein Privat-Konzert, wenn er gewinnen würde. Im Finale gewann Budge gegen Roderich Menzel 6:3, 6:2, 6:4 – jenen aus Prag stammenden Menzel, der zunächst für die Tschechoslowakei, dann für Deutschland im Daviscup spielte und später ein erfolgreicher Schriftsteller wurde. Don Budge schlug vor dem Endspiel nacheinander den Franzosen Gentien (6:1, 6:2, 6:4), den Marokkaner Ghaus Mohammed (6:1, 6:1, 5:7, 6:0), den Jugoslawen Franz Kukuljevic (6:2, 8:6, 2:6, 1:6, 6:1), den Franzosen Bernard Destremeau (6:4, 6:3, 6:4) und den Ungarn Josip Pallada (6:2, 6:3, 6:3).

Durch das Wimbledon-Turnier einige Wochen später spazierte Don Budge ohne den Verlust eines einzigen Satzes. Fred Perry war zu den Profis gegangen, von Cramm wurde der Start verboten – Budge war als Nummer eins gesetzt und gewann. Er besiegte nacheinander

die Briten Kenneth Gandar-Dower (6:2, 6:3, 6:3), Henry Billington (7:5, 6:1, 6:1), George Lyttleton Rogers (6:0, 7:5, 6:1) und Ronald Shayes (6:3, 6:4, 6:1), schlug dann den Jugoslawen Franz Cejnar 6:3, 6:0, 7:5, im Semifinale den Deutschen Henner Henkel 6:2, 6:4, 6:0 und im Endspiel den Briten Henry »Bunny« Austin 6:1, 6:0, 6:3.

Der Grand Slam

Nach dieser beeindruckenden Siegesserie fieberte ganz Amerika den US-Meisterschaften im *West Side Tennis Club* in Forest Hills entgegen. Vorher gewann Budge – dieses Mal mit einer bösen Zahn-Vereiterung – noch gegen die Australier Quist und Bromwich im Davispokal. Als er schließlich nach dem Besuch des Zahnarztes den Rasen in Forest Hills betrat, fühlte er sich so gut, daß er seinem Freund Gene Mako versprach: »Wenn ich hier auch noch gewinnen sollte, übernehme ich die Rechnung für die Feier!«

Sein Gegner im Endspiel hieß – Gene Mako. Budge schlug nacheinander seine Landsleute Welby van Horn 6:0, 6:0, 6:1 und Bob Kamrath 6:3, 7:5, 9:7, den Briten Charles Hare 6:3, 6:4, 6:0, den Australier Harry Hopman 6:3, 6:1, 6:3, seinen Landsmann Sidney Wood 6:3, 6:3, 6:3, und als er von Gene Mako die Gratulation und die Erinnerung an das Abendessen am Netz entgegennahm, hatte er das Endspiel 6:3, 6:8, 6:2, 6:1 gewonnen.

Auf dem Gipfel

Donald Budge hatte durch den Gewinn der vier größten Meisterschaften mit einem Male eine Popularität errungen, wie sie vorher keinem Tennisspieler zuteil geworden war. Drei dieser Titel gewann er auf ei-

Wie man zum ersten »Grand Slam«-Gewinner wird: Nach Siegen in Australien, Frankreich und in Wimbledon stand Donald Budge 1938 im Finale der US-Meisterschaften in Forest Hills ausgerechnet seinem Freund und Doppelpartner Gene Mako gegenüber – und gewann schließlich in vier Sätzen.

nem Rasenboden – Australien, Wimbledon, USA –, Frankreichs Meisterschaft auf einem Sandplatz. Als Rod Laver drei Jahrzehnte später das gleiche schaffte, waren die Böden genauso beschaffen – mittlerweile ist es so, daß für die Meisterschaften Australiens und in den USA Bodenbeläge aus verschiedenen Kunststoffen verwendet werden. Man vermutet deshalb, daß es schwieriger geworden sei, diese vier Titel zu gewinnen. Jeder Spieler aus jenen Jahren sagt aber, daß die Rasenflächen in Wimbledon, Forest Hills und im alten Kooyong-Stadion von Melbourne zumindest so unterschiedlich zu spielen waren wie die heutigen Kunststoffbeläge verschiedener Hersteller.

An diesem 9. September 1938 verwendete der amerikanische Journalist Allison Danzig für Donald Budges sensationellen Erfolg den Begriff »Grand Slam« – eine wohl aus dem Kartenspiel entliehene Bezeichnung. Seine Wortschöpfung ist längst weltweit in den allgemeinen Sprachgebrauch eingegangen, und noch immer ist es das größte sportliche Ziel eines Tennis-Spielers, die vier Meisterschaften von Australien, Frankreich, Wimbledon und den USA *in einem Jahr* – und damit den »Grand Slam« – zu gewinnen.

New York, 9. September 1938
Finale der USA-Meisterschaften in Forest Hills

Donald Budge – Gene Mako
6:3, 6:8, 6:2, 6:1

Ein Eulenspiegel in Wimbledon
Robert L. Riggs – Elwood T. Cooke

Wimbledon, 7. Juli 1939

Ob dieser Schlußtag des Wimbledon-Turniers 1939 nun unbedingt zu den Sternstunden zu zählen ist, die es in der Geschichte des Tennisspiels gab, kann man sicherlich lange diskutieren. In jedem Fall aber gehörte der Tag zu den Sternstunden des Robert Lorimer Riggs, der in diesem Metier eine der merkwürdigsten Rollen einnahm, die je auf Tennisplätzen dargestellt wurden. Riggs blieb stets ein »Gambler«, ein Hasardeur; er war der, der immer zuletzt lachte – der seine Wetten so anlegte, daß ein Verlust kaum möglich war. Und wenn er verlor, dann sicherlich nur im Hinblick auf einen noch größeren Gewinn. Nein – kein Clown, weil ein Clown ja auch die Herzen zu rühren vermag. Bobby Riggs hat sicherlich kaum einmal Herzen gerührt – es sei denn, daß er es bei der Damenwelt tat. Wenn die überschlägigen Rechnungen stimmen, hat Bobby Riggs mindestens ein halbes Dutzend Mal geheiratet, was aber mit dieser Geschichte nichts zu tun hat.

Es waren seltsame Wochen im Sommer 1939 in Europa. Man hoffte auf politische Lösungen, und ein Tennisplatz war damals so ungefähr das unwichtigste Fleckchen Erde, selbst wenn es sich um den Centre Court von Wimbledon handelte. Die Machthaber in Berlin hatten Gottfried von Cramm den Start hier untersagt. Der Tennis-Baron, der die Endspiele 1935, 1936 und 1937 hier verloren hatte, befand sich indessen in hervorragender Form. Auf dem Rasen des Londoner *Queens Club* – acht Tage vor dem Wimbledon-Turnier – schlug er im Endspiel seinen Gegner mit 6:0, 6:1. Dieser Gegner hieß Bobby Riggs. In Wimbledon besiegte Riggs im Viertelfinale den Marokkaner Ghaus Mohammed genauso klar wie im Semifinale den Jugoslawen Puncec; er traf im Endspiel auf seinen Landsmann Elwood Thomas Cooke, dessen Ruhm darauf gründete, einige Wochen zuvor in Paris das Mixed gewonnen zu haben. Dieser Cooke, dessen Leben nie von jemand besungen wurde, hatte sich im Lauf des Turniers zu einem unangenehmen Gegner entwickelt. Im Viertelfinale schaltete er den Briten Bunny Austin aus und überließ ihm dabei nur vier Spiele. Im Semifinale gewann Cooke gegen den Deutschen Henner Henkel in vier Sätzen. Bobby Riggs gewann schließlich das Finale gegen Cooke mit 2:6, 8:6, 3:6, 6:3, 6:2.

Im Herrendoppel tat sich Riggs mit Cooke zusammen, und hinter Henner Henkel und Georg von Metaxa standen die beiden als Nummer zwei auf der Setzliste. Riggs/Cooke trafen aber im Endspiel auf die Briten Hare/Wilde – sie gewannen 6:3, 3:6, 6:3, 9:7. Zuletzt gewann Bobby Riggs mit Alice Marble auch noch das Mixed gegen Wilde und Nancy Brown mit 9:7, 6:1.

Weitaus interessanter ist in diesem Fall aber die Geschichte hinter der Geschichte: Bobby Riggs hat später ein Buch geschrieben oder schreiben lassen (»Court Hustler«), in dem er sagt, er sei in Wimbledon wegen seiner Erfolge in Amerika als Nummer eins gesetzt gewesen – das ist schlicht nicht wahr, denn die Nummer eins war Bunny Austin. In dem Buch streitet er auch ab, im *Queens Club* absichtlich so glatt gegen Gottfried von Cramm verloren zu haben, um die Wetten nach oben zu schrauben – man kann das Gegenteil nicht belegen.

Auf jeden Fall ging Bobby Riggs vor Wimbledon zu einem Londoner Buchmacher und wettete hundert Pfund darauf, daß er das Einzel gewinnen würde. Hundert Pfund waren damals fünfhundert US-Dollar; ein Pfund waren damals rund zwanzig Reichsmark. Der Buchmacher bot ihm eine Quote von 3:1, was Riggs nicht besonders gut fand. Er sagte, daß er den eventuellen Gewinn aus dem Einzel stehenlassen würde – als Einsatz dafür, daß er auch noch das Herrendoppel für sich entscheiden würde; der Buchmacher offerierte für diesen Fall 6:1. Das war in der Tat kein besonders gutes Angebot, denn Riggs/Cooke hatten einige Wochen zuvor in Paris gegen die Franzosen Borotra/Brugnon verloren. Deshalb ging Riggs noch einen Schritt weiter: Er erklärte dem Buchmacher, er werde den Gewinn aus Einzel und Herrendoppel jeweils stehenlassen und mit diesem Einsatz darauf wetten, daß er auch noch das Mixed gewinne. Der Buchmacher ließ sich darauf ein und bot für diesen Fall 12:1.

Da das sportliche Resultat bereits bekannt ist: Nach dem Sieg im Einzel hatte sich der Einsatz von Riggs auf dreihundert Pfund vermehrt.

Robert L. Riggs 1939 in Wimbledon.

Als er das Herrendoppel gewonnen hatte, waren daraus achtzehnhundert Pfund geworden. Nachdem er auch noch das Mixed für sich entschieden hatte, waren daraus 21 600 Pfund geworden – nach amerikanischer Währung bedeutete das 108 000 Dollar. Oder auf deutsch: 432 000 Reichsmark! In jeder Währung der Welt bedeutete das damals ein ordentliches Vermögen. Bobby Riggs, am 25. Februar 1918 als Sohn eines Predigers in Kalifornien geboren, war da also gerade erst einundzwanzig Jahre alt und ein reicher Mann. Es gab nur einen ganz entscheidenden Grund, der ihn daran hinderte, von diesem Reichtum Gebrauch zu machen: die ehernen Amateur-Gesetze, die nirgendwo so streng durchgesetzt wurden wie in den Vereinigten Staaten. Bobby Riggs mietete sich in der Bank von England in London einen Safe und packte das Geld dort hinein, um es bei einer künftigen Gelegenheit mit heim zu nehmen. Als er zwei Monate später in Forest Hills auch noch die US-Meisterschaft gewonnen hatte, stand Europa bereits in Flammen. In seinem Buch steht: »Wenn ich ein Bankkonto gehabt hätte, wäre es ja möglich gewesen, das Geld überweisen zu lassen – aber der Safe in London blieb mir unerreichbar. So hatte ich genau einhundertachttausend Gründe dafür, darauf zu hoffen, daß Hitler den Krieg verlor.«

Als Riggs in Amerika keine Chance mehr sah, sein Einkommen entscheidend zu verbessern, verließ er die Ranglisten der Amateure und unterschrieb für 25 000 Dollar Garantie einen Vertrag bei den Profis, wo er nun mit Donald Budge und Fred Perry durch die Hallen tingelte – außerdem gab es die gut honorierte sogenannte »Truppenbetreuung«, bei der sie den Soldaten ihre Künste vorführten. Schließlich hol-

te man ihn zur Marine, wo man ihn in das Camp von Boxweltmeister Gene Tunney abkommandierte. In seinem Buch steht, daß er an Bord des Kreuzers »Birmingham« auf der Fahrt nach Pearl Harbor seinen Freunden fünfhundert Dollar beim Pokern abnahm.

Bobby Riggs spielte Golf, Backgammon, Tischtennis, Murmeln und alles, was mit Karten zu tun hatte – immer ging es dabei um eine kleine oder größere Menge Geld. Er spielte Tennis mit einem offenen Regenschirm in der linken Hand oder mit einem schweren Koffer, einem langen zugeknöpften Mantel, mit schweren Gewichten an Armen und Beinen; er wurde beim Doppel an seinen Partner gebunden, oder er führte einen Hund mit sich. Er wettete mit den Gegnern um hundert Dollar oder auch um tausend – und wenn sich niemand fand, der dagegen hielt, blieb er lieber zu Hause.

Man hatte Riggs längst vergessen, als er 1973 mit einer neuen Idee von sich reden machte. Es war die Zeit der Befreiungs-Diskussionen der amerikanischen Frauen, und Billie Jean King war die Prophetin. Bobby Riggs erklärte das alles für Quatsch, hielt Damen-Tennis sowieso für eine »seltsame Abart« des Spiels, und um das zu beweisen, forderte er die arme Australierin Margaret Court zu einem Vergleich auf. Margaret Court, die große Athletin mit dem kleinen Herzen, war 21 Jahre alt und hatte zuvor den Grand Slam gewonnen. Der 54jährige Bobby Riggs gewann 6:2, 6:1. Obgleich es kein Medium auf der Welt gab, das dieses Ereignis nicht zumindest gemeldet hätte, war dies nur ein Vorspiel. Bobby Riggs griff nun offen die von Billie Jean King propagierte »Women's Liberation« an. Als er einen Promoter fand, der nicht nur 100 000 Dollar für den Sieger zusammen-

brachte, sondern auch das gewaltige Astrodome im texanischen Houston für ein solches Spektakel anmietete, vermochte Billie Jean King nicht mehr zu widerstehen.

Das Match fand am Donnerstag, dem 20. September 1973, statt. Die Halle war mit 46 000 Sitzplätzen ausverkauft; es hat nie ein Tennismatch gegeben, dem mehr Zuschauer »live« beiwohnten. Dazu übertrug der führende Fernsehkanal ABC das Match ebenfalls live zur besten Sendezeit abends um acht. Weitere Stationen aus 36 Ländern in der Welt hatten sich angeschlossen. Bobby Riggs war in den Wochen zuvor der beste Propagandist dieses Spektakels gewesen – er hatte sich mit Busenstars fotografieren lassen und mit dem King-Gatten Larry ein Match ausgetragen, das er selbstverständlich gewann; er gab hundert Interviews und wurde zuletzt von der »Women's Lib«-Presse als der »widerlichste Macho der Geschichte« angeprangert. Alles trug dazu bei, das Interesse an einem Ereignis zu schüren, dessen sportlicher Wert im Grunde genommen bei Null lag. Noch während des ersten Satzes schloß Riggs Wetten mit den Zuschauern in den teuren Logen ab.

Billie Jean King gewann das Match 6:4, 6:3, 6:3. Bobby Riggs spielte den Zuschauern den geknickten Geschlagenen vor – wenn man so will, hatte er aber trotzdem noch einmal eine »Sternstunde« erlebt. Es heißt, er habe sich später halbtot darüber gelacht, als er seine Beteiligungen und die Wettgewinne zusammenzählte. Ein Eulenspiegel, wie ihn die Tenniswelt nie größer sah.

Wimbledon, 7. Juli 1939
Finale der Herren

Robert L. Riggs – Elwood T. Cooke
2:6, 8:6, 3:6, 6:3, 6:2

Das Marathon-Match
Jaroslav Drobny – Budge Patty

Wimbledon, 27. Juni 1953

Manchmal kann man selbst mit solch einer simplen Angelegenheit wie einem Tennismatch Weltgeschichte erklären – die ernsthaften Professoren für Geschichte reden dann gerne ein bißchen von oben herab von »Barfuß-Historikern«. Sollen sie. An diesem Tag in Wimbledon spielten in der dritten Runde Jaroslav Drobny und Budge Patty gegeneinander. Sie hatten bei den europäischen Turnieren, wo die Veranstalter ihren Stars diskret einen Scheck zukommen ließen, um den Schein des Amateur-Status zu wahren, schon oft gegeneinander gespielt. Es waren immer lange und harte Auseinandersetzungen gewesen – einmal im französischen Lyon war das Finale nach hundert Spielen immer noch nicht beendet; da hatten die Organisatoren ein Einsehen und erklärten beide zu Siegern. Es ist die einzige bekannte Gelegenheit in der Geschichte dieses Spiels, wo man sich auf ein Unentschieden einigte.

Budge Patty, ein schlanker, hochgewachsener Mann, dem man eine gewisse Verträumtheit nachsagte, war nach dem Kriege irgendwann in Europa hängengeblieben – er lebte meistens in Paris. Er hatte hier 1950 Frankreichs Meisterschaften gewonnen und im gleichen Jahr auch in Wimbledon gesiegt. 1953 war er neunundzwanzig Jahre alt, und wenn er nicht gerade Tennis spielte, wandelte er auf den Spuren jener Schriftsteller-Generation, die es dreißig Jahre zuvor ebenfalls nach Paris gezogen hatte – Hemingway, Fitzgerald, Miller. Man hatte sie damals die »lost generation« genannt. Es gab auch nach 1945 eine »verlorene Generation«. Patty – »der Amerikaner in Paris«, war hier hängengeblieben im Kreis der exzentrischen Woolworth-Erbin Barbara Hutton, die auch Schauspieler wie Robert Taylor oder Barbara Stanwyk um sich zu scharen wußte.

Jaroslav Drobny war drei Jahre älter, sein Vater war der Platzmeister im berühmten *Lawn Tennis Club* in Prag gewesen. (Die Geschichte der

Jaroslav Drobny brachte es auch im Eishok-key zu einiger Fertigkeit. Doch mit Tennis ließ sich mehr Geld verdienen.

Tennisstars ist gespickt mit den Söhnen und Töchtern von Platzwarten – überall auf der Welt.) In Prag allerdings wurden Tennisplätze seit eh und je im Winter einer anderen Beschäftigung vorbehalten: Sie wurden unter Wasser gesetzt, und man spielte hier Eishokkey. Jaroslav Drobny brachte es hier zu einiger· Fertigkeit. 1948 schickte man ihn sogar zu den Olympischen Winterspielen nach St. Moritz, wo die tschechoslowakische Mannschaft die Silbermedaille gewann. Drobny erkannte aber recht bald, daß man mit Tennis nicht nur mehr Geld verdienen konnte, sondern daß dieses Spiel noch dazu in schönen Orten mit angenehmen Hotels ausgetragen wurde. 1948 im Sommer – ein halbes Jahr nachdem er zu olympischen Eishockey-Ehren gekommen war – nahmen Drobny und sein Landsmann Cernik am Turnier im schweizerischen Gstaad teil. Es hieß, sie hätten hier die Anweisung erhalten, nicht gegen deutsche Spieler anzutreten, aber man kann dieser Lesart mit einigem Zweifel begegnen. Es ist wohl richtiger, wenn man sagt, sie hätten in jedem Falle die Lossagung vom System in der damaligen Tschechoslowakei betrieben. Es erschienen ein »Presse-Attaché« und ein »Kultur-Attaché« der tschechoslowakischen Botschaft in Gstaad, die weder etwas mit Presse noch mit Kultur zu tun hatten, sondern ganz einfach den Auftrag hatten, notfalls auch mit Gewalt die beiden Sportler wieder zurück in die Filiale des Sozialismus in Prag zu führen. Die Schweizer Organisatoren verhinderten das mit bewunderungswürdiger Nonchalance. Das Geschehnis war einer der ersten Fälle, an dem sich

Im Match gegen Budge Patty zeigte sich Drobny als der Spieler mit den raffiniertesten Schlägen – ein Ballkünstler.

nachweisen ließ, daß es unmöglich war, auf die Dauer Sport und Politik zu trennen.

Jaroslav Drobny zog mit der Tennis-Karawane weiter, die ihn auch zu den damals sehr populären Turnieren nach Kairo und Alexandrien brachte. König Faruk gab ihm einen ägyptischen Paß, der ihm das Reisen erleichterte. Drobny sprach kein Wort dieser Sprache und wußte so gut wie nichts über die Geschichte und Politik des Landes am Nil. Er teilte das Schicksal eines politischen Asylanten – nur mit dem Unterschied, daß er auf Grund seiner Fertigkeit mit dem Tennis-Racket mehr beachtet wurde. Drobny erhielt sehr viel Beachtung – aber er war ein Verlierer. Er hatte in Paris 1946 das Endspiel gegen Marcel Bernard verloren, 1948 gegen den Amerikaner Frank Parker, 1950 gegen eben jenen Budge Patty. In Wimbledon unterlag er 1949 im Finale gegen Ted Schroeder und 1950 wiederum im Finale gegen den Australier Frank Sedgman. Drobny, Linkshänder, Brillenträger – ein Mann mit unerschütterlichem Gleichmut und lakonischem Humor –, schien solche Pechserien fast zu genießen.

Im Juni 1953 war er zwei Monate mit einer Engländerin verheiratet und hoffte, bald den britischen Paß zu erhalten. Kurz vor fünf Uhr nachmittags kam er mit Budge Patty auf den Platz.

Drobny war ohne Zweifel der Spieler mit den raffinierteren Schlägen – ein Ballkünstler, der es verstand, plötzlich einen pflaumenweichen Stopball zu setzen, oder einen geraden Drive, daß die Linien nur so staubten. Er gewann den ersten Satz mit 8:6. Patty war beweglicher. Es sah aus, als würde er die Gedanken seines Gegners schneller lesen können – es gelangen ihm einige atemberaubende Returns auf die schwierigen Aufschläge

Drobnys und auch einige Passierschläge, bei denen der Ball längs der Linie nur um einen oder zwei Zentimeter innerhalb des Feldes blieb. Aber wer will hier abschätzen, was schließlich dazu beitrug, daß Patty den zweiten Satz für sich entschied – Patty gewann diesen Durchgang mit 18:16! Es war ja damals noch keine Rede vom Tiebreak, und ein Match hätte theoretisch ewig dauern können. Nach zwei Sätzen hatten die beiden bereits länger auf dem Platz gestanden als andere in einem ganzen Match. Es war ersichtlich, daß Drobny über den Verlust dieses langen Satzes enttäuscht war. Sein Spiel wirkte zerstreuter – Patty gewann den Satz 6:3, und niemand notierte irgendwelche Höhepunkte darin. Aber als die beiden den vierten Satz begannen, hatten sie bereits 57 Spiele hinter sich – eine Marathonstrecke. Jaroslav Drobny hatte sich in diesem Satz wieder gefangen und kam schnell zu einer 3:1-Führung. Patty änderte nun seine Taktik – getreu der alten Tennisweisheit, daß sich nirgendwo so viel Platz befindet wie in der Luft. Seine hohen Bälle waren gegen Drobny eine nicht ganz ungefährliche Taktik – Drobnys Schmetterbälle gehörten zu den besten der Tenniswelt. Aber einige Male verfehlte dieser sonst so »tödliche« Ball sein Ziel – und bei einer 5:4-Führung erreichte Budge Patty seinen ersten Matchball. Drobny stand am Netz, Pattys Passierball flog unerreichbar an ihm vorbei – er landete einige Zentimeter im Aus. Im nächsten Spiel kam Patty zu zwei weiteren Matchbällen, aber jedes Mal kurvte der Aufschlagball des Linkshänders Drobny am Schläger Pattys vorbei. Als Drobny diesen vierten Satz mit 8:6 für sich entschieden hatten, litten beide Spieler unter Muskelkrämpfen. Patty ließ sich zur »Stärkung« einen Kognak kommen – eine Stärkung, die mit dem heutigen medizinischen Wissen zumindest umstritten sein dürfte. Jaroslav Drobny suchte seine Kraft lediglich in langen Blicken hinauf auf die Tribüne, wo Rita saß, seine Frau. Die Schatten waren längst länger geworden im Centre Court. Auf den anderen Plätzen hatte man die Spiele bereits beendet. Mit einer 6:5-Führung erreichte Patty erneut drei Matchbälle, und es gab niemand, der in diesem Moment noch einen Penny auf den »Schwejk« gesetzt hätte, der genau wie sein Gegner um Jahre gealtert schien. Drobny pflückte mit seinem Schläger

Im dritten Anlauf gelang ihm endlich der Sieg in Wimbledon: Drobny hat allen Grund, mit sich zufrieden zu sein.

drei Lobs aus der Luft und schmetterte den Ball in Ecken, die Patty nicht erreichen konnte. Bei einem dieser Punkte rutschte Drobny aus und glitt bis wenige Zentimeter vor das Netz – mit Mühe konnte er vermeiden, das Netz mit dem Schläger zu berühren, was seine Niederlage zur Folge gehabt hätte.

Drobny hatte längst die dunkle Sonnenbrille gegen die hellen Gläser ausgetauscht, und die Lichter der elektrischen Anzeigetafel leuchteten in der einbrechenden Dunkelheit wie die Scheinwerfer eines Autos in der Nacht. Bei 8:8 protestierte Drobny dagegen, weiterspielen zu müssen. Der Oberschiedsrichter – Colonel John Legg – kam auf den Platz und beschied, daß es noch nicht dunkel genug sei.

Wimbledon, 27. Juni 1953
Dritte Runde im Herreneinzel
Jaroslav Drobny – Budge Patty
8:6, 16:18, 3:6, 8:6, 12:10

Man hatte bereits viereinhalb Stunden gespielt. Als es 10:10 stand, kam Colonel Legg erneut auf den Platz und teilte endlich mit, daß man wegen der fortgeschrittenen Tageszeit und des Einbruchs der Dunkelheit nur noch zwei weitere Spiele austragen werde. Kein Mensch – auch Drobny nicht – vermochte später zu sagen, wo der Mann noch einmal die körperlichen und geistigen Kräfte hernahm. Jaroslav Drobny gewann acht Punkte in Folge – zuerst nahm er Patty den Aufschlag »zu null« ab, dann entschied er seinen Aufschlag ebenfalls ohne Punktverlust. Drobny gewann das Match der dritten Runde dieses Wimbledonturniers 1953 gegen Patty mit 8:6, 16:18, 3:6, 8:6, 12:10. Die 93 Spiele hatten vier Stunden und 23 Minuten gedauert; es war bis dahin das längste Match, das je hier stattfand.

Der Rest der Geschichte ist kurz: Jaroslav Drobny war viel zu ausgelaugt, um in diesem Turnier noch mehr zu erreichen. Er unterlag dem Dänen Kurt Nielsen, der dann sogar das Endspiel erreichte, allerdings verlor. Das Happy-End geschah ein Jahr später, als es niemand mehr erwartete. Jaroslav Drobny schlug seinen alten Widersacher Patty leicht und auch hintereinander zwei blutjunge Australier namens Lew Hoad und Ken Rosewall. Er erzählte gerne davon, als er sein Geschäft im Londoner Stadtteil Kensington betrieb, wo er mit Sportartikeln und Postkarten handelte. Er war rund in den Hüften geworden, und wenn er durch seine Brille lächelte, sah er tatsächlich ein bißchen so aus, wie man sich Schwejk vorstellt.

Mit gnadenloser Präzision

Maureen Conolly – Doris Hart

Wimbledon, 4. Juli 1953

In den Jahren nach 1945 bis Mitte der fünfziger Jahre wurden alle Damenturniere der Welt von Amerikanerinnen beherrscht. In Wimbledon stellten sie zehnmal in Folge alle Teilnehmerinnen im Semifinale und nahezu alle im Viertelfinale. Das war selbstverständlich genauso in Forest Hills, wo man die US-Meisterschaften austrug, und selbst auf dem roten Sand in Paris gab es fast ausschließlich nur Siegerinnen aus den Vereinigten Staaten. Es hat nie zuvor und nie danach eine solch frappierende Überlegenheit der Spielerinnen aus einem Land gegeben. Die Gründe dafür lagen vielleicht darin, daß der Krieg in den USA zwar gespürt wurde, aber eben doch weit entfernt war. Ein Kriegsgerät war es denn auch, welches der wahrscheinlich besten Amerikanerin jener Jahre den Namen lieh: Maureen Conolly wurde von einem Reporter eines Tages als »Little Mo« bezeichnet, was keineswegs als Diminutiv ihres Vornamens zu verstehen war; jeder gute Amerikaner wußte damals, daß die Marine ihr Schlachtschiff »Missouri« so nannte.

Eine zierliche Tennisspielerin und der Vergleich mit einem Kriegsschiff?! Natürlich hinken Vergleiche meistens – auch in diesem Fall, aber Maureen Conolly war die schnellste Spielerin, die man bis dahin gesehen hatte, und sie vermochte aus jeder Position des Platzes die härtesten Bälle in das Feld der Gegnerin zu schlagen. Wenn der Berichterstatter die Vorliebe mancher Reporter teilen würde, die zur Beschreibung des Sports Metaphern aus der Kriegssprache bemühen, wäre er im Zusammenhang mit »Little Mo« wahrscheinlich auf »Breitseiten« gekommen, die sie abfeuerte.

Nein – sie war ein junges, schlankes Mädchen und noch nicht einmal achtzehn Jahre alt, als sie an diesem Tag den Centre Court zum Finale 1953 betrat. Sie hatte kaum Erinnerungen an den Vater, der seine Frau und das Töchterchen verließ, als es gerade drei Jahre alt war. Ihre Mutter träumte davon, aus der Tochter einen Star zu machen – egal auf welchem Gebiet. Wenn man bedenkt, daß das kalifornische San Diego nicht so weit von Hollywood entfernt ist und daß derartige Träume hier in jenen Jahren besonders intensiv geträumt wurden, ist das gar nicht so verwunderlich. Sie spielte selbst die Orgel in der Kirche – deshalb sollte ihre Tochter Pianistin werden. Oder Sängerin. Oder eine Primaballerina. Oder eine berühmte Schriftstellerin. Oder eine Malerin. Die Mutter schickte die Kleine zum Klavierunterricht, in die Ballettschule, in Zeichenkurse, zum Gesangslehrer und zu diesen Schriftstellerkursen, aus denen noch nie ein namhafter Autor hervorgegangen ist. Maureen Conolly, um die es sich schließlich drehte, hatte

auch einen Traum, aber der lag auf ganz anderem Gebiet: Sie hätte gerne ein Pferd besessen und wäre gerne Reiterin geworden. Natürlich eine berühmte Reiterin – hier waren sich Mutter und Tochter in ihren Ansprüchen einig.

Es soll sich schließlich so abgespielt haben, wie man es in Geschichten von Tennisspielern immer wieder hört. Da waren einige Zement-Tennisplätze in der Gegend, und eines Tages blieb Maureen da stehen, weil ihr das Spiel gefiel. Da war auch ein Tennislehrer, der dem Mädchen nicht nur die Grundschläge beibrachte, sondern sie von einer Linkshänderin zur Rechtshänderin umschulte, weil »Linkshänderinnen es in diesem Spiel zu nichts bringen«. Maureen Conolly war zwölf Jahre alt, als sie Eleanor »Teach« Tennant auffiel – der damals bekanntesten Tennistrainerin an der amerikanischen Westküste. Teach Tennant übernahm Maureen Conolly, und das Wort »übernahm« kann man wörtlich nehmen: Das Mädchen wurde dem strengsten Trainingsprogramm unterzogen, das man sich vorstellen kann. Die Trainerin schrieb hundert Aufschläge, zweihundert Volleys und dreihundert Returns vor – Maureen trainierte. Die Trainerin schrieb einen Diätplan vor, sie verbot den Kontakt mit anderen Spielern oder Trainern, sie ordnete die Kleidung an – Teach Tennant machte aus Maureen Conolly einen Menschen, der Tennis dachte, Tennis fühlte, Tennis atmete. Sie war vierzehn Jahre alt, als sie die amerikanische Juniorenmeisterschaft gewann, die den Spielerinnen, bis sie achtzehn werden, vorbehalten ist. Und eine Woche vor ihrem siebzehnten Geburtstag im Jahr 1951 schlug sie im Finale zur US-Meisterschaft in Forest Hills die etablierte Shirley Fry in drei Sätzen, nachdem sie zuvor die nicht weni-

Links: Im Wimbledon-Finale des Jahres 1953 war Maureen Conolly die schnellste Spielerin, die man bis dahin gesehen hatte. Aus jeder Position des Platzes vermochte sie die Bälle präzise zu schlagen.

ger berühmte Doris Hart besiegt hatte. Teach Tennant bediente sich dabei eines ebenso simplen wie wirksamen psychologischen Tricks: Sie ließ Maureen Conolly wissen, daß die harmlose und böser Gedanken völlig unfähige Doris Hart sich abfällig über die »Kleine« geäußert habe. Doris Hart hatte übrigens sieben Wochen zuvor Wimbledon gewonnen.

Maureen Conolly wiederholte 1952 den USA-Sieg und holte sich auch ihren ersten Erfolg in Wimbledon – umjubelt als der erste Teenager-Star der Tennisgeschichte. Daneben ging es fast unter, daß sie sich mit ihrer Trainerin gründlich verkrachte, daß sie ihrer verschüchterten Mutter Szenen machte, daß sie bei ihren Kolleginnen keinen großen Wert auf Sympathie legte. Ein Reporter fragte sie nach dem bisher lustigsten Erlebnis, und Maureen Conolly antwortete: »Ich hatte keines!«

Zu Beginn der Saison 1953 holte sie sich in Melbourne ganz sicher den Sieg der Meisterschaften Australiens.

Noch ein Wort zu Doris Hart, der Gegnerin im Wimbledon-Endspiel 1953: Sie hatte in jüngeren Jahren eine Kinderlähmung überwunden und trug längst aus der Mode geratene Röcke, weil sie das deformierte Knie verbergen wollte. Sie war eine stille Frau – eine erstklassige Spielerin. Vier Wochen vor dem Endspiel von Wimbledon hatten die beiden sich auch im Finale von Paris gegenübergestanden. Doris Hart hatte auf diesem »langsamen« Boden versucht, das Spiel noch langsamer zu machen – eine Taktik, mit der sie ein Jahr zuvor hier

siegreich gewesen war. Aber Maureen Conolly wurde dabei erst recht zu »Little Mo« und fegte die Ältere förmlich aus dem *Stade Roland Garros.*

Doris Hart wollte nicht noch einmal einen solchen Fehler begehen

Weiße Shorts und ein kurzes, rosafarbenes Jäckchen mit aufgestickten Initialen:»Little Mo« vor dem Wimbledon-Turnier 1952.

und zeigte in jeder Sekunde, daß sie eine Spielerin der Weltklasse war – eine, die wohl auch über ein

1954, nach ihrem dritten Wimbledon-Sieg in Folge, nahm Maureen Conolly aus den Händen der Herzogin von Kent den Ehrenpreis entgegen.

größeres Repertoire verfügte als ihre Gegnerin. In jedem Spiel sahen die Zuschauer praktisch jeden Schlag, der in den Lehrbüchern beschrieben wird. Doris Hart setzte ihre präzisen Volleys, zarten Stops und genauen Lobs – aber es war ein bißchen so, als würde da jemand gegen eine Wand anrennen. Es gab niemand auf der Welt, der den Ball mit einer solchen Penetranz immer wieder erlief und unheimlich hart und flach in das Feld der Gegnerin zu schlagen vermochte. Als Maureen Conolly im ersten Satz eine 5:3-Führung erkämpft hatte, glaubte jeder, daß das denn wohl die Entscheidung sei. Aber auf einmal spürte wohl auch der Teenager so etwas wie Nerven: Es gab zwei Doppelfehler und ein nicht schwierig aussehendes Volley, bei dem der Ball im Netz landete. Beim 6:6 war der Satz wieder offen, und all jene, die zuvor an die schnelle Niederlage der Doris Hart geglaubt

hatten, hielten es nun für möglich, daß die Erfahrung der Älteren über den Ansturm der Jüngeren triumphieren könnte. Sie irrten sich. Plötzlich erkannte jeder, warum Maureen Conolly so überlegen war. Einige wenige Minuten lang schien es, als würden ihre Bälle von irgendeiner geheimnisvollen Macht gesteuert. Drei- oder viermal hintereinander traf sie die Linien mit einer Genauigkeit, die man schon als gnadenlos bezeichnen durfte. Maureen Conolly gewann den ersten Satz 8:6.

Sie führte auch im zweiten Durchgang rasch 3:1 und demonstrierte, wie man mit schnellen Beinen immer schon dort sein kann, wo der Ball hinkommt. Es wäre für jede andere Gegnerin verzeihlich gewesen, bei einem solchen Gewitter zu resignieren – einzusehen, daß die Gegnerin sowieso nicht zu schlagen sei. Nicht so Doris Hart. Die ältere Meisterin hatte die jüngere bei 5:5 wieder eingeholt, und man begann, sich auf einen dritten Satz einzurichten. In den fünf Matches, die Maureen Conolly gewinnen mußte, um dieses Finale zu erreichen, hat-

te sie insgesamt nur acht Spiele abgegeben – in diesem einen Match waren es nun bereits elf. Maureen »Little Mo« Conolly brauchte aber wohl den Druck, um zu ihrem besten Spiel zu finden – oder vielleicht war es auch nur das geringfügige Nachlassen von Doris Hart, das man oft erleben kann, wenn ein Spieler einen Rückstand aufgeholt hat und darüber vergißt, daß es damit nicht getan ist. Maureen Conolly gewann ihr eigenes Aufschlagspiel und überließ Doris Hart bei deren Aufschlag keinen einzigen Punkt: 8:6, 7:5.

Der Grand Slam

Maureen Conolly vervollständigte die Siegesserie dieses Jahres knapp zwei Monate später bei den US-Meisterschaften, wo sie im Endspiel ebenfalls siegte – dieses Mal 6:4, 6:2 und wiederum gegen Doris Hart. »Little Mo« war die erste Frau, der damit der Grand Slam gelang.

Maureen Conolly wiederholte den Wimbledonsieg im nächsten Jahr 1954. Die Neunzehnjährige erfüllte sich nun den Wunsch aus der Kindheit; sie kaufte sich ein Pferd. Bei einem Ausritt stürzte sie und erlitt schwere Knochenbrüche, die lange nicht heilen wollten.

Doris Hart gewann die US-Meisterschaft. Maureen Conolly kehrte nicht mehr auf den Tennisplatz zurück. Sie heiratete John Brinker. Gut zehn Jahre später sagte man ihr, daß sie an Krebs erkrankt sei. Als sie am 21. Juni 1969 starb, war sie vierunddreißig Jahre alt. Zwei Tage später begann das Wimbledonturnier dieses Jahres.

Wimbledon, 4. Juli 1953
Finale der Damen
Maureen Conolly – Doris Hart
8:6, 7:5

Im vierten Leben zum Erfolg

Althea Gibson – Suzy Körmöczy

Rom, 12. Mai 1956

Es ist gar nicht so einfach, bei dieser Frau jenes Match festzulegen, das man als ihre »Sternstunde« bezeichnen könnte: Althea Gibson wurde am 25. August 1927 in einem Örtchen namens Silver in South Carolina geboren. Der Vater hatte von seinem Job als Baumwollpflücker eines Tages genug und zog nordwärts. Zunächst nach North Carolina, nach Missouri, schließlich nach New York. In Harlem fragte niemand danach, wo er herkam, warum er seine Tochter dabei hatte, wovon er lebte. Althea Gibson war eine Schwarze. Für sie schien dieses Spiel so unerreichbar fern wie ein anderer Planet.

Als Althea Gibson 1956 zum erstenmal nach Europa kam, hatte sie zumindest schon drei Leben gelebt, von denen ihre Konkurrentinnen keine Ahnung hatten. Sie begann die Tournee durch die großen Stadien des alten Kontinents in Rom, wo sie die Reste der zweitausend Jahre alten Stätten mit einigem Staunen betrachtete. Althea Gibson war kaum zur Schule gegangen und wußte nicht viel von der Kultur vergangener Epochen. Zwischen den Grenzen des Tennisplatzes fühlte sie sich wohl. Sie gewann ihre erste nennenswerte Tennismeisterschaft im Foro Italico an diesem Tag im Mai gegen die Ungarin Suzy Körmöczy im Endspiel mit 6:3, 7:5. Das Match war einseitiger, als es das Ergebnis besagt. Die große Frau mit der dunkelbraunen Haut hatte sich über diesen Boden aus losem, roten Sand gewundert, aber dann ihr Spiel so gespielt, wie sie es immer tat: Sie setzte ihren Aufschlag hart und plaziert in das Feld und war mit ihren langen Beinen bereits am Netz, wenn die muntere Ungarin ihren Return schlug. Suzy Körmöczy gehörte seinerzeit zu den Besten in Europa, und vor allem auf Sandplätzen galt sie für jede andere als ernsthafte Gegnerin; 1958 gewann sie in Paris die Meisterschaft von Frankreich.

In diesem Finale von Rom sah man in Europa zum erstenmal eine farbige Spielerin von solcher unbeirrbaren Klasse. Sie zerstörte mit ihrem geraden und harten Spiel das feine Gespinst, das die Ungarin sich ausdachte. Althea Gibson erhielt von den Römern auf den Tribünen lediglich einen kleinen Beifall, denn sie gehörte mit Sicherheit nicht zu den amerikanischen Pin-up-Girls, über deren Tenniskünste die jungen Herren auf der Via Veneto gestenreich diskutierten. Die Schlagzeilen, die man ihr widmete, vergaßen nie den Hinweis auf ihre Rasse. Althea Gibson vermochte die römischen Zeitungen nicht zu lesen, und wenn sie es gekonnt hätte, wäre es ihr sicherlich egal gewesen. Sie hatte Schlimmeres erlebt – dort, wo sie angab, zu Hause zu sein.

Nach dem Erfolg von Rom zog sie weiter nach Paris, wo sie das Endspiel gegen die Britin Angela Mortimer gewann, die einen Satz lang überhaupt nicht wußte, wie ihr geschah. Die Amerikanerin gewann 6:0, 12:10. Auf dem Rasen von Wimbledon unterlag sie bereits im Viertelfinale ihrer Landsmännin Shirley Fry, holte sich aber den Sieg im Doppel an der Seite von Angela Buxton. Althea Gibson hatte keinen Anlaß, mit ihrer Europa-Reise unzufrieden zu sein, und auch der Verband nicht, der ihr erst nach langen Überlegungen den finanziellen Zuschuß spendiert hatte.

Ganz unten

Ihr Vater hatte sich einen Sohn gewünscht, der einst ein Boxer hätte werden können – so wie Joe Louis, Sugar Ray Robinson oder Archie Moore und wie sie alle hießen damals. Eine Zeitlang hatte er die Tochter in Jungenkleider gesteckt und ihr auch Box-Unterricht geben wollen. Es wurden meistens nur Prügel daraus, und die Tochter kam tage- und nächtelang nicht nach Hause. Sie drückte sich vor der Schule, wenn es ging, und tauchte höchstens auf, wenn man Basketball spielte. Sie war groß, knochig, kräftig und besaß ein sichtbares Talent, mit Bällen jeder Art umzugehen. Sie stahl den Händlern Früchte aus den Auslagen, machte mit dem Alkohol Bekanntschaft, als sie noch keine zwölf Jahre alt war, und als sie eine Bleibe in einem Obdachlosen-Asyl am Rande von Harlem fand, wo es täglich eine Suppe gab, hielt sie das für so herrlich, daß sie sich hier häuslich einrichtete. Natürlich gab man ihr zu verstehen, daß dies kein ständiger Aufenthaltsort für junge Mädchen sei. Man verschaffte ihr ein paar Jobs, wo sie einige Dollars erhielt. Sie rupfte Hähnchen in einer Hühnerbraterei, sie fuhr mit

dem Fahrrad als Botin durch die City, sie stand zwölf Stunden täglich in einem Fahrstuhl, den sie bediente. Tennis? Tennis war immer noch ganz weit entfernt.

Irgendwann hat Althea Gibson einmal Glück gehabt. Da traf sie bei einem Jazzkonzert den Boxweltmeister Sugar Ray Robinson, der mit ihr redete, und über diese Verbindung kam sie an den Musiker Buddy Walker, der aber nicht ihr musikalisches Talent entdeckte, sondern die Geschicklichkeit, die sie entwickelte, wenn sie mit einem Ball zu tun hatte. Walker kaufte ihr einen Tennisschläger und brachte sie mit zwei reichen Schwarzen zusammen – Dr. Eaton und Dr. Johnson. Die beiden hatten nicht vergessen, daß sie einst ebenfalls aus den amerikanischen Slums gekommen waren, und finanzierten in Wilmington in North Carolina ein Tennis-Internat.

Althea Gibson hatte in den Gassen von Harlem gelernt, ihre kräftigen Ellenbogen zu benutzen. Bei den Meisterschaften farbiger Tennisspieler in den Vereinigten Staaten gehörte sie auf einmal zu den Besseren, was allerdings noch längst nicht bedeutete, daß sich ihr auch die »weißen« Clubs öffneten. Es war schließlich Alice Marble, die Wimbledon 1939 gewonnen hatte und auch viermal den US-Titel für sich entschied, die die Öffentlichkeit auf Althea Gibson aufmerksam machte. Sie schrieb einen bitteren Artikel, in dem sie beklagte, daß man den Dessous einer mittelmäßigen Spielerin wie Gussie Mo-

Bei der Internationalen Meisterschaft von Italien in Rom 1956 traf Althea Gibson im Finale auf die Ungarin Suzy Körmöczy.

ran mehr Aufmerksamkeit schenkte als der Farbigen Althea Gibson, die das Zeug habe, die ganze Welt zu schlagen. Zur Erinnerung: Gussie Moran hatte in Wimbledon unter dem kurzen Röckchen ein Höschen aus Goldlamé getragen, und dieser schockierende Anblick schlug sich in weltweiten Schlagzeilen nieder.

Althea Gibson war die erste farbige Teilnehmerin im Umkleideraum

1958 wurde Althea Gibson bereits als die Favoritin »gehetzt« – und gewann ihr zweites Wimbledon-Finale.

des *West Side Tennis Clubs* in Forest Hills. In der zweiten Runde der US-Meisterschaften traf sie hier auf die Wimbledon-Siegerin Louise Brough; Althea Gibson führte im dritten Satz 7:6 und unterlag, nachdem ein Wirbelsturm das Match unterbrach, am nächsten Morgen bei der Fortsetzung. Sie war mittlerweile 23 Jahre alt.

Später gehörte sie zum offiziellen US-Team, das auf Kosten des Verbandes um die Welt reisen durfte. In Australien verlor sie 1957 knapp das Finale. In Wimbledon schlug sie im Endspiel 1957 ihre Lands-

männin Darlene Hard und 1958 die Engländerin Angela Mortimer – in Forest Hills holte sie sich im selben Jahr die Titel gegen Darlene Hard und Louise Brough. Die Zuschauer auf dem Centre Court von Wimbledon erlebten bei der Siegerehrung einen vollendeten Hofknicks. Am Abend beim damals noch üblichen Ball hielt sie mit ihrer dunklen Stimme eine witzige Rede, sang auch zwei Lieder und tanzte mit dem Herzog von Devonshire. Sie schrieb später, daß es ein langer Weg sei von Jefferson City im Staate Missouri, wo man wegen seiner Hautfarbe von der Tür einer Bowlingbahn vertrieben wird, bis zu einem Tanz im Londoner Savoy-Hotel mit einem richtigen Herzog.

Althea Gibson war nun fast dreißig Jahre alt und beendete ihre kurze Karriere. Sie unterschrieb für fünfzigtausend Dollar einen Vertrag als Berufsspielerin und trat gegen lokale Größen im Rahmen der Basketballspiele der Harlem Globetrotters auf. Dann heiratete sie einen Mr. Darbon und unterrichtete farbige Kinder in diesem Spiel, so wie sie einst unterrichtet worden war. Man hörte von ihr, daß sie auf einmal als Golfspielerin einige Erfolge hatte, aber zu den ganz großen Siegen reichte es hier wohl nicht. Als Wimbledon 1984 das hundertjährige Bestehen des Damenturniers feierte, hatte man sie eingeladen. Sie saß da mit ihren inzwischen grau gewordenen Haaren und hatte offensichtlich ihr schönstes Kleid angezogen. Sie saß da und schaute – kaum jemand erkannte sie. Sie saß da sehr allein.

Rom, 12. Mai 1956
Internationale Meisterschaft von Italien
Finale der Damen

Althea Gibson – Suzy Körmöczy
6:3, 7:5

Ende der Amateurjahre
Wilhelm Bungert – Roy Emerson

Wimbledon, 1. Juli 1963

Es ist ein kleines Zögern dabei, wenn man daran denkt, Wilhelm Bungert in diese Sammlung aufzunehmen. Er hat die damals hochkarätige Meisterschaft Südafrikas gewonnen und natürlich auch die »Internationalen« von Deutschland am Hamburger Rothenbaum, er stand neben Christian Kuhnke im Doppel-Finale von Paris – aber der Ruhm von Wilhelm Bungert entsprang mehr seinen Niederlagen. Und auch der Tatsache, daß es wenig zu feiern gab für deutsche Tennisspieler. Alles, was nach Gottfried von Cramm gekommen war, befleißigte sich schöner, gerader Schläge, die der internationalen Konkurrenz keine Schwierigkeiten bereiteten.

Nein – Wilhelm Bungert wurde

**Wilhelm Bungert in Wimbledon, 1965.
Zwei Jahre später kam er bis ins Finale.**

91

»Wimbledon shock today« meldete das Londoner Büro von United Press, als der ungesetzte Willy Bungert den favorisierten Australier Roy Emerson besiegt hatte.

nicht populär, als er 1967 das letzte Wimbledonfinale der Amateur-Ära verlor. Es hatte auch kaum jemand länger als einen Tag davon Notiz genommen, als er an dieser Stelle in den Jahren 1961 und 1962 den überragenden Rod Laver zu fünf Sätzen zwang: Derartiges kann – zumal in den ersten Runden – jedem Favoriten passieren, und wenn der sonst gewiß nicht besonders beredte Laver seinen Gegner in den höchsten Tönen lobte, so nahm man das eher hin als die Freundlichkeit des Überlegenen.

Wilhelm Bungert geriet an diesem 1. Juli 1963 in die Schlagzeilen der Welt durch ein Match, das nicht auf dem Centre Court, sondern auf dem danebenliegenden Platz 1 stattfand. Hier hatte er einige Tage zuvor den mexikanischen Weltklassemann Rafael Osuna deprimierend besiegt – jenen Osuna, der als schnellster Spieler der Welt galt. Bungert war erstmals bis unter die letzten Acht des Turniers vorgedrungen. Hier im Viertelfinale wartete auf ihn der Australier Roy Emerson – erklärter Favorit und unbestritten die Nummer eins der Setzliste. Emerson galt mit seinem schmucklosen »Serve-and-Volley«-Spiel als der sichere Nachfolger von Rod Laver, der zu den Profis ge-

wechselt war; jedermann wußte, daß Roy Emerson nach dem Wimbledonsieg den offerierten Scheck von hunderttausend Dollar annehmen würde.

Das frechste Tennis seiner Laufbahn

Der schlaksige Deutsche, der immer so unbeteiligt in die Welt schaute, als interessiere ihn das Geschehen auf dem Platz nur sekundär, spielte an diesem Tag nicht nur das beste, sondern auch das frechste Tennis seiner Laufbahn. Er hat-

»Lust am Risiko« sei bei ihm mit im Spiel gewesen, sagte man Wilhelm Bungert nach, als er 1963 Roy Emerson bezwang.

te sich gegen die knochenharten Aufschläge seines Gegners eine ebenso einfache wie wirksame Methode ausgedacht, die – wenn sie gutgeht – für den anderen mörderisch ist, die aber – wenn sie nicht gutgeht – für ihn selbst zum Desaster führen mußte.

Bungert stellte sich bei den Aufschlägen Emersons mehr als einen Meter in den Platz und verließ sich auf sein Reaktionsvermögen: Wenn er den Schläger an den Ball brachte, hatte dieser nach dem Aufprall den Boden gerade erst verlassen – es kam jedes Mal so etwas wie ein Dropshot-Return dabei heraus, bei dem der Ball das Tempo des Aufschlages in den Rückschlag übernahm. Wenn es klappte, flog der Ball rasend schnell an dem aufrükkenden Emerson vorbei in die entferntesten Platzecken – wenn es nicht klappte, spritzte er irgendwohin auf die Tribünen. Als Bungert auf diese Weise den ersten Satz mit 8:6 für sich entschieden hatte, tröpfelten auf den Pressebänken nach und nach die ersten Reporter ein – nur um einmal zu sehen, wie der Australier die Situation meistern würde. Gar nicht so wenige verschwanden wieder, als Emerson den zweiten Satz mit 6:3 gewonnen hatte. Es würde ja alles seinen ›normalen‹ Lauf gehen.

Sie kamen wieder, als Bungert den dritten Durchgang mit 6:3 für sich entschieden hatte – und sie blieben, obgleich Emerson noch einmal mit 6:4 der Ausgleich glückte. Jeder Spieler wird im fünften Satz etwas nervöser, weil man sich keinen Fehler mehr leisten kann – selbst gegen diesen Deutschen nicht. Irgend jemand sprach oder schrieb damals von der »Lust am Risiko«, die Bungert spüren ließ – einen für den Beobachter schrecklich aufregenden Seiltanz zwischen Genialität und Anfängertum. Bungert hatte in seiner Ergebnisliste seit den

Jugendtagen die seltsamsten Resultate stehen – einmal spielte er an der Riviera 6:0, 0:6, 6:0. Er fabrizierte mit seinem flachen Aufschlag ohne große Drehung des Körpers zumindest genausoviel Doppelfehler wie Asse. Als noch niemand daran dachte, den Topspin zur seligmachenden Alternative für jedes Grundlinienspiel zu machen, wie es seit Björn Borg alle taten, zog er den Schläger bereits so über den Ball, daß er sich überraschend senkte. Als das Match dreieinhalb Stunden alt war, erreichte Wilhelm Bungert gegen Roy Emerson den ersten Matchball. Der Australier wehrte ihn mit seinem Aufschlag ab. Das gleiche gelang ihm noch drei weitere Male. Beim fünften Matchball stand Bungert fast zwei Meter im Platz. Er brachte den Schläger mit der Vorhand im Bruchteil einer Sekunde so an den aufprallenden Ball, daß dieser sich als kurzer Cross gleich hinter dem Netz senkte. Roy Emerson vollführte einen verzweifelten, nutzlosen Hechtsprung und blieb minutenlang liegen. Es war nicht nur die Erschöpfung, die ihn dort fesselte, sondern vor allem die Enttäuschung. Bungert gewann 8:6, 3:6, 6:3, 4:6, 6:3. Er verlor das Semifinale gegen den späteren Turniersieger Charles »Chuck« McKinley, der so früh an einem Gehirntumor starb. Ein Jahr später nahm Roy Emerson im Semifinale Revanche, als er Bungert mit 6:3, 15:13, 6:0 bezwang und dann auch das Finale gewann. In diesem Jahr – 1964 – stand neben Bungert auch Christian Kuhnke im Viertelfinale. Es war das erste Mal nach fast drei Jahrzehnten, daß man wieder von den Deutschen sprach.

Sie waren vier: Bungert, Kuhnke, Wolfgang Stuck und Dieter Ecklebe – alle aus dem Jahrgang 1939, alle spielten im Daviscup, alle herrschten über die deutschen Ten-

nisplätze länger als ein Jahrzehnt. Diese Ära ging erst zu Ende, als Bungert und Kuhnke 1970 in Cleveland das Daviscup-Finale gegen die USA verloren – 0:5. Die Statistiker registrierten, daß Kuhnke und Arthur Ashe das bis dahin längste Einzel in der Geschichte dieses Wettbewerbs spielten.

Dr. Christian Kuhnke legte seine Examen ab und betrieb erst in Berlin, dann in München eine Anwalts-Kanzlei. Bungert hängte sein Architektur-Studium an den Nagel und baute einen Sportartikel-Handel auf. Er unterbrach das Schnüren von Paketen und das Verhandeln mit den Fabrikanten 1967. Er war nie gerade ein Trainings-Weltmeister gewesen. Nun gab er sich selbst ein paar Wochen frei, zog in ein kleines Hotel an der Putney Bridge und fuhr täglich mit dem Bus hinaus nach Wimbledon – eine Transportmöglichkeit, die ihm im Verlauf des Turniers immer mehr Popularität einbrachte, je weiter er kam. Wegen seines steifen, aufrechten Gangs hatten die Reporter von der Fleetstreet ihm den Beinamen »prussian grenadeer« gegeben – die Ansichtskarten mit dem »preußischen Grenadier« waren schnell vergriffen.

Wilhelm Bungert wurde in diesem Jahr 1967 zum »König der fünf Sätze«: In der dritten Runde schlug er den Briten Bobby Wilson über diese Distanz – einen Mann erster europäischer Klasse. Dann folgten drei Linkshänder: Zuerst der routinierte Südafrikaner Abe Segal, den jeder Gegner ernst nehmen mußte; dann der Brasilianer Thomas Koch, ein verkrachter Student und Tennis-Globetrotter, den er mit 6:4, 4:6, 4:6, 6:1, 6:3 schlug,

Beim Aufschlag wird der Ball nicht geworfen, sondern »gesetzt«: 1963 spielte der schlaksige Deutsche das frechste Tennis seiner Laufbahn.

Blümchen vom Wimbledon-Finalisten Wilhelm Bungert bei der Rückkehr in seinen Wohnort Hochdahl, 1967.

schließlich im Semifinale der Brite Roger Taylor, ein Mann mit der Figur und der Kraft eines austrainierten Halbschwergewichtsboxers, den er mit 6:4, 6:8, 2:6, 6:4, 6:4 niederrang. Es war damals eine Sensation: Wilhelm Bungert im Finale von Wimbledon! Es ist müßig, darüber zu diskutieren, ob er zu viele Kräfte in den vorangegangenen Matches gelassen hatte, oder ob es ihm ganz einfach an den Schlägen gebrach, noch mehr erreichen zu können. Der Australier John Newcombe gewann das Wimbledonfinale 1967 gegen Wilhelm Bungert mit 6:3, 6:1, 6:1, und es war eines der einseitigsten Endspiele in der langen Geschichte dieses Turniers. In der »Times« stand: »Der beste Profi siegte über den besten Amateur.«

Der »beste Amateur« feierte im Keller des kleinen Hotels an der Putney Bridge mit einigen Freunden seinen zweiten Platz. Der Keller nannte sich »Bavarian Beer Bar«, man hatte Bilder der Schweizer Berge an den Wänden, eine Band spielte Britisches, und das Bier war ebenfalls ein einheimisches Gebräu. Am nächsten Morgen stieg Bungert in seinen gebraucht gekauften Wagen, um in Dover die Fähre zum Kontinent zu erreichen, und am Montagmorgen stand er wieder in seinem Geschäft und schnürte Pakete. Neben einer Erinnerungsplakette erhielt er einen Gutschein, mit dem er sich in einem Londoner Sportgeschäft Hemden und Hosen im Werte von rund hundertzwanzig Mark aussuchen durfte. Da er aber unbedingt abreisen wollte, bewahrte er den Gutschein bis zum nächsten Jahr auf. Das Pfund litt unter Währungsschwund – 1968 war dieser Bon nur noch etwa achtzig Mark wert. Wilhelm Bungert hat ihn selbstverständlich trotzdem eingelöst. In Wimbledon spielte er keine große Rolle mehr, denn 1968 hatten die »richtigen Profis« hier Einzug gehalten. Es gab keine Tennis-Amateure mehr.

Wimbledon, 1. Juli 1963
Viertelfinale der Herren

Wilhelm Bungert – Roy Emerson
8:6, 3:6, 6:3, 4:6, 6:3

Eine neue Ära beginnt

Arthur Ashe – Tom Okker

New York, 8. September 1968

Als sich Ende der sechziger Jahre die Tennisherrscher endlich dazu entschlossen, Profis und Amateure zu vergessen, um nur noch von *Spielern* zu reden, hatte man zwar auch in den Vereinigten Staaten die Nase voll von den ewigen Streitereien, aber es war keineswegs so, daß man die Berufsspieler plötzlich lieben gelernt hatte. Die Gründe für die Einführung der »offenen« Turniere waren ganz einfach: Man brauchte für die größten Turniere die besten Spieler, um Publikum anzuziehen – und die besten Spieler waren mittlerweile alle Profis. Das änderte allerdings nichts an der Tatsache, daß die Puritaner im amerikanischen Verband immer noch glaubten, das Amateurtennis würde überleben. Sie entwickelten deshalb einen kuriosen Plan: Man ließ gleich zwei Turniere stattfinden – eines um die US-Meisterschaft alten Stils für die Amateure, welches in Boston stattfand – und eines im *West Side Tennis Club* in Forest Hills, welches als die ersten US Open zu bezeichnen ist. Die Tennisgeschichte leistete sich hier einen schönen Witz: Beide Male siegte der Amateur Arthur Ashe.

Er war damals 25 Jahre alt (geboren am 10. Juli 1943), stammte aus Richmond/Virginia, wo er als Sohn eines Polizisten geboren wurde, hatte in Los Angeles Marktwirtschaft studiert und in Westpoint ein Leutnants-Patent erworben. In Richmond lernte der spindeldürre Junge auf öffentlichen Plätzen das Tennisspiel, denn in einen Club nahm man ihn nicht auf. Arthur Ashe schrieb einmal: »Meine Familie erhielt ihren Namen von Gutsherren, deren Eigentum sie waren. Sie verkauften uns wie Vieh. Wer starb, wurde ins Meer geworfen oder vielleicht als Düngemittel verarbeitet. Ich könnte darüber verrückt werden. Aber warum? Ich bin kein aggressiver Neger, ich habe nicht das Zeug zum Märtyrer!« Arthur Ashe war ein »Neger«. Seine Hautfarbe hat sicherlich nicht dazu beigetragen, seinen Weg durch die Ranglistenkommissionen des amerikanischen Tennisverbandes zu erleichtern. Doch im Jahr 1963 berief man ihn ins Daviscup-Team der USA – da war er nur die Nummer 18, eine Art »Alibi-Position«, die ihm viele andere Spieler und mancher Funktionär neideten. Aber der gescheite junge Mann hat es allen gezeigt: 1965 stand er im Semifinale der US-Meisterschaften, 1966 und 1967 im Endspiel der Meisterschaften Australiens, während der gleichen Zeit erreichte er in Wimbledon das Achtelfinale. Aus den Diskussionen der Amateure und Profis hielt er sich damals heraus. Für Arthur Ashe gab es wichtigere Dinge – etwa die Rassen-Diskriminierungen nicht nur im amerikanischen Tennis.

Arthur Ashe hat bei aller Kritik an seinen amerikanischen Landsleuten nie einen Hehl daraus gemacht, ein guter Patriot zu sein. Geholfen hat ihm bei seinen Argumentationen ohne Zweifel die Tatsache seiner Aufnahme in die Eliteanstalt der US Army, die Militärakademie in Westpoint, und das ihm hier verliehene Leutnants-Patent. Es brachte ihm schließlich auch die sanften Sympathien der Tennis-Funktionäre ein, als er es zunächst ablehnte, sich irgendwo als Berufsspieler registrieren zu lassen – er blieb Amateur, wobei man natürlich die Frage stellen konnte, wovon er denn lebte. Die Antwort ist einfach: Das verlogene Spesen-System für die Freizeitspieler, das von den Funktionären offen sanktioniert wurde, ermöglichte das.

Herausforderung in New York

So war die Situation in diesem Sommer 1968, als Arthur Ashe unter die alten Walnußbäume des traditionsreichen Clubs nach Boston zog, wo man bisher lediglich die Doppel der US-Meisterschaften ausgetragen hatte. Ashe schlug in einem erstklassigen Finale seinen Landsmann Bob Lutz mit dem bemerkenswerten Ergebnis von 4:6, 6:3, 8:10, 6:0, 6:4. Dann reiste er nach New York, wo in Forest Hills nun wirklich alles versammelt war, was Rang und Namen besaß. Auf Nummer eins der Setzliste stand Rod Laver, Nummer zwei war Tony Roche, Nummer drei Ken Rosewall, Nummer vier John Newcombe – alles Australier. Arthur Ashe war die Nummer fünf. Unter den Teilnehmern gab es Namen wie Pancho Segura, Luis Ayala, Frank Parker, Rhamanathan Krishnan, Vic Seixas, Nikki Pilic, Torben Ulrich, Charles Pasarell, Pancho Gonzalez, Andres Gimeno – eine glänzende Besetzung, und jeder Träger dieser Namen hatte mindestens einmal Tennisgeschichte geschrieben. Übrigens: Der einzige Deutsche im Feld war der Daviscup-Spieler Ingo Buding, der gleich zu Beginn ausschied.

Es kann sein, daß die Auslosung Arthur Ashe entgegenkam. Er schlug zu Beginn den alten Frank Parker, anschließend ließ Ashe dem eifrigen Briten Paul Hutchins keine Chance. Man nahm ihn jedoch erst dann richtig zur Kenntnis, als er gegen Roy Emerson in drei Sätzen gewann und auf einmal im Viertelfinale stand. Hier traf er auf den Südafrikaner Cliff Drysdale, der vorher Rod Laver besiegt hatte – Ashe schlug Drysdale 8:10, 6:3, 9:7, 6:4. Im Semifinale war sein Landsmann Clark Graebner der Gegner, der gegen John Newcombe gewonnen hatte – Ashe schlug auch Graebner 4:6, 8:6, 7:5, 6:2.

Sein Endspielgegner wurde zumindest genauso überraschend der Holländer Tom Okker, der letzte Weltklassemann aus diesem Land für viele Jahre. Okker schlug in den beiden Runden vor dem Finale Pancho Gonzales und Ken Rosewall. Das Endspiel wurde zu einem Duell der Aufschläge, bei dem sich kein Ende abzeichnete. Punkte gegen den Aufschlag des anderen gab es kaum. Am Schluß gewann Arthur Ashe diesen Ausdauertest mit 14:12, 5:7, 6:3, 3:6, 6:3. Er bekam den Titel, und Okker kassierte das Geld. Man hatte immerhin fast vierhunderttausend Mark an Preisgeldern zusammengebracht – die höchste Summe bis dahin. Profi Okker durfte sein Preisgeld von etwa dreißigtausend Mark entgegennehmen – Sieger Ashe erhielt eine Medaille sowie die Nachbildung des Pokals. So kam es zu dem erwähnten Witz der Tennis-Geschichte. In den Annalen stehen für 1968 zwei US-Meisterschaften verzeichnet – und jedesmal heißt der Sieger Arthur Ashe.

Zunächst einmal ergab sich daraus eine außerordentlich seltsame Situation: Die Verfechter des Amateurtennis frohlockten, weil sie nun glaubten, die besseren Argumente zu haben, da einer der ihren dieses Turnier gewann – die Manager und Funktionäre der Berufsspieler mußten Gleichmut mimen, was ihnen aber nicht besonders schwerfiel, da sie wußten, wie sehr die Zeit für sie arbeiten würde. Die Amerikaner wiederholten das sinnlose Experiment mit den zwei Meisterschaften noch einmal 1969; dann hatten es auch sie begriffen.

Die Stunde des Arthur Ashe schlug noch einmal. 1975 war er längst ebenfalls Profi geworden, als er in Wimbledon den jungen Björn Borg, den Australier Tony Roche und im Finale den haushohen Favoriten Jim Connors mit 6:1, 6:1, 5:7, 6:4 zeitweise geradezu deklassierte. Es war ein Match der Psyche und der psychologischen Tricks. Zwischen den beiden schwebte eine gerichtliche Klage: Connors hatte Ashe auf die Zahlung von fünf Millionen Dollar verklagt, weil Ashe ihn einen »unpatriotischen Schwätzer« genannt hatte. Der Grund: Connors hatte es abgelehnt, für die USA im Davispokal zu spielen, und es vorgezogen, lukrative Schaukämpfe auszutragen. Ashe erschien bei diesem Finale auf dem Centre Court in einer Jakke, die aus den »Stars and Stripes« der amerikanischen Fahne bestand – in den USA, wo das Match im Fernsehen übertragen wurde, jubelte man über diese patriotische Darstellung –, und Connors war viel zu klug, das nicht zu begreifen. Man hat nie einen weniger konzentrierten und nervöseren Connors gesehen als in diesem Match.

Arthur Ashe, der eine vielbeachtete Geschichte der farbigen Athleten im amerikanischen Sport verfaßte, meinte: »Wenn man meine Hautfarbe hat und täglich in der

Arthur Ashe als »Tennisveteran«, nach seinem überraschenden Sieg gegen Jimmy Connors im Wimbledon-Finale 1975.

Zeitung steht, wird man auch in diese Diskussionen gezogen – ob man will oder nicht!« Ashe aber wollte. Anfang der siebziger Jahre stellte er den Antrag, an den Meisterschaften Südafrikas in Johannesburg teilnehmen zu dürfen – unter der Bedingung, Bewegungsfreiheit zu erhalten und nicht vor getrennten Tribünen spielen zu müssen. Man lehnte das Ansinnen zweimal ab. Erst 1973 gab man nach. Ashe brachte Stipendien für farbige Südafrikaner mit, die er durch eigenes Geld aufstockte. Man machte ihn zum Kapitän des amerikanischen Daviscup-Teams; als er aber in Washington vor der Botschaft Südafrikas demonstrierte, gab er diesen Posten zurück. Freiwillig?

Als er der weltbeste Spieler war, warf ihn ein Riß der Achillessehne zurück; als er nach zwanzig Monaten das Spiel wieder aufnahm, war er fast vergessen. Er schaffte es, wieder nach oben zu kommen. Dann ging er mit Schmerzen in der Brust ins Krankenhaus, um sich untersuchen zu lassen. Man behielt ihn gleich da und operierte den Infarkt am offenen Herzen. Ausgerechnet ihn, den Sportler, der nie rauchte oder trank. Arthur Ashe wurde gesund, mußte dann noch einmal operiert werden. Er hat geheiratet, ein Kind. Er hat viel geschrieben und vieles gesagt. Vielleicht wird man eines Tages sagen, er habe den Menschen seiner Rasse geholfen. Eines tat er sicherlich: Er setzte Zeichen.

New York, 8. September 1968

Finale der US Open
in Forest Hills

Arthur Ashe – Tom Okker
14:12, 5:7, 6:3, 3:6, 6:3

Fünf Sätze Ewigkeit

Pancho Gonzalez – Charles Pasarell

Wimbledon, 23./24. Juni 1969

Pancho Gonzalez war an diesem Tag 41 Jahre und eineinhalb Monate alt. Das Komitee im *All England Club* hatte ihm die Nummer 12 auf der Setzliste gegeben – nie gab es einen älteren Spieler in dieser Liste der vermeintlichen Favoriten. Im Juni 1969 steckte der professionelle Zirkus noch in den Kinderschuhen, man probierte noch herum mit dem Einsatz eines Computerprogramms, und in Wimbledon gab es für den Sieger ein Preisgeld von dreitausend Pfund – ein Verlierer der ersten Runde erhielt fünfzig Pfund. Zum besseren Verständnis: Der Wert des englischen Pfundes lag seinerzeit zwischen acht und neun Mark.

Es wäre falsch, anzunehmen, daß man Pancho Gonzalez diese hohe Einschätzung geschenkt hätte, auch wenn man ihn in den Aufstellungen der Sieger bei den großen Turnieren kaum finden wird. Richard Alonzo Gonzalez hatte auf dem Rasen von Forest Hills 1948 und 1949 die US-Meisterschaften gewonnen und war in diesen beiden Jahren auch die Nummer eins auf der Rangliste des amerikanischen Verbandes, der ihn nicht gerade wie ein Lieblingskind behandelte. Manuel und Carmen Gonzalez waren aus der mexikanischen Stadt Chihuahua zunächst nach Arizona und dann weiter nach Los Angeles gezogen. Pancho Gonzalez wurde hier am 9. Mai 1928 geboren. Es folgten noch fünf weitere Kinder.

Sie wohnten in zwei Räumen, und man kann nicht sagen, daß es der Gonzalez-Familie besonders gutging. Pancho Gonzalez besuchte nicht lange eine Schule, sondern schleppte Pakete in einem Kramladen, wo es nicht nur Hafergrütze und Tomaten gab, sondern auch billige Tennisschläger. Der Junge gewann eine Medaille in einem Redner-Wettstreit, er war ein ausgefuchster Karten- und Billard-Spieler und beherrschte auch dieses Spiel, bei dem man ein Hufeisen an einen Pfosten zu werfen hat – alles Möglichkeiten, durch kleine Wettgewinne das Einkommen zu erhöhen. Und er spielte Tennis – mehr oder minder zum selben Zweck.

Er gewann auch kleinere Turniere gegen kaum erwähnenswerte Konkurrenz. Einmal wurde er durch den Freund eines Freundes dem Verbandsgewaltigen Perry Jones vorgestellt, der ihn fortschickte. Gonzalez heiratete früh, und Henriette brachte ihm schnell zwei Kinder zur Welt. Gonzalez tingelte mit einem alten Auto zu den Turnieren. Sein Name stand erst in den lokalen Zeitungen, dann auch in den größeren. Nachdem er die beiden US-Meisterschaften gewonnen und den Vereinigten Staaten geholfen hatte, den Davispokal zu gewinnen, unterschrieb er einen Profivertrag: Er sollte 123 Matches gegen Jack Kramer bestreiten. Die Verbandsgewaltigen waren gar nicht so böse, den Querulanten los

zu sein – die Berufsspieler im Tennis waren eine Zirkustruppe, schlecht bezahlt meist, die bei den offiziellen Turnieren nicht starten durfte. Gonzalez kassierte immerhin 75000 Dollar – ein Vermögen. Er kaufte gleich zwei Häuser, eines für seine Eltern. Ihn selbst zog es an die Pokertische in Las Vegas und in seltsame Etablissements. Innerhalb weniger Monate war das Geld weg. Die Wetten beim Bowlingspiel schluckten den Rest. Im Golf zeigte er einiges Talent. In Hollywood verdingte er sich als Tennislehrer und verkrachte sich mit den unbegabten Filmstars. Pancho Gonzalez war tief unten, als Jack Kramer ihm einen neuen Vertrag gab – unter der Voraussetzung, daß er tatsächlich arbeite.

Er arbeitete – und er schlug sie alle. Kramer holte jährlich die frischgebackenen Sieger von Wimbledon und Forest Hills in seine Profitruppe, wo sie von Gonzalez deklassiert wurden. Gonzalez galt mehr als ein Jahrzehnt lang als der beste Spieler der Welt – nur: Er konnte es nicht beweisen. Er konnte es erst 1968, als man den Amateurbegriff praktisch strich und jeder überall spielen durfte. Das war Pancho Gonzalez, der an diesem Juni-Nachmittag 1969 auf den Centre Court von Wimbledon kam – ein hochgewachsener Mann mit dem Gesicht eines Filmhelden und inzwischen grau gewordenen Schläfen. Sein Gegner war Charles Pasarell, am 12. Februar 1944 in San Juan auf Puerto Rico geboren; seine Eltern waren wie viele andere Landsleute in die Vereinigten Staaten ausgewandert. Pasarell gehörte zum aktuellen US-Daviscupteam – zwei Jahre zuvor hatte er in der ersten Wimbledon-

Pancho Gonzalez (rechts) galt mehr als ein Jahrzehnt lang als der beste Spieler der Welt, aber erst am Ende seiner Laufbahn konnte er das auch beweisen.

Hier wird Gonzalez für »Kramers Tennis Zirkus« angekündigt, 1961 in Berlin.

Runde den regierenden Champion Manuel Santana aus Spanien geschlagen, ein bisher einmaliges Ereignis.

Gonzalez schlug Pasarell nach einer Spielzeit von insgesamt fünf Stunden und zwölf Minuten mit 22:24, 1:6, 16:14, 6:3, 11:9. Es wurden insgesamt 112 Spiele ausgefochten; da es nach der Einführung des Tiebreak solch lange Matches nicht mehr geben wird, bleibt diese Begegnung auf ewig in der Rekordliste Wimbledons als die längste, die je hier stattfand.

Nicht immer verraten die nackten Resultate eines Matches etwas über die Dramatik des Geschehens und über die Menschen, die daran teilnahmen. Auch hier kann man das nur erahnen. Dieses Match hatte wegen Regens mit einer Verspätung von vierundzwanzig Stunden begonnen – es lohnte sich, darauf zu warten. Als man die Begegnung nach den ersten beiden Sätzen wegen der anbrechenden Dunkelheit unterbrach, wurde Gonzalez von den Zuschauern ausgebuht – wenn es auf dem Centre Court eine Tür gäbe, hätte Gonzalez sie zugeschmettert, daß der Kalk aus den Ritzen gerieselt wäre. Gonzalez mußte im ersten Satz elf Satzbälle abwehren – dann fiel ein Lob von Pasarell genau auf die Grundlinie. Pasarell führte im zweiten Satz 4:1, als Wimbledons Centre Court mit dem mexikanischen Temperament des Pancho Gonzalez Bekanntschaft machte. Er schleuderte seinen Schläger gegen den Schiedsrichterstuhl, kickte ihn weiter gegen die Zeltplane und brüllte, daß er nichts mehr sehen könne. Die Zuschauer, die zunächst auf der Seite des Älteren standen und selbst einen Abbruch forderten, zeigten sich geschockt. Als Gonzalez vom Platz stürmte, hatte man schon zwei Stunden und achtzehn Minuten gespielt.

Das »Hosianna« kam in diesem Fall nach dem »Kreuziget ihn«. Es ist normalerweise so, daß jeder Spieler von diesem traditionsreichen Centre Court beherrscht wird – bei Gonzalez war es anders. *Er* herrschte – aus mehreren Gründen: Da war die immer noch glimmende Wut des Vorabends und der Wille, es allen zu zeigen – da war auch die perfekte Strategie der Einteilung der Kräfte – schließlich auch der richtige Schlag im richtigen Moment. Im dritten Satz bewegte Gonzalez oft beim Aufschlag seines Gegners keinen Muskel – er ließ ihn diese Spiele nach Belieben gewinnen, um die Kräfte und den Kopf auf das eigene Aufschlagsspiel zu konzentrieren. Als dieser gewaltige Aufschlagball Pasarells auf einmal – für das Auge des Beobachters kaum wahrnehmbar – etwas langsamer wurde, nahm Gonzalez die Chance war. Den vierten Satz spielte Gonzalez nach dem gleichen Rezept. Im fünften Satz gab es keine Taktik mehr – so wie bei Boxern, die wissen, daß der Kampf ausgeglichen ist und sie in der letzten Runde unbedingt den K.o.-Schlag brauchen. Zweimal lag Gonzalez bei eigenem Aufschlag mit 0:40 im Rückstand – er überstand insgesamt sieben Matchbälle und brach dabei den Siegeswillen des Jüngeren aus Puerto Rico. In den letzten beiden Spielen gab Pancho Gonzalez keinen einzigen Punkt ab. Es hatte noch einmal zwei Stunden und 54 Minuten gedauert. Die stehenden Ovationen auf den Tribünen für Gonzalez drohten in Tumulte auszuarten, in denen das beschwörende »Ladies and Gentlemen – please« des Schiedsrichters unterging. Pancho Gonzalez hatte gespielt, als habe er sein Leben verwettet, wahrscheinlich hätte ihn *niemand* an diesem Tag geschlagen – aber nur, weil es den Vorabend mit den Mißfallenskundgebungen gegeben hatte. Als Richard Alonzo Gonzalez diesesmal den Centre Court verließ, warf er einen Blick in die Runde – und es gehört nicht viel Phantasie dazu, diesem Blick nur eine Deutung zu geben: Es war tiefe Verachtung.

Dennoch hat Gonzalez dieses Wimbledon-Turnier nicht gewonnen. Er verlor im Achtelfinale gegen Arthur Ashe.

Gonzalez gewann zu Beginn seines vierten Lebensjahrzehnts noch eine Handvoll Turniere, bevor er es müde wurde, sich mit den Jüngeren zu messen. Er hat es noch geschafft, wenigstens ein kleines Vermögen auf dem Tennisplatz zu erwerben – seine Nachfolger hätten für solche Summen keinen Schaukampf bestritten. Aber er konnte davon leben. Gonzalez heiratete noch zwei oder drei weitere Male – seine letzte Frau wurde die ältere Schwester eines Spielers, der bequem sein Enkel sein könnte: Andre Agassi.

Wimbledon, 23./24. Juni 1969
Erste Runde Herreneinzel
Pancho Gonzalez – Charles Pasarell
22:24, 1:6, 16:14, 6:3, 11:9

Der zweite Grand Slam

Rod Laver – Tony Roche

New York, 10. September 1969

An diesem Septembertag wurde Rod Laver zum ersten Spieler, der den Grand Slam zweimal gewann – zum ersten, der den Grand Slam in der neuen Ära des professionellen Tennis für sich entschied – und auch zum ersten, der in einem Jahr mehr als hunderttausend Dollar einnahm. Die Rede ist von Rodney George Laver, geboren am 9. August 1938 im australischen Queensland, rothaarig, krummbeinig, mittelgroß, sommersprossig, mit einem Umfang des linken Schlagarms, der dem eines Gewichthebers seiner Klasse entsprochen hätte. Rod Laver, den in der U-Bahn niemand erkannte, weil er so wirkte wie ein schlichter Buchhalter mit geringen Karriere-Aussichten – Rod Laver, und der trotzdem der größte Spieler seiner Jahre war.

»Am besten gewinnst du immer 6:0 und 6:0«

Wie gesagt: Er war der einzige, dem der Gewinn der Meisterschaften von Australien, Frankreich, England und der Vereinigten Staa-

Der Australier Tony Roche, Finalgegner von Rod Laver bei den US-Meisterschaften in Forest Hills, 1969. Den ersten Satz entschied er mit 9:7 für sich.

ten in einem Jahr – und dies gleich zweimal gelang. Beim ersten Mal, 1962, wurde die Szenerie noch von den Amateur-Verbänden beherrscht, und selbstverständlich waren auch die Spieler »Amateure«, was bedeutete, daß sie die unterm Tisch zugeschobenen Spesen nicht versteuern mußten. Vater Roy Laver und Mutter Melba hatten drei Söhne und eine Tochter – Rodney war der jüngste. Der Vater zog einige Male durch den fünften Kontinent. Einmal hatte er eine Farm in Victoria, dann eine Metzgerei, schließlich wohnte man in einem Städtchen namens Rockhampton, wo Roy und Melba alle Mixed-Turniere der Umgebung gewannen. Die Lavers bauten sich sogar einen eigenen Tennisplatz hinters Haus, wo dem kleinen Rodney dieses Spiel beigebracht wurde. Der Tennislehrer hieß Charly Hollis und erläuterte dem Jungen, daß man am besten immer 6:0, 6:0 gewinnt. Hollis war es auch, dem Rod Laver den überdimensional entwickkelten linken Arm zu verdanken hatte: Er gab ihm den Rat, immer einen alten Ball in der Tasche zu tragen und diesen zu kneten. Einige Erfolge stellten sich ein. Harry Hopman, der mindestens zwei oder drei Generationen von Australiern zu den Besten der Welt machte, holte eines Tages auch Rod Laver zu sich. Er war achtzehn, als man ihn das erste Mal mit nach Europa nahm – er zahlte Lehrgeld. Aber vier Jahre später war er australischer Meister. Im Jahr 1959 verlor er das Wimbledonfinale gegen Alejandro Olmedo, 1960 gegen seinen Landsmann Neale Fraser – 1961 stand er ganz oben nach dem Sieg über den Amerikaner Charles McKinley. Und 1962 hatte Rod Laver die Idee, den Grand Slam zu gewinnen – eine Idee, die er damals allerdings lieber noch für sich behielt.

Von Sydney über Paris und London auf den Tennis-Thron

Australiens Meisterschaften galten seinerzeit als die leichtesten, weil kaum jemand die Strapazen der langen Reise auf sich nahm. Aber gerade hier gab es immer eine große Zahl ehrgeiziger Spieler, die sich fast zerrissen hätten für einen Erfolg über einen der Etablierten. Laver schlug in Sydney, wo die Titelkämpfe in diesem Jahr stattfanden, einen Mann namens Geoff Pares mit 10:8, 18:16, 7:9, 7:5, bevor er im Finale seinen Freund Roy Emerson mit 8:6, 0:6, 6:4, 6:4 besiegte. Die zweite Station hieß Paris, wo Rod Laver ein völlig anderes Spiel lernen mußte – eines, in dem die Geduld eine Rolle spielt und auch die Kondition. Rod Laver war hier zweimal am Rande einer Niederlage: Zuerst gegen seinen Landsmann Martin Mulligan, dem es später in Europa so gut gefiel, daß er sich in Italien niederließ, wo man seinem Körper die Vorliebe für Pasta aller Art bald ansah. Dieser Mulligan führte in Paris gegen Laver mit zwei Sätzen, 5:4 und 40:30 – Matchball. Laver wehrte den Punkt mit einem kurzen Cross ab – es ging weiter bis zum 8:8, als ein Linienrichter eine zweifelhafte Entscheidung gegen Mulligan traf. Es gab eine schier endlose Diskussion, und nachher war Mulligans Konzentration verflogen – Laver gewann im fünften Satz. Im Endspiel war erneut Roy Emerson der Gegner – einer, der als Leichtathlet die hundert Meter unter elf Sekunden gesprintet war und im Weitsprung über sieben Meter erreichte. Emerson führte 6:3, 6:2, 3:6 und 3:0 im vierten Satz. Laver erklärte später, daß er sich so sehr auf den Ball konzentriert habe, daß er den Spielstand gar nicht wahrnahm. Auf einmal sei es vorbei gewesen – Laver gewann dieses Fina-

le über Emerson mit 3:6, 2:6, 6:3, 9:7, 6:2. Auf dem Rasen Wimbledons fühlte Laver sich anschließend wohler als auf dem Sand von Paris. Es gab allerdings auch hier einen Stolperstein, und das war Manuel Santana aus Spanien im Viertelfinale – ein Ballkünstler erster Klasse, der in Wimbledon später (1966) siegte. Allein der erste Satz, den der Spanier mit 16:14 für sich entschied, wäre eine Legende wert gewesen – im zweiten führte zunächst Santana 5:1, dann immer noch 5:4 und 30:0 bei Lavers Aufschlag. Ein Rückhand-Schmetterball, bei dem der Ball von Lavers Schlägerrahmen ins andere Feld trudelte, plus ein Laver-Hechtsprung an der Grundlinie, bei dem sich der Ball erneut vom Holz des Schlägers als Stop über das Netz schlich, ergaben das 30:30. Ein Passierball von Laver und ein verschlagenes Volley von Santana ergaben den 5:5-Gleichstand. Rod Laver überstand diese Hürde schließlich mit 14:16, 9:7, 6:2, 6:2. Im Semifinale schlug er Neale Fraser und im Endspiel wiederum Martin Mulligan, der in drei Sätzen nur eine Handvoll Spiele zu gewinnen vermochte.

Auf dem Gipfel der Tenniswelt

Mit den drei Siegen von Sydney, Paris und London brauchte Laver nicht mehr vom Grand Slam zu reden – das taten andere. In Forest Hills kümmerte sich Donald Budge um ihn, der als bis dahin einziger 1938 den Grand Slam geschafft hat-

Als bislang einziger Spieler gewann Rod Laver zweimal den Grand Slam: 1962 als Amateur und 1969 als Profi. Diese Abbildung zeigt ihn im Jahr 1961 als Favorit im Herreneinzel von Wimbledon, das er auch tatsächlich gewann – ein Erfolg, den er 1962, 1968 und 1969 zu wiederholen wußte.

te – Budge brachte Laver bei, unschlagbar zu sein.

Rod Laver gewann die US-Meisterschaft schließlich mit dem Verlust von nur zwei Sätzen während des ganzen Turniers – einen davon gab er im Finale ab, das er gegen Roy Emerson mit 6:2, 6:4, 5:7, 6:4 für sich entschied.

Rod Laver war nun auf dem Gipfel der Tenniswelt, und es schien nur logisch, daß er sich in der Amateurwelt um seine Zukunft Gedanken machte. Er erhielt 110000 Dollar für seinen Beitritt zur Profitruppe, wo er wieder gegen seine einstigen Idole Lew Hoad und Ken Rosewall antrat. Man spielte in achtzig Tagen in sechzig Städten – Laver sagte später, sie hätten für ein paar Dollar auch auf Glasscherben gespielt. Sechs Jahre später, 1968, waren endlich die Barrieren zwischen Amateuren und Profis beiseite geräumt. Es gab die für beide »offenen« Turniere. Rod Laver war fast dreißig Jahre alt und äußerte unter Freunden, daß er sich stark genug fühle, den Grand Slam zu wiederholen.

Für eine Handvoll Dollar

1969 hatte man in Australien entweder noch kein Geld fürs Tennis oder nicht begriffen, daß eine neue Ära angebrochen war. Auf jeden Fall lagen die Preisgelder bei ein paar hundert Dollars, und wenn Australiens Titel nicht die Voraussetzung für den Grand Slam gewesen wäre, hätte Laver darauf gepfiffen. Im Semifinale führte er gegen seinen ebenfalls linkshändigen Landsmann Tony Roche 7:5, 22:20 – aber Roche gelang der Satzausgleich. Im fünften Satz schlug Laver beim Stand von 4:3 einen langen Slice, Roche ließ den Ball in der Annahme vorbei, er würde ins Aus fliegen – der Ball landete in der Nähe der Linie – »out« oder

»in«? Tony Roche verlor seine Konzentration über letztlich nutzlosen Diskussionen – Laver schlug im Endspiel den Spanier Andres Gimeno 6:3, 6:4, 7:5 und reiste nach Europa. Er gewann hier nicht weniger als sieben Turniere, bevor er nach Paris kam. Hier prügelte er sich fünf lange Sätze mit seinem fast zwei Meter großen Landsmann Dick Crealy herum; im Finale allerdings ließ er dem Titelverteidiger Ken Rosewall mit 6:4, 6:3, 6:4 keine Chance.

Und nun Wimbledon: Natürlich wurden Lavers Bemühungen jetzt stärker beachtet als einige Jahre zuvor – und auch Rod Laver wußte, daß ein zweiter Grand Slam ihn fürderhin aller finanziellen Sorgen entheben würde.

Die Konkurrenz jagte ihn auf dem Rasen des *All England Club* wie einen Hasen. Zunächst der Inder Premjit Lall, der mit zwei Sätzen führte – im dritten stand es 3:3. Lall setzte den entscheidenden Ball zur 4:3-Führung ins Aus und gewann dann kein Spiel mehr! Kein Mensch vermag zu ergründen, wie so etwas geschieht. Als nächstes stand ihm Stan Smith gegenüber, der »Turm von Pasadena«, gegen den er schließlich nach fünf Sätzen einen hauchdünnen Vorsprung ins Ziel rettete. Im Semifinale war Arthur Ashe der Gegner, der zu Beginn ein Tennis spielte, wie es selbst einem Weltklassemann nur alle paar Jahre einmal glückt. Aber Laver wußte, daß es solche Serien gibt – und daß sie selten über ein ganzes Match anhalten. Als Ashe sein Pulver verschossen hatte, siegte Laver im vierten Satz mit 6:0. Das Endspiel gewann Laver gegen John Newcombe mit 6:4, 5:7, 6:4, 6:4.

Übrigens: Mit Newcombe, Smith und Ashe hatte der ältere Rod Laver drei Wimbledonsieger der Zukunft geschlagen!

Die zweite Krönung

Er verlor in den zwei Monaten bis zu den US-Open in Forest Hills kein Match. Hier schließlich gab es längere Auseinandersetzungen mit dem Amerikaner Dennis Ralston, dem alten Kampfgenossen Roy Emerson, mit Arthur Ashe und zuletzt mit Tony Roche. Roche wußte den ersten Satz mit 9:7 für sich zu entscheiden, dann machte ein Regen den Platz rutschiger – Laver holte sich die drei nächsten Durchgänge mit 6:1, 6:3, 6:2. Anschließend sprang er übers Netz, um die Gratulation seines Gegners entgegenzunehmen – eine Tatsache, die deshalb erwähnenswert ist, weil er sich vor vielen Jahren einmal geschworen hatte, das nie wieder zu tun, nachdem er bei einer solchen Gelegenheit der Länge lang hingefallen war.

Rod Laver zog nach Florida zu seiner amerikanischen Frau Mary, die ihm kurz nach dem Gewinn des zweiten Grand Slam einen Sohn gebar. Er ist immer noch sommersprossig, krummbeinig und sieht aus wie der schlichte Angestellte ohne große Karriere-Ambitionen. Nur die Haare sind nicht mehr rot, sondern grau.

> New York, 10. September 1969
> Finale der USA-Meisterschaften
> in Forest Hills
>
> Rod Laver – Tony Roche
> 7:9, 6:1, 6:3, 6:2

Die Haare korrekt gescheitelt, sommersprossig und nicht gerade mit dem Aussehen eines Modell-Athleten: Manchen kam Rod Laver vor wie ein schlichter Angestellter ohne große Karriere-Ambitionen. Als dem australischen Linkshänder 1962 erstmals in den Sinn kam, er könne den Grand Slam gewinnen, behielt er dies wohlweislich noch für sich – um sein Vorhaben dann gleich zweimal wahr zu machen ...

Das Duell

Margaret Court – Billie Jean King

Wimbledon, 3. Juli 1970

Eines Tages war Margaret Smith auf der Bühne. Man hatte von ihr aus Australien gehört, wo sie 1960 die Meisterschaft gewann – erst siebzehnjährig. Man wußte, daß sie von Frank Sedgman trainiert wurde – einem Mann, der selbst einmal der Beste der Welt war und ein erbarmungsloser Verfechter des Krafttrainings. Als er 1961 in Europa eintraf, befand sich in seiner Begleitung ein hochgewachsenes, athletisches Mädchen mit langen Beinen, langen Armen und großen Händen, welches mit leiser Stimme schüchtern Fragen beantwortete. Es schien ihr alles peinlich zu sein – so wie es hochgewachsenen Mädchen manchmal peinlich ist, hochgewachsen zu sein. Man gab ihr auf der Setzliste in Wimbledon die zweite Position hinter der Brasilianerin Maria Esther Bueno. Wahrscheinlich war es Margaret Smith auch peinlich, soviel Aufmerksamkeit zu erregen. In der zweiten Runde verlor sie gegen eine kleine Kalifornierin namens Billie Jean Moffitt; die beiden waren der Gesprächsstoff nur für einen Tag. Das Finale bestritten zwei Engländerinnen – Angela Mortimer schlug Christine Truman.
Aber aus dem Match zwischen Margaret Smith und Billie Jean Moffitt, das damals auf einem der weitab liegenden Plätze in der »Wildnis« von Wimbledon stattfand, entwickelte sich ein permanentes Duell über ein ganzes Jahrzehnt, von dem sich nicht sagen läßt, wer nun eigentlich der Gewinner war. Die sechziger Jahre und auch ein Teil der Siebziger wurden von Billie Jean Moffitt bestimmt, die später den Anwalt Larry King heiratete, und auch von Margaret Smith, die nach ihrer Heirat Court hieß. Nach jenem Scharmützel 1961 in Wimbledon standen die beiden sich 1963 im Finale gegenüber – die Smith siegte. 1964 unterlag sie Maria Esther Bueno, 1965 gewann sie gegen dieselbe Spielerin. 1966, 1967 und 1968 holte sich Billie Jean King Wimbledonsiege gegen gegen Maria Esther Bueno, Ann Jones und Judy Tegart.
Die King gewann insgesamt sechs Wimbledon-Einzel und vierzehn Wimbledon-Doppel – niemand siegte hier öfter als sie.
Margaret Smith-Court war dreimal in Wimbledon erfolgreich, fünfmal gewann sie die US-Meisterschaft, ebenfalls fünfmal wurde sie die Meisterin von Frankreich und elfmal die Meisterin Australiens. Sie gewann insgesamt 85 große Meisterschaften, dazu eine Vielzahl von Damendoppel und Mixed – unter anderem war sie die Internationale Meisterin von Deutschland in den Jahren 1963, 1964 und 1965. 1970 gewann sie als zweite Frau nach der Amerikanerin Maureen Conolly den Grand Slam, und es war ebenfalls im Jahr 1970, als sie sich auf dem Centre Court von Wimbledon jene epische Schlacht mit Billie Jean King lieferte, von der hier die Rede sein soll.

Das Spiel der Spiele

Es war durchaus nicht so, daß die beiden Finalistinnen ganz ohne Sorgen durch das Turnier spaziert wären. Margaret Court hatte im Viertelfinale gegen die Deutsche Helga Niessen (spätere Masthoff) viel Widerstand zu brechen, bevor sie mit dem kuriosen Ergebnis von 6:8, 6:0, 6:0 siegte – ähnlich erging es Billie Jean King, die in derselben Runde den ersten Satz an die Australierin Karen Krantzcke abgeben mußte. Im Semifinale hatten die beiden weit weniger Schwierigkeiten: Margaret Court siegte über die Amerikanerin Rosa Maria Casals und Billie Jean King über die Französin Françoise Durr.

Der längste Satz, der je in Wimbledon gespielt wurde

Margaret Court vermochte Schläge durchzuführen, wie sie keine andere Frau beherrschte – Billie Jean King sagte einmal: »Sie steht dort wie ein Gebirge mit unendlich langen Armen, und es gibt keine Lücke, in die man den Ball spielen könnte.« Die Australierin trat mit einem bandagierten linken Fußknöchel an; das Gelenk war dunkelblau und geschwollen – eine Verletzung, die sie sich im Match gegen Helga Niessen zuzog. Man hatte ihr schmerzstillende Spritzen gegeben, von denen niemand sagen konnte, wie lange sie wirken würden.
Im ersten Satz nahmen sich die beiden Kontrahentinnen viermal ge-

Billie Jean King, 1980. Niemand siegte in Wimbledon öfter als sie: Sechs Einzel- und vierzehn Doppelsiege stehen auf ihrer beeindruckenden Erfolgsliste.

genseitig den Aufschlag ab. Die King führte mit eigenem Aufschlag jeweils 5:4, 7:6 und 8:7 – aber sie erreichte niemals einen Satzball. Selbst bei diesem Rückstand fabrizierte Margaret Court Schläge, die erinnerungswürdiger blieben als die ihrer Gegnerin. Es sah aus, als würde sie nicht nur den kleinen Körper der King zu verrückten Dehnungen strecken, sondern auch den Platz. Margaret Court erreichte den ersten Satzball beim Stande von 12:11. Die King setzte der Australierin einen Dropshot direkt vor die Füße und verließ die Position am Netz nicht mehr, bevor sie das 12:12 geschafft hatte. Es war das erste Zeichen dafür gewesen, in welche Richtung sich das Match neigen könnte – man erkannte die Müdigkeit der immer wieder gestreckten Muskeln, bei den immer wieder neuen Starts nach links, rechts, vorne, hinten. Es stand 13:12, als Billie Jean King einen Volley ins Aus setzte und der Australierin damit drei weitere Satzbälle bescherte. Sie benötigte nur einen: Margaret Court hieb den Ball mit der Rückhand die Linie herunter wie jemand, der mit dem Schwert einen Kohlkopf erntet. Es stand 14:12, und man hatte eine Stunde und siebenundzwanzig Minuten gespielt – die Zeit und die Anzahl der Spiele hätten bei weitem für ein ganzes Match ausgereicht. Es war der längste Satz, der je in einem Wimbledonfinale gespielt worden war – bei den Damen *und* bei den Herren.

Linke Seite: Billie Jean King nach ihrem Wimbledon-Sieg 1973 über Chris Evert. Sieben Jahre zuvor war sie hier erstmals erfolgreich gewesen.

Rechte Seite: 1977 zeigten die Knie der ersten weiblichen Sportlerin, die in einem Jahr mehr als 100 000 Dollar verdiente, schon deutliche Spuren …

Seiltanz am Rand der Niederlage

Billie Jean King war nicht nur eine Spielerin, die sich in einem Match »festbeißen« konnte, wie es alle guten Wettkämpferinnen vermögen – sie verstand zu viel vom Tennis und seinen taktischen Varianten, um nicht zu wissen, daß sie etwas ändern mußte. Sie hatte sich auf eine körperliche Auseinandersetzung eingelassen – und nun erkannte sie, daß sie nicht die Möglichkeiten besaß, auf diese Weise gegen die mächtige Athletin Court zu bestehen. Also versuchte sie, den Centre Court in ein Feld mit lauter kleinen Fallen zu verwandeln, und hoffte, daß die Australierin in eine davon stolpern würde – leichte Halbvolleys, weiche Stops, listige Lobs, halbhohe Returns in die entfernten Ecken. Man kann wohl nicht ausschließen, daß Billie Jean King insgeheim auch daran dachte, daß die schmerzstillenden Spritzen im Laufe der Zeit ihre Wirkung verlieren würden – wer will es ihr verdenken! Margaret Court ließ sich von der eingeschlagenen Richtung nicht abbringen. Sie hämmerte ihre harten Aufschläge in das Feld der Amerikanerin und war schon am Netz, wenn der Return auf dem Rückweg war, um ihn mit dem Volley abzufangen. Sie drosch den Ball die Linien herunter oder setzte ihn quer über den Platz. Beim Stand von 7:6 erreichte sie zum erstenmal einen Matchball, den sie kläglich vergab; Margaret Court hat – wie übrigens viele andere Spielerinnen – zeitlebens unter einer Furcht vor dem Matchball gelitten. Bei 10:9 setzte Billie Jean King einen Vorhandvolley ins Netz und bescherte der

Margaret Court, schon 1963 und 1965 unter ihrem Mädchennamen Smith Wimbledon-Siegerin. 1970 spielte sie im Finale gegen Billie Jean King »bis zum Umfallen«.

Margaret Court Smith

Billie Jean King

Australierin zwei weitere Matchbälle. Den einen wehrte die King mit einem Schmetterball ab – sie sprang bei diesem Ball so federleicht vom Boden, so daß es aussah, sie würde nie wieder darauf zurückkehren; den anderen, insgesamt dritten Matchball verhinderte die King mit einer schnurgeraden Vorhand längs der Linie. Vierter Matchball: Dieses Mal fetzte die kleine Amerikanerin den Ball mit der Rückhand genau auf die Linie, daß der Kalk nur so staubte. Fünfter Matchball: Jetzt riskierte Billie Jean King einen ebenso harten Passierschlag mit der Vorhand.

Man kann einen solchen Seiltanz am Rande der Niederlage nicht ewig weiterführen. Beim sechsten Matchball schlug Margaret Court ihrer Gegnerin genau vor die Füße, Billie Jean King brachte den Schläger nicht schnell genug in die richtige Position, und der Ball landete im Netz. Man hatte zwei Stunden und sechsundzwanzig Minuten gespielt bis zu diesem 14:12, 11:9 – es war das längste Damen-Finale Wimbledons aller Zeiten – obgleich man einen Satz weniger gespielt hatte, als fünfzig Jahre zuvor Su-

zanne Lenglen und Dorothea Lambert-Chambers, hatte man zwei Spiele mehr ausgetragen. Durch die spätere Einführung des Tiebreaks wird es auch kaum noch einmal übertroffen werden.

Als sie beide nachher auf ihren Stühlen neben dem Platz saßen, hätte man nicht unterscheiden können, wer hier Siegerin und wer Unterlegene war. Die Zuschauer hatten sich von ihren Plätzen erhoben, so wie sie es in Wimbledon immer tun, wenn sie nicht nur Beifall spenden, sondern Hochachtung ausdrücken wollen. Billie Jean King hielt dieses Match noch Jahre später für das größte, das sie je spielte. Und Margaret Court sagte leise und schüchtern, das sie kaum einmal an ihren schmerzenden Fußknöchel gedacht habe – sie hätte in jedem Fall weitergespielt. Sie sagte: »Bis zum Umfallen!« Aber als das Wort draußen war, schien es ihr peinlich zu sein.

Wimbledon, 3. Juli 1970

Finale der Damen

Margaret Court – Billie Jean King
14:12, 11:9

Women's Lib

Die Stunde der Frauen

Los Angeles, 16. August 1970

Wenn man so will: Die Trennung der Geschlechter im Tennis wurde am 16. August 1970 vollzogen. Bis dahin bestand jede Tennis-Veranstaltung, die ein klein wenig auf sich hielt, aus einem Turnier der Damen und einem der Herren, die nacheinander oder auch nebeneinander ihre Sieger ermittelten. Das galt ebenso für die »Pacific Southwest Championships«, die an diesem Tag in Los Angeles beginnen sollten, ein angesehenes und traditionsreiches Turnier – der Höhepunkt der Saison in Kalifornien. Organisator dieser Veranstaltung war der seinerzeit allgewaltige Jack Kramer, selbst einst Wimbledonsieger, kurz nach dem Krieg, und einer von jenen, denen man zugestehen muß, daß sie das viele Geld hinter diesem unterhaltsamen Spiel früher entdeckt hatten als andere. Jack Kramer hatte für das Turnier der Herren ein für damalige Verhältnisse beachtliches Preisgeld von 50000 Dollar zusammengebracht. Den Damen, die mit der gesamten Weltklasse ihre Startzusage gegeben hatten, gestand er erst ab dem Viertelfinale überhaupt ein Preisgeld zu – und dann auch nur insgesamt 7500 Dollar. Selbst Kramer mußte zugeben, daß da ein Mißverhältnis bestand, aber er brachte ein einleuchtendes Argument vor: Er besaß ganz einfach nicht mehr Geld, und die Sponsoren waren auch nicht bereit, für die Damen etwas tiefer in die Tasche zu greifen.

Als beste Spielerin der Welt galt damals die Amerikanerin Billie Jean King, die später zwanzig Titel allein in Wimbledon gewinnen sollte – sechs davon im Einzel. Die King war seinerzeit die weitaus populärste Sportlerin der Vereinigten Staaten, wobei ihre Taten auf dem Tennisplatz lediglich einen Teil dieses Bekanntheitsgrades begründeten; sie galt als furchtlose Kämperin für die Frauen-Organisation »Women's Liberation«, die für jeden Politiker und Wirtschafts-Boss ein ernstzunehmender Diskussionspartner war. »Women's Lib« repräsentierte schließlich nicht nur ein gewaltiges Wähler-Potential, sondern auch genauso gewaltige Käuferinnen-Zahlen. Es hat nie eine andere Sportlerin gegeben, die zu so großem öffentlichen Einfluß kam – Billie Jean King verstand es meisterlich, ihre sportlichen Leistungen für ihre anderen Ziele einzusetzen. Sie verlor diesen Einfluß erst Jahre später ein wenig, als sie an der Seite ihres Mannes Larry King einen Prozeß durchzustehen hatte, bei dem es um die finanzielle Abfindung einer Lebensgefährtin ging, mit der sie lange zusammenwohnte.

Zurück zu den »Pacific Southwest Championships« im Los Angeles des Jahres 1970: Billie Jean King und ihre Doppelpartnerin Rosa Maria Casals (eine Nichte des berühmten Cellisten) zogen sich erbost über das im Verhältnis zu den Herren lächerliche Preisgeld zurück und redeten über einen eventuellen Boykott. Mit ihrem Plan zogen sie zu Gladys Heldman, der Herausgeberin des Magazins »World Tennis«. Die erfahrene Dame riet ihnen davon ab: Ein solcher Boykott würde nur einen endlosen Streit mit dem amerikanischen Verband nach sich ziehen, der es ja auch in der Hand habe, eventuelle Sanktionen zu verhängen. Trotz des Geldes, das man erhielt, unterstanden die Damen immer noch ihrem Verband – sie waren eigentlich *Semi-Profis*. Gladys Heldman wußte aber einen anderen Vorschlag: Man solle es allen Spielerinnen freistellen, ob sie in Los Angeles starten wollten oder nicht; sie selbst wolle fernab im texanischen Houston für die besten acht Damen schnell ein eigenes Turnier aufziehen, welches sie aus der eigenen Tasche mit einem Preisgeld von 7500 Dollar auszustatten gedachte.

Acht streitbare Damen verbünden sich

So geschah es. Im *Houston Racquet Club* baute man Tribünen um, druckte Plakate, verkaufte Eintrittskarten, verhandelte mit Sponsoren und Fernsehanstalten. Einen Tag vor Beginn dieses Turniers der acht Damen ließ der amerikanische Tennisverband wissen, daß man die Veranstaltung nicht sanktionieren werde – man wolle nicht nur die Spielerinnen, sondern auch den Club sperren. Als Gladys Heldman mit dem verantwortlichen Funktionär telefonierte, gab dieser ihr zu verstehen, daß man nichts gegen ein Amateur-Turnier habe, bei dem die Spielerinnen das Geld diskret unter dem Tisch zugeschoben erhalten.

Dieser letzte Hinweis dürfte bei den Damen das Faß zum Überlaufen gebracht haben. Eine Stunde vor Beginn des Turniers in Houston sammelte Billie Jean King ihre Kolleginnen um sich. Außer ihr waren das noch die Amerikanerinnen Rosa Maria Casals, Nancy Richey-Gunter, Peaches Bartkowicz, Valerie Ziegenfuss und Kristy Pi-geon sowie die beiden Australierinnen Judy Dalton und Kerry Melville. Gladys Heldman hatte noch ihre Tochter Julie mitgebracht – eine Spielerin der Weltklasse, die aber verletzt war – und zwei Direktoren aus der Werbeabteilung der Tabakfirma Philip Morris. Diese beiden stellten sich schließlich als die wichtigsten Gesprächspartner heraus;

Billie Jean King verstand es wie wenige andere, ihre sportlichen Leistungen für ihre Ziele einzusetzen, und kaum eine andere Sportlerin kam jemals zu einem so großen öffentlichen Einfluß wie sie.

sie erklärten, daß sie einen hohen Teil des Preisgeldes übernehmen würden, um damit für die Damen-Zigarette »Virginia Slims« zu wer-

115

ben. Immerhin führte diese eher spontane Zusage zu einem Schritt, der aus dem Abstand von Jahrzehnten kabarettistisch anmutet, damals aber schlicht sensationell war: Alle Damen unterzeichneten einen Vertrag bei Gladys Heldman und erhielten für eine Woche als Berufsspielerinnen einen »symbolischen Dollar«. Sie begaben sich damit bewußt aus der Allgewalt ihres Verbandes und sahen den Konsequenzen entgegen. Diese ließen nicht lange auf sich warten. Einige Stunden später – das Turnier hatte begonnen – kabelte der amerikanische Tennisverband durch, daß keine der Spielerinnen mehr für den Federation Cup startberechtigt sei – außerdem würden sie selbstverständlich auch nicht mehr in der Rangliste der USA berücksichtigt.

Am Ende eines langen Wegs...

Soweit die unruhigen Geburtsstunden des heute weltweiten Turnier-Zirkus der professionellen Tennis-Damen, der zu Beginn der neunziger Jahre mehr als zwanzig Millionen Dollar per anno an Preisgeldern ausschüttete. Mit dem Geld der Damen-Zigarettenhersteller (Slogan: You came a long way, baby), dem Organisationstalent der erfahrenen Gladys Heldman und dem rigorosen Durchsetzungsvermögen von Billie Jean King brachte man es innerhalb weniger Wochen fertig, eine funktionierende Turnier-Serie auf die Beine zu stellen. Von Oktober 1969 bis Mai 1970 hatte man den Damen bei Turnieren in den USA ganze zweitausend Dollar zugestanden – im gleichen Zeitraum zwölf Monate später wurden zweihunderttausend Dollar an Preisgeldern ausgesetzt und eingenommen. Zwei Tatsachen waren es, die die weitere Entwicklung förderten: Zunächst einmal stieg der Marktanteil jener schmalen Da-

menzigarette ganz entscheidend, was den Sponsor sehr erfreute – und dann strömten die Zuschauer zu den Damen in Zahlen, wie man sie nie zuvor erwartet hatte.

Der machtlos gewordene US-Verband zersplitterte sich – vor allem deshalb, weil sich acht der zehn weltbesten Spielerinnen der »Virginia Slims«-Serie angeschlossen hatten. Nach Neuwahlen des Vorstandes nahm der Verband seine abtrünnigen Kinder schleunigst wieder auf. Aber man hatte wohl geglaubt, damit auch wieder alte Privilegien zu übernehmen: Bei den US Open 1971 forderte der Verband den Rücktritt von Gladys Heldman als Chefin der Berufsspielerinnen und auch einen Prozentsatz des Preisgeldes der Damen. Es wäre wohl zu einer neuerlichen Boykott-Drohung gekommen, wenn nicht der Generaldirektor der Tabakfirma aufgetreten wäre. Er ließ die Organisatoren der US Open sehr unverblümt wissen, daß man die Damen gefälligst in Ruhe lassen solle – andernfalls werde er die Sponsor-Summe von 250 000 Dollar zurückziehen und dazu auch die geschalteten Werbe-Spots im Fernsehen, was wiederum die gesamte Übertragung in Gefahr gebracht hätte. Die Verbandsfunktionäre gaben klein bei, was sie nicht daran hinderte, 1972 noch einmal die gleichen Vorschläge auf den Tisch zu legen – mit dem gleichen Resultat.

Das Durcheinander erhielt eine überraschende Wende, als der amerikanische Verband 1973 plötzlich eine eigene Turnierserie für die professionellen Damen startete – überraschend, weil man sich bisher streng an das Amateur-Dogma gehalten hatte. Der US-Verband zog 22 Turniere mit einem Gesamtpreisgeld von 600 000 Dollar auf und präsentierte die blutjunge Chris Evert als Star – die Tabakleu-

te antworteten mit einer Serie von 20 Turnieren und einem Preisgeld von 800 000 Dollar, wobei Billie Jean King die Zuschauer anziehen sollte. Beide Serien liefen nebeneinander her und wurden jeweils als die größten der Welt ausgegeben. Jene Turniere in Europa oder auch in Asien und Australien waren mehr oder weniger Anhängsel der beiden US-Serien.

Es lag auf der Hand, daß diese Regelung auf die Dauer keinen Bestand haben konnte. Wiederum auf Initiative von Billie Jean King kam es zur Gründung einer »Women's International Tennis Federation«. Alle dieser Organisation angeschlossenen Spielerinnen mußten sich verpflichten, zwanzig Wochen im Jahr nur an Turnieren teilzunehmen, die von diesem Gremium veranstaltet würden – die restliche Zeit durften sie auftreten, wo sie wollten. Aus dieser Organisation entwickelte sich die »Women's International Tennis Association« WITA, die heutige WTA, mit Geschäftsstelle, Präsidium, Ranglisten-Computer, Versicherungen und allen jenen Gremien, die die Herren ebenfalls erst kurz zuvor mit ihrer ATP ins Leben gerufen hatten.

Im Spätsommer 1973 bei den US Open war der Weg, den man gut drei Jahre zuvor in Los Angeles hektisch zu gehen begonnen hatte, endlich zu Ende. Das war, als Billy Talbert, der Turnier-Direktor der US Open, die Nachricht verkündete, daß die Damen hier das gleiche Preisgeld erhalten würden wie die Herren.

> Los Angeles, 16. August 1970
>
> Die besten Tennisspielerinnen der Welt sagen sich von ihren nationalen Verbänden los und begründen ihre eigene professionelle Organisation

Der Boykott

Palastrevolution der Profis

London, 21. Juni 1973

Dieses ist nicht die Geschichte eines Tennis-Matches – es ist noch nicht einmal die Geschichte eines Turniers. Der Schauplatz des sichtbaren Geschehens lag zwar in London, aber die weitaus wichtigeren Ereignisse im Vorfeld geschahen in Zagreb, in Montreal, in Dallas, in Paris, in Rom oder in New York. Es ist die Geschichte einer Revolution der Tennisspieler, die sich lossagten von der Regierung ihrer nationalen Tennisverbände, um fortan als eigenständige Einmann-Unternehmer zu handeln und als Unterhaltungskünstler ihre Steuern zu bezahlen. Es ist deshalb auch die Geschichte einer Emanzipation sowie der Sozialisierung und Gründung eines neuen Berufsstandes, der sich einen Status gab und auf dessen Einhaltung bestand. Es war eine Kraftprobe zwischen eingefahrenen Traditionalisten und Neuerern in der Tenniswelt, ähnlich jener, die man in der Arbeitswelt bei der Gründung der Gewerkschaften erlebte. Nein, man kann nicht von Gewinnern und Verlierern sprechen – vor allem nicht, wenn man die Geschehnisse mit dem Abstand von Jahrzehnten betrachtet.

Den Anlaß, nicht den Ursprung, der eskalierenden Ereignisse besorgte der Jugoslawe Nikola Pilic – ein Kroate mit schönem Sinn zur Selbst-Ironie, der erste jenseits des damals noch existierenden Eisernen Vorhangs, der sich zu den Be-

rufsspielern bekannte – ein Linkshänder, der später Coach und Kapitän der deutschen Daviscup-Mannschaft wurde und auch einen deutschen Paß erhielt. Pilic hatte fünf Jahre nicht mehr im Davispokal mitgespielt, als sich der jugoslawische Verband im Frühjahr 1973 seiner erinnerte und ihn aufforderte das Team seines Landes in Zagreb gegen Neuseeland zu verstärken. Es gibt da einige voneinander abweichende Darstellungen, die mit einer Verletzung des Pilic-Partners Franulovic zusammenhängen und auch mit der Tatsache, daß Nikki Pilic an dem Wochenende das Finale im Doppel in Montreal erreicht hatte – auf jeden Fall: Pilic war nicht in Zagreb und wurde vom jugoslawischen Verband für ein Jahr gesperrt.

Die Angelegenheit war der Präzedenzfall, auf den man schon gewartet hatte: Kann ein nationaler Sportverband über einen Berufssportler einfach verfügen, der ja schließlich seinem Broterwerb nachgehen muß? Die damals noch in den Kinderschuhen steckende Spielergewerkschaft ATP (»Association of Tennis Professionals«) stellte sich hinter ihr Mitglied Pilic, protestierte, bemühte Anwälte und verhandelte mit dem Internationalen Tennisverband (ITF), der sich in einer Zwickmühle befand. Einesteils war der Weltverband ITF die Dachorganisation aller nationalen Verbände und mußte deren In-

teressen wahrnehmen – andererseits mußte die ITF die Spieler bei Laune halten, denn ohne Spieler gab's keine Turniere; und die Spieler drohten mit der Gründung eigener, vom Verband unabhängiger Turnierserien. Viele Verbände – auch der Deutsche Tennis Bund – hatten deshalb mit den in Frage kommenden Spielern Verträge geschlossen; sie zahlten, und die Spieler standen zur Verfügung. Andere ließen von vornherein nur jene Spieler im Daviscup antreten, von denen sie wußten, daß sie auch kommen würden.

Nikki Pilic erreichte im Pariser *Stade Roland Garros* das Finale, das er gegen Ilie Nastase verlor, und reiste dann zu Italiens Meisterschaften nach Rom – immer noch die inzwischen verkürzte Sperre als Damoklesschwert über sich. In Rom drohte die ATP, sie würde sofort alle ihre Mitglieder abreisen lassen, wenn man Pilic nicht starten ließe. Die cleveren Römer ließen den Weltverband wissen, daß das Turnier bereits begonnen hatte, als man vom neuen Status der Sperre erfuhr – Nikolaus Pilic startete und verlor.

Nun hatten die Verantwortlichen des drei Wochen später beginnenden Wimbledon-Turniers den Schwarzen Peter.

Der *All England Club* in Wimbledon war nie ein besonders großer Freund des Weltverbandes gewesen, der erst gegründet wurde, als Wimbledon schon mehr als dreißig Jahre sein Turnier organisierte. Herman David, der Vorsitzende des *All England Clubs,* hätte sich vielleicht gar nicht so ungern auf die Seite der Spieler geschlagen, wenn da nicht die in der Tat ungeklärte Rechtslage gewesen wäre. Als ein Londoner Richter entschied, daß Pilic nicht in Wimbledon starten dürfe, stand die junge Spielergewerkschaft ATP vor der

117

Existenzfrage: Sollte man Wimbledon boykottieren?

In der Woche vor dem Wimbledon-Turnier tagten die ATP-Mitglieder in London Tag und Nacht. Die Argumente jedes Spielers wurden durchgehechelt. Man brachte dem Briten Roger Taylor Verständnis entgegen, der meinte, er könne als die Nummer eins seines Landes diesem Turnier nicht fernbleiben. Ilie Nastase sprach von geheimnisvollen Befehlen aus Bukarest, die seine Teilnahme forderten – man glaubte ihm nicht und verdonnerte ihn zu fünftausend Dollar Strafe. Der alte Kämpe Ken Rosewall flog aus Australien ein, um an den Gesprächen teilzunehmen. Als man schließlich bei einer Pressekonferenz am 21. Juni – drei Tage vor Beginn – die ATP-Entscheidung bekanntgab, sah man Tränen bei den sonst gar nicht so zartbesaiteten Profis: Boykott! Rund siebzig der besten Tennisspieler der Welt weigerten sich, am berühmtesten Turnier der Welt teilzunehmen!

Auf der ursprünglichen Liste der gesetzten Spieler war der Amerikaner Stan Smith die Nummer eins, gewesen, vor Ilie Nastase, John Newcombe, Arthur Ashe, Ken Rosewall, Tom Okker, Marty Riessen und Roy Emerson. Auf der schnell zusammengebastelten neuen Liste war Ilie Nastase die Nummer eins, gefolgt von dem Tschechoslowaken Jan Kodes, dem Briten Roder Taylor, dem sowjetischen Georgier Alexander Metreweli, dem damals blutjungen Amerikaner Jim Connors, dem gerade sechzehnjährigen Schweden Björn Borg, dem Australier Owen Davidson und dem Deutschen Jürgen Faßbender – Namen, von denen man teilweise noch nie zuvor etwas gehört hatte. Als Nastase mit dem Berliner Hans Joachim Plötz auf dem Centre Court das Eröffnungsmatch bestritt, wurden sie mit ei-

nem Beifall empfangen, als sei es das Finale. Jan Kodes gewann das Endspiel gegen Metreweli.

Die Ursprünge dieser Auseinandersetzung lagen Jahre, wenn nicht Jahrzehnte zurück. Als in den dreißiger Jahren in den USA die ersten kleinen Profigruppen von Tennisspielern durch die Lande tingelten, wurden sie vom Weltverband wie »fahrendes Volk« behandelt oder völlig ignoriert. Die großen Turniere gehörten den sogenannten Amateuren, denen man unter dem Tisch Schecks zuschob, von denen sich gar nicht so schlecht leben ließ. Das geschah natürlich mit Wissen aller Funktionäre, die sich immer wieder einen neuen Status einfallen ließen, anstatt eine ehrliche Regelung zu finden. 1967 war es der bereits erwähnte Herman David in Wimbledon, der öffentlich von einer »lebenden Lüge« sprach. Seine offenen Worte brachten eine Lawine ins Rutschen.

Der texanische Öl-Magnat Lamar Hunt gründete die Firma »World Championship Tennis Inc.« (WCT) und nahm dazu auch gleich die acht besten Spieler unter Vertrag: Nikola Pilic, John Newcombe, Tony Roche, Roger Taylor, Pierre Barthes, Earl Buchholz, Cliff Drysdale und Dennis Ralston – er nannte sie die »handsome eight«. Ein Manager namens Dave Dixon versuchte mit allerlei Firlefanz vergeblich die Tribünen zu füllen – aber niemand wollte Linienrichter mit Trillerpfeifen erleben. Die WCT-Serie florierte erst, als man eine vernünftige Turnierserie aufzog mit einem guten Finalturnier in Dallas. Als man Lamar Hunt darauf ansprach, wie lange er die Verluste dieses Hobbys decken könne, meinte er: »Rund hundert Jahre!« WCT-Hunt war allerdings naiv genug, zu glauben, er könne mit seinen Ideen die Traditionen Wimbledons über Bord werfen. Er erklärte 1971, daß man die-

se Goldmine nicht ordentlich ausnütze – daß man Geld verschleudere, welches den Spielern gehöre. Herman David und sein *All England Club* ärgerten sich, und der Weltverband bemühte sich, schnell an die Seite Wimbledons zu rükken: Man verbot den WCT-Spielern, an den Turnieren mit Wirkung von Januar 1972 teilzunehmen. Man konnte das tun, da es andere zugkräftige Spieler gab – Nastase, Smith, Kodes, Orantes. Im Mai 1972 kam es zu einem vorläufigen Frieden zwischen WCT und Weltverband; er kam allerdings zu spät für die »hübschen Acht«, die in Paris und Wimbledon nicht starten durften. Schließlich fand man einen Kompromiß: Die ersten vier Monate des Jahres durfte WCT seine eigene Turnierserie aufziehen – mit wem auch immer; die Zeit danach gehörte den Grand-Prix-Turnieren des Weltverbandes.

Unter den Spielern indessen gab es eine ganze Reihe, die zu der Überzeugung kamen, daß beide Alternativen nicht ganz stimmten: Hier die Herrschaft der Funktionäre – dort die Herrschaft der Geschäftsleute. So kam es zur Gründung einer Interessengesellschaft der Spieler, der »Association of Tennis Professionals« (ATP). Eine hilfreiche Hand bot dabei der amerikanische Altprofi Jack Kramer. Hier hatte man endlich eine Plattform gefunden, auf der sich arbeiten ließ. Der Weltverband erkannte das sehr schnell und bot Kooperation an. Man gründete ein neunköpfiges Council mit je drei Vertretern des Weltverbandes, der ATP und der Turnier-Organisatoren. Die weltweite Grand-Prix-Serie wuchs und gedieh, die Spirale der Preisgelder drehte sich immer höher. Im Laufe der Jahre stieg allerdings der Einfluß des Weltverbandes und auch der Manager im Council immer mehr, während die Spielervertreter

Willkommener Anlaß für die am 21. Juni 1973 eskalierenden und zu einer »Palastrevolution der Profis« führenden Ereignisse war die Sperre des heutigen Kapitäns der deutschen Davis-Cup-Mannschaft durch den jugoslawischen Verband.

aus der ATP sich in den Hintergrund gedrängt fühlten. Als man Ende der achtziger Jahre während der US Open in Flushing Meadow – einem Stadtteil von New York – einen Protest formulieren wollte, verweigerten die Funktionäre den ATP-Vertretern eine Räumlichkeit, so daß man auf einen Parkplatz gehen mußte. Die Folge: Mit Wirkung vom 1. Januar 1990 begann die ATP die gesamte weltweite Turnier-Serie in die eigene Verantwortung zu nehmen – für den Weltverband blieben die vier Grand-Slam-Turniere in Melbourne, Paris, London und New York sowie der Daviscup der Herren und der Federation Cup der Damen. Die Firma WCT war im Vorfeld dieser Entwicklung bereits aus dem Register in Dallas gestrichen worden.

Was das boykottierte Wimbledon-Turnier 1973 anbetrifft: Es strömten zum ersten Male mehr als dreihunderttausend Zuschauer hinaus in den Londoner Südwesten. In der »Times« stand: »Sie kamen, als würde es gelten, ein nationales Denkmal zu schützen!« Wimbledon hatte dabei nur das bewiesen, was jedermann wußte: Es spielt gar keine Rolle, wer hier teilnimmt – weil Wimbledon größer ist als die Meister, die es hervorbringt.

London, 21. Juni 1973

Erster Tag des Wimbledonturniers

Rund achtzig der besten Spieler der Welt boykottierten das Turnier, um erstmals ihre Rechte als freie Profis zu dokumentieren

Ein Klassiker zum Jubiläum

Björn Borg – Vitas Gerulaitis

Wimbledon, 30. Juni 1977

Zu den Merkwürdigkeiten dieses Spiels gehört die Tatsache, daß ausgerechnet in Wimbledon, wo alle Traditionen und Regeln geboren wurden und die mit Sicherheit berühmteste Austragungsstätte liegt, die eigentliche Tenniskunst mit all ihren taktischen und technischen Finessen nur selten präsentiert werden kann. Die Gründe dafür liegen im Boden, auf dem man im *All England Lawn Tennis & Croquet Club* seit 1877 spielt. Das Tennisspiel auf dem lebendig gewachsenen Rasen verlangt im Grunde genommen die simpelste Taktik, die man sich vorstellen kann, wenn es Erfolg haben soll: Einen kräftigen Aufschlag und ein sicheres Volley. Natürlich hat es Spieler – und vor allem auch Spielerinnen – gegeben, die dieses Turnier durch die sichere Beherrschung des Grundlinienspiels für sich entschieden, aber sie waren in der Minderzahl. Der glatte Rasen läßt die Bälle nur flach abspringen – es ist ein Untergrund, den man als »schnell« bezeichnet, obgleich natürlich ein Tennisplatz nicht »schnell« sein kann, sondern lediglich den Ball »schnell« macht. Dazu kommen gerade in der Schlußphase des Turniers noch Unwägbarkeiten, die sonst nirgendwo auftreten: Der grüne Teppich ist dann zertreten und längst schmutzig-braun geworden, es gibt Unebenheiten, die den Ball unberechenbar abspringen lassen; Zufälle, die – wenn sie in entscheidenden Momenten passieren – nicht mehr auszugleichen sind. Vielleicht ist all das der Grund dafür, daß Begegnungen, die sich nicht im Ruckzuck-Tempo abwickeln, hier mehr Aufmerksamkeit erregen und in jene Ebene erhoben werden, die man zu den »Klassikern« zählt. Man würde allerdings den Akteuren Unrecht tun, wenn man das Semifinale des Jahres 1977 zwischen dem Schweden Björn Borg und dem Amerikaner Vitas Gerulaitis nur aus diesem Grunde zu den besten Matches zählen würde – es war im besten Sinn eine »Sternstunde«.

Wimbledon feierte 1977 sein hundertjähriges Bestehen. Man ließ von überall auf der Welt die alten Meister einfliegen, dekorierte sie mit Medaillen und stellte sie in die Mitte des Centre Courts. Es war eine seltsame, auch nostalgische Präsentation – ein Wiedersehen mancher Kontrahenten vergangener Jahrzehnte und Epochen, die sich lange nicht mehr gesehen hatten. Hier der stämmige weißhaarige Donald Budge, dort der schüchtern wirkende Björn Borg – hier die immer betriebsame Billie Jean King, dort die zerbrechliche Kitty Godfree. Jim Connors, damals noch der Rebell und bewußt oder unbewußt darauf bedacht, dieses Image zu pflegen, verzichtete auf die Vorstellung und marschierte auf einen Nebenplatz zum Training. Man ging darüber hinweg wie über die

Unartigkeit eines Kindes, von der man nicht spricht; ein Dutzend Jahre später hätte sich Connors womöglich anders verhalten.

Björn Borg war damals gerade eben 21 geworden; ein Jahr zuvor hatte er dieses Turnier zum erstenmal gewonnen. Borg, der Blondgelockte, der eine Polizei-Eskorte brauchte, weil die weiblichen Teenager ihn kreischend verfolgten wie einen Pop-Star; Borg, der Schwede aus einem Städtchen namens Södertälje, der den von den Tennislehrern verpönten beidhändigen Rückhandschlag und den immer gleichen Topspin hoffähig machte; Borg, den auch eine erwachsene Reporterin mit den Engelsköpfen des Raffael verglich und von dem es ironisch hieß, er mache nichts Besonderes, aber das mache er sehr gut; Borg, der selbst eine neben sich platzende Granate ignoriert hätte, wenn es um einen entscheidenden Punkt gegangen wäre; der Schweigsame, der es fertigbrachte, nach jedem Sieg den immer gleichen Satz zu sagen, nämlich daß er sich ausgerechnet diesen Erfolg ganz besonders gewünscht habe, und der als erster Tennisspieler von einem klugen Management in Einnahmen-Höhen geführt wurde, die man vorher nie für möglich gehalten hatte.

Auf der anderen Seite Vitas Gerulaitis, ein Hallodri und Luftikus, der das Leben so leichtzunehmen vorgab und diesen Ruf durch immer wieder neue Geschichten pflegte, die stets mit irgendwelchen Mädchen zu tun hatten, die in irgendwelchen Discos zwischen Tokio, London, New York oder Melbourne nur auf ihn gewartet hatten – Geschichten von den verrückte-

Björn Borg nach seinem letzten Wimbledon-Sieg, 1980. Als einziger Spieler der neueren Turniergeschichte gewann Borg diesen Titel fünfmal in Folge.

Seinen Schützling fest im Blick hat – hier während eines Turniers in Monte Carlo – Björn Borgs medizinischer »Guru«.

sten Parties mit den verrücktesten Geschehnissen oder von seiner Garage voller teuerster Automobile. Vitas Gerulaitis wurde in dem New Yorker Stadtteil Brooklyn geboren. Seine Eltern hatten in den Wirren nach 1945 Litauen verlassen und lebten eine Zeitlang in Süddeutschland, bevor sie sich ins Land der unbegrenzten Möglichkeiten einschifften, wo Vater Gerulaitis in einem Tennisclub arbeitete – es ist eine immer wiederkehrende Geschichte.

Noch eines sollte man vermutlich zur Erklärung angeben: Man hatte seinerzeit gerade damit begonnen, den Tiebreak einzuführen, und in Wimbledon gab es eine besondere Abart davon; dort begann man mit dieser Entscheidung erst beim Stand von 8:8, so daß die Sätze mit 9:8 endeten.

Björn Borg war immer ein langsamer Starter, dieses Mal kam er erst in der zweiten Runde gegen den Australier Mark Edmondson nach einem Zweisatz-Rückstand in Schwung. Er gewann dieses Match mit 6:1 im fünften Satz, und anschließend gab er keinen Satz mehr ab – auch nicht gegen Ilie Nastase im Viertelfinale, der 1976 das Endspiel gegen Borg verlor. Gerulaitis war eher noch eindrucksvoller durch die Runden bis in dieses Semifinale marschiert: Er hatte zwar auch ein paar Sätze abgeben müssen, aber das waren lediglich Schönheitsfehler.

Ein Spiel wie ein schönes Sommergewitter

Borg gewann das Match gegen Gerulaitis mit 6:4, 3:6, 6:3, 3:6, 8:6 in drei Stunden und vier Minuten. Es gab einen sicherlich spielentscheidenden Punkt in dem Match: Da fehlte Gerulaitis ein einziger Punkt zur 4:2-Führung im fünften Satz, und er vermochte später selbst nicht zu sagen, warum er ausge-

rechnet jetzt nach seinem Aufschlag an der Grundlinie blieb und
nicht ans Netz vorrückte – und als
er es nach dem nächsten Ballwechsel schließlich tat, war es zu spät.
Nun stand es 3:3 statt 2:4. Bei der
6:5-Führung war Borg erneut in
Gefahr, sein Aufschlagsspiel zu
verlieren, als es dreimal zum »Einstand« kam. Der Schwede nahm
das mit einem Gleichmut hin, als
habe man ihm erzählt, in Peking sei
ein Fahrrad umgefallen. Drei Spiele später gab es ein winziges, kaum
spürbares Nachlassen bei Gerulaitis' Aufschlag, und Borg hieb seine
Returns unerreichbar in die entferntesten Platzecken – drei Matchbälle. Den ersten wehrte Gerulaitis

mit einem perfekten Lob vor die
Grundlinie ab, beim zweiten setzte
er sein Vorhandvolley ins Aus.
Natürlich kann man ein solches
Match auch in statistische Zahlen
aufdröseln – wieviel erste Aufschläge, wie hoch der Prozentsatz der
zweiten, wieviel Volleys und wieviel Fehler. Aber es war eine Auseinandersetzung wie ein schönes
Sommergewitter – und Schönheit
hat nichts mit Statistik zu tun. Die
beiden Tennisspieler hatten während dieser drei Stunden keinen
Augenblick in ihrem Tempo nachgelassen – die Behendigkeit ihrer
Beine, die blitzschnellen Reaktionen, die nie nachlassende Kontrol-
le über den Schläger blieben be-

**Im August 1977 war er die Nummer eins
der Weltrangliste – knapp zwei Monate
zuvor traf er in Wimbledon auf den in
Brooklyn geborenen Vitas Gerulaitis – ein
Klassiker zum hundertjährigen Jubiläum.**

wunderungswürdig; eine Bewunde-
rung, die schließlich von den Zuschauern mit Standing ovations belohnt wurde.
Sie kannten sich seit langem. Man
konnte sogar von einer Freundschaft zwischen dem introvertierten
Borg und dem extrovertierten Gerulaitis sprechen – sie haben oft
miteinander trainiert. Der ein Jahr
ältere Amerikaner aus Brooklyn
liebte sicherlich das risikoreiche
Glücksspiel, und an Tagen wie die-

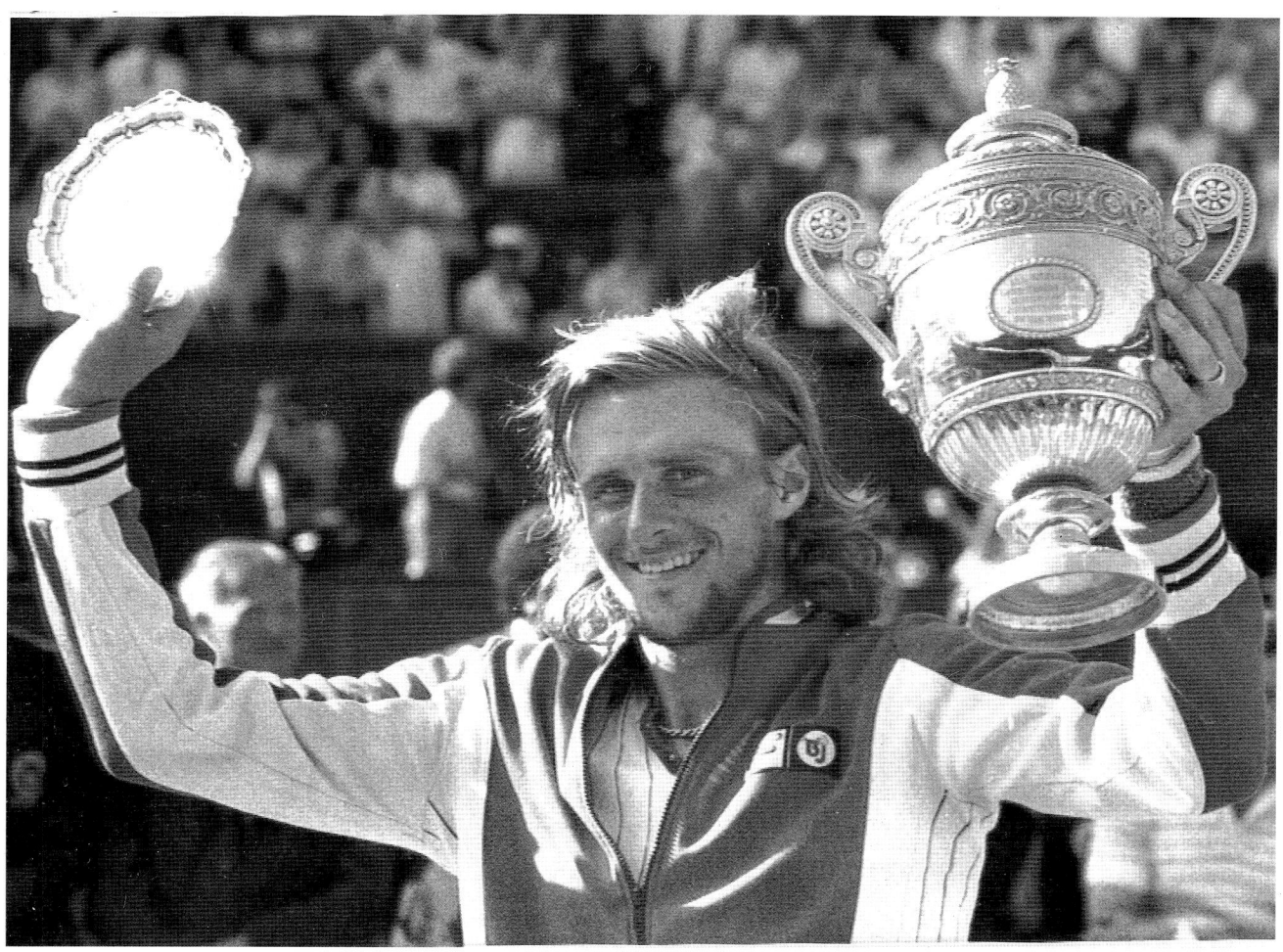

sen fand er ein Vergnügen darin, es einem großen Publikum vorzuführen wie ein Akrobat: Wenn er durch einen besonders geschickt gesetzten Schlag den Platz weit »geöffnet« hatte und am Netz den Punkt vollendete, verharrte er einen Moment in dieser Pose – so, als ob er diesen Augenblick genießen wollte, lächelnd Beifall heischend. Nur beim Aufschlag – da machte er keine von diesen überflüssigen Übungen, von denen niemand genau weiß, ob sie der eigenen Konzentration dienen. Er schaute und schlug den Ball.

Der jüngere Borg sah an diesem Tag aus wie der ältere. Man sagte, er habe Eis in seinen Adern, und bei dem Sturm, der da von Gerulaitis entfacht wurde, brauchte er das wohl auch. Er zeigte niemals auch nur das geringste Zeichen dafür, daß das Match an seinen Nerven zehrte. Er sagte nachher, daß er einige Male daran gedacht habe, wie sehr er es wünsche, dieses Endspiel zu erreichen, und daß ihn dieser Gedanke in seiner Konzentration gestört habe. Niemand hat davon etwas gemerkt. Es war ein Match, wie man es in Wimbledon nicht oft sah.

Siegerlächeln nach dem zweiten Wimbledon-Titel, 1977. In der linken Hand hält er die Trophy für den Erfolg im Herren-Einzel, rechts ein »Andenken« ans Hundertjährige.

Björn Borg gewann anschließend das Endspiel 1977 gegen Jim Connors in fünf Sätzen – und es folgten noch drei weitere Borg-Siege an dieser Stelle. Er bestritt noch viele Fünfsatz-Kämpfe hier, aber keiner blieb so in der Erinnerung wie der gegen Vitas Gerulaitis.

Wimbledon, 30. Juni 1977
Semifinale im Herreneinzel

Björn Borg – Vitas Gerulaitis
6:4, 3:6, 6:3, 3:6, 8:6

Er machte die beidhändige Rückhand und den Topspin populär und war in der zweiten Hälfte der 70er Jahre *der* Publikumsmagnet: Björn Borg (1980).

Schachmatt in fünf Zügen

Ivan Lendl – John McEnroe

Paris, 4. Juni 1984

Es gibt Statistiken über dieses Spiel, die besagen, daß man auf dem roten Sand des *Stade Roland Garros* in Paris den Ball etwa achtmal so oft schlagen muß, um einen Punkt zu gewinnen – achtmal mehr als auf dem Rasen von Wimbledon oder auch auf dem Plastikplatz von Flushing Meadow in New York. Das heißt nicht nur die achtfache Anzahl von Schlägen – es heißt auch die achtfache Anzahl von Starts und Stops, die achtfache Anspannung ebenso. Um die Meisterschaften Frankreichs zu gewinnen, braucht man nicht nur die besten Schläge, sondern auch die größte Geduld und die kühlste Taktik. Man kann im Tennis einen Punkt zwei oder drei Schläge vorher vorbereiten, oft reicht ja schon ein kräftiger Aufschlag – auf dem Sand muß man Spielzüge vier oder fünf oder sechs Schläge lang präparieren, ehe man den Punkt machen kann. Das Spiel auf dem roten Sand ist dem Schachspiel ähnlicher als auf irgendeinem anderen Untergrund.

Ivan Lendl gilt unter den Tennis-Athleten als ein sehr guter Schachspieler. Das Wort vom »Tennis-Athleten« ist hier sehr bewußt gewählt worden, denn es hat über Jahre hinweg keinen anderen auf der Welt gegeben, der sich mit solch strenger Askese in seinen Beruf hineinkniete. Es gibt keine Disco-Geschichten von Lendl, keine Stories von irgendwelchen Unüber-

legtheiten, keine unfairen Mätzchen dem Gegner gegenüber – allerdings auch keinen harmlosen Jux, kein Lächeln. Wenn man sagt, daß Ivan Lendl über nicht besonders viel Talent verfügte, so tut man ihm sicherlich Unrecht; er besaß immerhin einmal das Talent, besonders fleißig zu sein – und das ist nicht wenig in diesem Geschäft. Richtig ist, daß er sicherlich ein Arbeiter war – ein disziplinierter Arbeiter mit großer Strenge gegen sich selbst.

An diesem Junitag 1984 stand er im Finale von Paris gegen einen, der praktisch ausschließlich von einem Talent-Potential lebte, welches ihm in die Wiege gelegt worden war. Es gab keinen anderen Spieler, der sich so wenig aus den strengen Trainingsregeln machte – keinen anderen, der im Bruchteil einer Sekunde so schnell einen Ball zu schlagen vermochte, wie man ihn eigentlich *nicht* schlagen soll –, keinen anderen, dem die Fähigkeit, im richtigen Moment das Richtige zu tun, so in Fleisch und Blut übergegangen war. Der Amerikaner John McEnroe war vielleicht sogar jener Tennisspieler, dessen Repertoire jeden anderen vor und nach ihm übertraf. Das hat nichts mit seinem Temperament zu tun, welches man manchmal seinen irischen Vorfahren zuschob: Die große Mehrzahl der Iren sind friedfertige und freundliche Menschen mit einem kleinen Hang zu großen Geschich-

ten – McEnroe war zumindest auf dem Tennisplatz weder friedfertig noch freundlich, und die großen Geschichten wurden von ihm nicht erzählt, sondern in Szene gesetzt, was ein ganz gewaltiger Unterschied ist.

McEnroe war 1984 ganz unbestritten die Nummer eins der Weltrangliste. Er hatte jedes Turnier und jede Meisterschaft gewonnen, die ihm zumindest eine kleine Vorbereitung wert waren – bis auf Paris. Er war die Nummer eins schon seit 1981 – er hatte Wimbledon gewonnen und auch die US Open. Und jetzt nahm er sich Paris vor – einen Titel, den als letzter Amerikaner fast dreißig Jahre zuvor Tony Trabert für sich entscheiden konnte. McEnroe hatte auf dem Weg ins Endspiel nur einen Satz verloren – und das auch noch mehr oder weniger »aus Versehen« gegen den Spanier Higueras. Im Semifinale hatte er seinen amerikanischen Vorgänger Jim Connors nach einem langen Satz praktisch »vorgeführt«. McEnroe ging in dieses Endspiel als deutlicher Favorit. Ivan Lendl war zu diesem Zeitpunkt zwar schon der zweitbeste Spieler der Welt, und sein Weg ins Finale war nicht weniger eindrucksvoll gewesen; einem genaueren Beobachter hätte sein glatter Dreisatzsieg im Semifinale über den Schweden Mats Wilander zu denken geben müssen – jenen Wilander, der noch keine achtzehn Jahre alt war, als er hier bereits siegte.

Feuer und Eis

Es war ein Duell von Feuer und Eis – und mehr als eine Stunde lang sah es so aus, als würde das Feuer des

Ivan Lendl beim World Team Cup in Düsseldorf, 1984. Wenige Tage später traf er in Paris auf den damaligen Weltranglistenersten John McEnroe.

1985 war »das Jahr des Ivan Lendl«. Insgesamt elf Turniere entschied er damals für sich.

John McEnroe das Eis des Ivan Lendl schlicht schmelzen lassen. Der Amerikaner ließ auch nicht eine Sekunde lang den Eindruck aufkommen, daß er dieses Match jemals verlieren könnte. Mit seinem seltsamen Aufschlag als Linkshänder, bei dem er fast mit dem Rücken zum Netz stand, trieb er Lendl weit aus dem Platz – und falls diesem ein Return gelang, hatte er anschließend keine Chance, den zweiten Ball McEnroes zu erreichen. Die 17 000 Zuschauer im *Stade Roland Garros* schauten sich diese einseitige Vorführung unter der heißen Pariser Sonne ohne allzu große Begeisterung an. Und sie dachten vielleicht bereits an kühle Erfrischungen, als der 25jährige Amerikaner schließlich nach einer 6:3, 6:2-Führung im dritten Satz kurz davor war, mit 3:1 in Führung zu gehen. Aber Lendl schaffte es

auf irgendeine Art immer wieder, seinem Gegner diesen einen Punkt zu verwehren – dreimal, viermal. Der zwei Jahre jüngere Tschechoslowake, der sich längst von seinem Regime in Prag losgesagt hatte und in Amerika lebte, schaffte es, das 2:2 zu erreichen – vielleicht hatte McEnroe auch die Nase voll davon, um diesen einen Punkt zu kämpfen, der ihm sicherlich bei der nächsten Gelegenheit sowieso zufallen würde. Jeder Tennisspieler kennt dieses Gefühl der selbstsicheren Überlegenheit – jeder weiß auch, daß es gefährlich sein kann. Selbst dann, wenn man auf einen solchen Vorsprung bauen kann. Auf einmal führte Lendl 4:2 im dritten Satz, und es schien, als ob die Zuschauer aus ihrer Lethargie erwachten: Vielleicht würde aus der einseitigen und deshalb eher langweiligen Auseinandersetzung doch noch so etwas wie ein spannender Kampf. Es wurde – und das hatte seine Gründe nicht ausschließlich in den präzisen und har-

ten Bällen, die aus Lendls Schläger schossen, sondern auch im feuerköpfigen Temperament des Amerikaners, der sich auf einmal über das Geräusch einer Fernsehkamera aufzuregen begann, die dort schon die ganze Zeit gestanden hatte, *ohne* zu stören. Dazu sollte man wissen, daß diese modernen Kameras nach ein oder zwei Meter Entfernung kaum mehr wahrzunehmen sind. Aber McEnroes sensible Ohren hätten sich in diesem Moment wahrscheinlich auch gestört gefühlt, wenn jemand in der dreißigsten Reihe der Tribüne seine Armbanduhr aufgezogen hätte. Er mekkerte, schlug einen Ball in die Richtung des Kameramanns, beschwerte sich. Es waren nicht immer die allerfeinsten Worte, die er dabei wählte. Man muß es so deutlich sagen: Es gab gar nicht so wenig Leute, die nur deshalb zum Tennis gingen, um die Ausbrüche von John McEnroe zu erleben – und er mochte wohl nie glauben, daß er auch deshalb zur Unterhaltungsbranche zu zählen war. Genausowenig mochte er jemals glauben, im Unrecht zu sein.

McEnroe verlor diesen dritten Satz. Ivan Lendl trug die Punkte zusammen wie ein Maurer, der die Ziegelsteine einzeln an die Baustelle trägt: geduldig, fleißig, immer in Bewegung, jede Blöße des anderen ausnutzend. Er war der bessere Schachspieler. Ivan Lendl gewann das Endspiel um die Internationalen Meisterschaften Frankreichs in Paris 1984 gegen John McEnroe mit 3:6, 2:6, 6:4, 7:5, 7:5 nach etwas mehr als vier Stunden. Es war der erste Sieg Lendls in einem Grand-Slam-Turnier – es sollten weitere folgen. Dieser erste Sieg von Ivan Lendl über John McEnroe überhaupt war die erste Niederlage von McEnroe nach einer Serie von 43 Siegen.

Ivan Lendl sah nach diesem Sieg noch bleicher, noch hagerer aus als sonst. Natürlich war das auch eine Folge der schier übermenschlichen Anstrengung, aber wohl auch der Tatsache, daß er hier zum ersten Male spürte, er könne selbst eines Tages die Nummer eins werden. Er wußte wahrscheinlich, daß all die Mühen eines Tages belohnt werden würden, auch wenn ihn der Ranglisten-Computer einstweilen weiter als Nummer zwei auswies. Er, der Junge aus Ostrava, den seine Mutter Olga mit auf den Tennisplatz genommen hatte, weil sie selbst eine gute Spielerin war und glaubte, der Bengel könne hier doch schön mit dem roten Sand spielen. Einen großen Teil seiner Kindheits-Erinnerungen hatte Ivan Lendl auf dem Tennisplatz gesammelt: Als ernsthafter und immer fleißiger Schüler – als Jugendlicher in einem Kader der Tschechoslowakei, wo man besser als anderswo auf die große weite Tenniswelt vorbereitet wurde – als einer von jenen, die man aussandte, um Ruhm und Ehre für das

sozialistische Vaterland zu ernten, was er übrigens pflichteifrig tat – schließlich auch als einer, den die Gegner immer ein bißchen von oben herab behandelten, weil er deren Sprache nicht mächtig war. Es war schon einiger Respekt dabei, wenn man ihn als »Ivan, den Schrecklichen« bezeichnete – auch wenn ihm das nicht besonders gefiel. Und als er eines Tages spürte, er würde mit seinem Spiel den allerhöchsten Gipfel nicht ganz erreichen können, holte er sich den besten verfügbaren Trainer, zog sich wochenlang zurück, trainierte völlig neue Schlagabläufe, unterzog sich einer Diät, die noch ein paar Pfunde aus dem hageren Körper holte und sie durch Kraft ersetzte.

Irgendwann hat er sich eine andere Heimat gesucht – oben in Connecticut in einem Städtchen namens Greenwich, wo es ganz in der Nähe eine erstklassige Eishockeymannschaft gab. Er hat zunächst ein Haus gekauft, dann eines gebaut, geheiratet, Kinder bekommen.

Mehr als eine Stunde lang hatte es an diesem 4. Juni 1984 so ausgesehen, als könnte John McEnroe das Eis des Ivan Lendl einfach schmelzen lassen. Dann kam der dritte Satz…

Ivan Lendl wurde ein guter Amerikaner, und weil er ein ernsthafter Arbeiter war, wurde er ein erfolgreicher dazu.

Das Jahr des Ivan Lendl war dann 1985, als er schließlich auch John McEnroe überflügelte und nicht weniger als elf Turniere für sich entschied. Im Finale der US Open in Flushing Meadow schlug er dieses Mal John McEnroe mit 7:6, 6:3, 6:4. Ivan Lendl mußte sich seinen Respekt jetzt nicht mehr erbitten – er wurde ihm inzwischen uneingeschränkt entgegengebracht.

Paris, 4. Juni 1984

Finale der French Open
im Stade Roland Garros

Ivan Lendl – John McEnroe
3:6, 2:6, 6:4, 7:5, 7:5

Der jüngste Sieger
Boris Becker – Kevin Curren

Wimbledon, 7. Juli 1985

Die Legende weiß zu berichten, daß alles zu Ostern 1984 begann, und zwar in Monte Carlo, was kein schlechter Platz ist für den Beginn von Legenden. Damals soll ein rothaariger Bengel aus Deutschland hier beim Junioren-Turnier mitgemacht haben, und die Agenten der Management-Firmen, deren Aufgabe es ist, jedes noch so junge Talent zu erspähen, mit dem in späteren Jahren vielleicht einmal ein kleines oder großes Geschäft zu machen ist, schauten zu – und wußten wohl nicht so recht: Ist der Sechzehnjährige mit dem unübersehbaren Babyspeck nun ein Talent oder ist er vielleicht doch nur einer von vielen. Der Rumäne Ion Tiriac besaß den Vorteil, keinen Chef anrufen zu müssen – er war Alleinunternehmer. Tiriac war auf den Jungen durch einen alten Spezi aus der gemeinsamen Jugendzeit im rumänischen Brasov aufmerksam gemacht worden, der gerade seine Brötchen als Jugendtrainer beim Deutschen Tennis Bund verdiente – Günther Bosch.

Die Legende: Tiriac schaute, stieg in den Flieger nach Frankfurt, mietete sich einen Rolls-Royce und fuhr zu einem Ort namens Leimen, wo er den erstaunten Eltern Karl-Heinz und Elvira Becker erklärte, daß er deren Sohn Boris unter Vertrag zu nehmen gedenke. Die Legende berichtet weiter von einer Garantiesumme, die er den Eltern jährlich zu zahlen bereit war. Man wurde sich einig. Man sollte hier der Fairneß halber einfügen, daß das Risiko bei Ion Tiriac lag. Ein Vierteljahr später lag es immer noch bei ihm und Boris Becker mit zerrissenen Sehnen am Knöchel im Krankenhaus. Der Junge hatte in Wimbledon auf Platz 2 gegen den Texaner Bill Scanlon gespielt – jenem Platz, den man als »Friedhof der Favoriten« ansieht. Boris Bekker war allerdings weit davon entfernt, ein Favorit zu sein: Er hatte

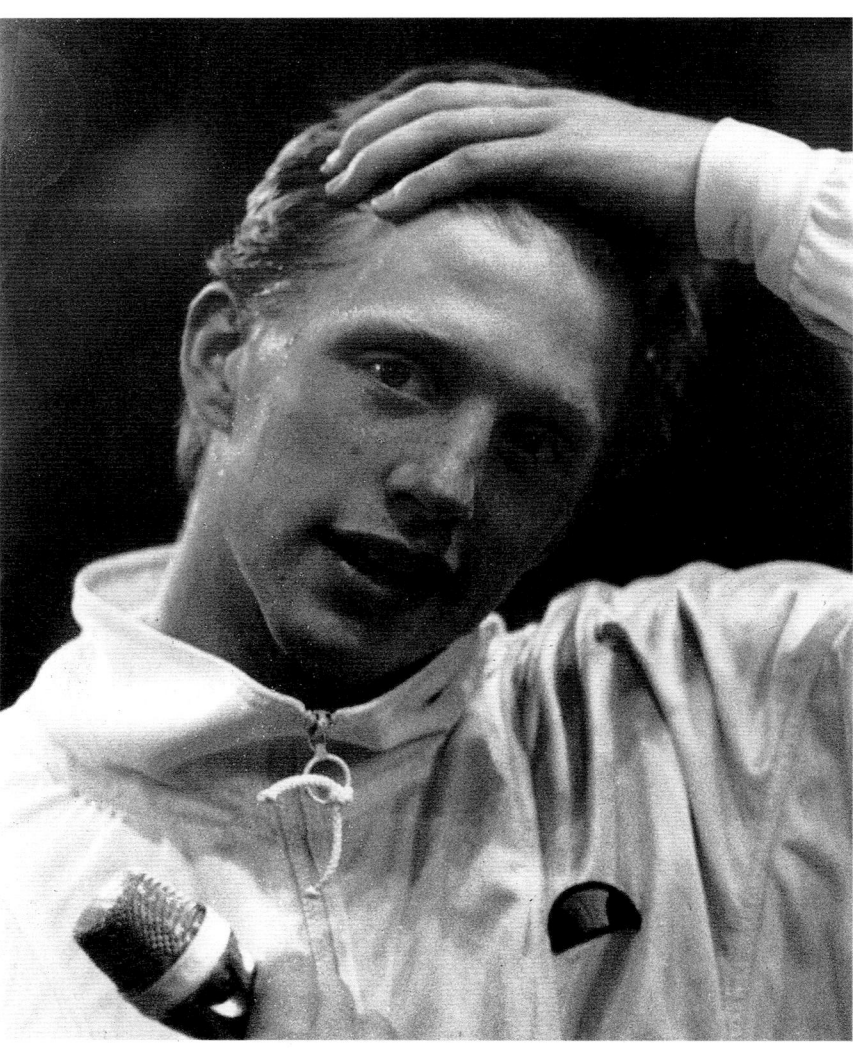

Boris Becker war der ideale Held, ob er es wollte oder nicht. Manager Ion Tiriac weiß eine Erklärung dafür: Charisma.

Rechte Seite: 1985 kletterte der siebzehnjährige Leimener in die höchsten Höhen. Der »nette Junge von nebenan« gewann in Wimbledon – a Star was born.

Das Halbfinalspiel gegen Anders Jarryd gewann Becker 2:6, 7:6, 6:3 und 6:3. Vorhang auf für das Wimbledon-Finale!

den ersten Satz ganz glatt verloren, und als er einmal an der kleinen Loge vorbei kam, in der die Reporter sitzen, fragte er, ob er dem anderen denn nicht jetzt schon die Hand reichen sollte zur üblichen Gratulation. Dann aber hatte der sechzehnjährige Junge auf einmal acht Spiele in Folge gewonnen, und der Weltklassemann Scanlon blickte erstaunt, was da mit ihm geschah. Bei einem Netzangriff rutschte Becker aus – es sah gar nicht so wild aus, aber er vermochte nicht mehr aufzustehen –, die blasse Haut des Rothaarigen wurde noch bleicher, und man schob ihn schließlich in einem Rollstuhl davon. Abends lag er über dem Bett im Hotel – verlegen grinsend, als

ob er sich für sein Mißgeschick entschuldigen wolle. Am nächsten Tag wurde er in München operiert und nach Leimen gefahren. Das ist der erste Teil der Legende, an den sich kaum noch jemand erinnert.

Ein Jahr später war der Bengel logischerweise siebzehn Jahre alt, er hatte ein »Masters«-Turnier der Junioren gegen einen Schweden namens Stefan Edberg gewonnen und sich auch sonst recht wacker geschlagen, ohne allerdings allzu großes Aufsehen zu erregen – von dem Babyspeck war nicht mehr viel zu sehen. Eine Woche vor Beginn der »All England Championships« hatte er das Rasenturnier im Londoner *Queens Club* für sich entschieden. Das Wimbledonturnier 1985 litt unter schweren Regenfällen, so daß man den Beginn der Spiele täglich vorverlegte. Boris Becker hatte beschlossen, dieses Turnier zu ge-

nießen, und lief zwischen den Matches mit erstaunten blauen Augen über die Anlage, beobachtete Spieler, von denen er bisher nur gelesen, sprach mit Leuten, von denen er bisher nur gehört hatte – ein Junge mit einigem Witz und Schlagfertigkeit, die durch die badische Mundart noch unterstrichen wurde – manchmal auch etwas altklug, wie alle Siebzehnjährigen.

In der ersten Runde hatte ein Mann aus Nigeria namens Odizor nach zwei Sätzen genug davon, sich von dem jungen Deutschen vorführen zu lassen, und gab auf. In der zweiten Runde mußte der gar nicht so schlechte Amerikaner Layendecker ein Gewitter von Aufschlag-Assen über sich ergehen lassen. Der dritte Gegner war der Schwede Joakim Nyström: Er führte im fünften Satz 6:5 und dann 7:6 bei eigenem Aufschlag – Becker gewann

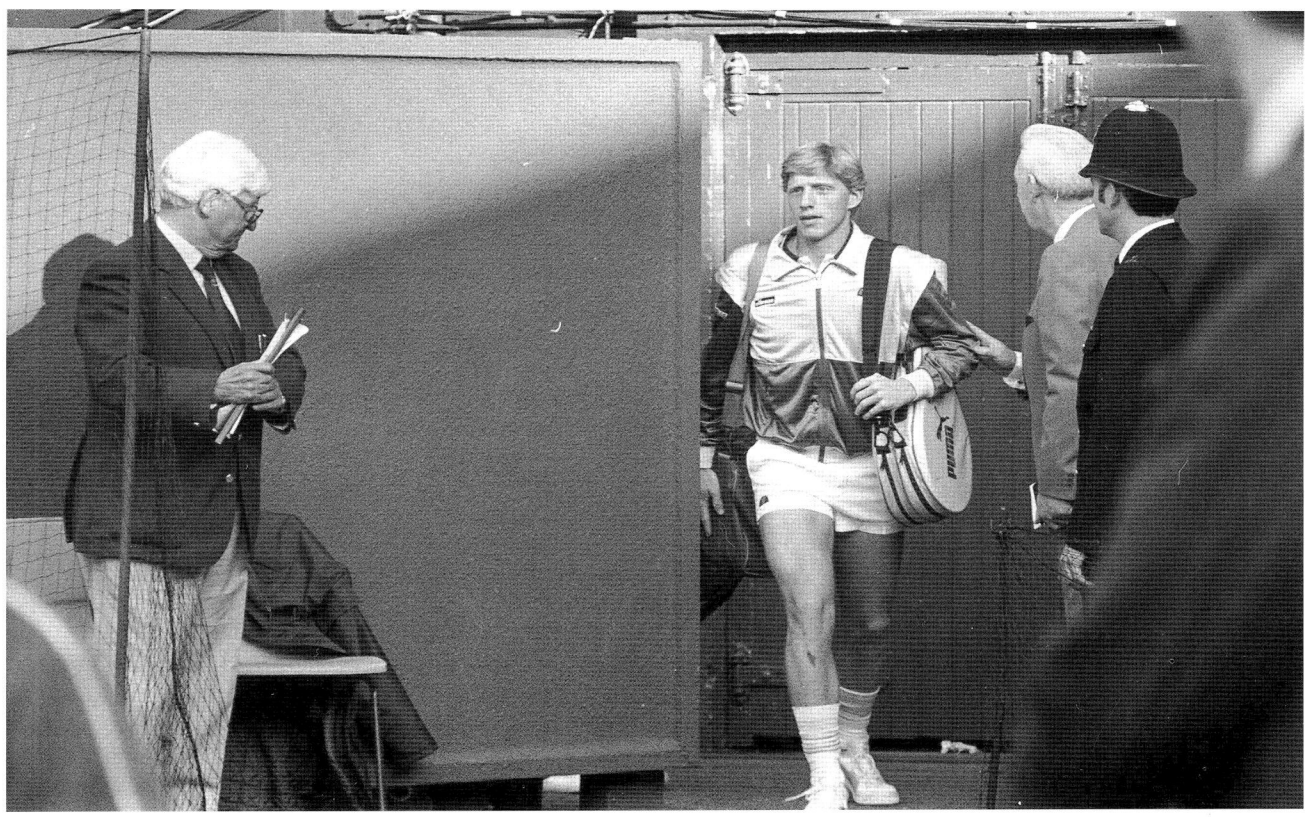

Auftritt Becker auf dem Centre Court: Als der Deutsche seinen letzten Aufschlag verwandelt hatte, stand Wimbledon kopf.

den Satz mit 9:7. Im Spiel gegen den Amerikaner Tim Mayotte rutschte Becker aus, fiel – es sah genauso aus wie ein Jahr zuvor. Man legte ihm eine Bandage an – im Hintergrund war die Stimme seines Trainers Bosch zu hören, der ihn anschrie, er solle auf die Zähne beißen und weiterspielen. Nach den Regeln darf ein Spieler nur einmal eine drei Minuten lange Zeit zur Behandlung einer Verletzung in Anspruch nehmen. Es gab damals wohl ein Mißverständnis zwischen dem Schiedsrichter und dem Büro des Oberschiedsrichters: Nachdem Becker den vierten Satz im Tiebreak gewonnen hatte, durfte er noch einmal »verdoktert« werden – Mayotte erhob keinen

Einspruch, und Becker wurde nicht »ausgezählt«, sondern spielte weiter. Becker entschied das Match im fünften Satz mit 6:2 für sich, wobei man sich bis heute darüber streitet: War es die Wut, die Becker vorantrieb – oder war es die Befangenheit von Mayotte, gegen einen Verletzten spielen zu müssen? Becker stand auf einmal unter den letzten Acht – zusammen mit McEnroe und Connors; Edberg und Lendl waren schon ausgeschieden. Jedesmal hatten die von Becker geschlagenen Spieler gesagt, daß sie ihm durchaus auch den Sieg zutrauen – und immer die kleine Einschränkung dahintergesetzt: Wenn er es durchhält!
Becker gewann das Viertelfinale gegen den Franzosen Henri Leconte und das Semifinale gegen den Schweden Anders Jarryd jeweils in vier Sätzen. Und schließlich das

Endspiel gegen den Südafrikaner Kevin Curren – wiederum in vier Sätzen.

Wimbledon steht kopf

Als der letzte Aufschlag des Deutschen in das dafür bestimmte Feld flog und der Ball vom Schläger des anderen weit ins Publikum spritzte, war Wimbledon auf den Kopf gestellt. Boris Becker war nach den vergeblichen Anläufen Gottfried von Cramms in den dreißiger Jahren und Wilhelm Bungerts in den Sechzigern der erste deutsche Sieger hier – er war im Alter von siebzehn Jahren und 227 Tagen auch der bei weitem jüngste und der erste, der nicht auf der Setzliste gestanden hatte. Nie hat dieses Turnier zuvor einen solchen Außenseitersieg erlebt.
Es ist mit Sicherheit falsch, wenn

133

man sagt, daß Boris Becker die große deutsche Tenniswelle in Gang brachte: Die Welle rollte bereits, und Becker stammte aus ihr. Tennis war von dem Freizeitvergnügen einer noblen Society längst zum Feierabendsport von Millionen geworden – die Zahl der registrierten Spieler beim Deutschen Tennis Bund beweist das.

Ein Weltstar

Aber Becker war der ideale Held – ob er wollte oder nicht. Es gibt da Mechanismen, die vielleicht steuerbar sind – man kann sie aber nicht in Gang bringen. Becker galt als netter Junge von nebenan, den der Bundespräsident einlud und der die Medaille des Tennisclubs *Blauweiß Leimen* erhielt, der im Fernsehstudio seine Unbefangenheit kaum ablegte – als ihn die Reporter nach dem Sieg fragten, was er denn mit dem vielen Geld anfangen werde, erkundigte er sich erst einmal, wieviel es denn sei. Wahrscheinlich wußte er es tatsächlich nicht. Sicherlich war auch die Art seines Auftritts auf dem Tennisplatz dazu angetan, zumindest Interesse zu erregen – egal, ob man das mochte oder nicht. Becker lebte sich hier aus: Er greinte, haderte, führte Selbstgespräche, schien manchmal zu weinen – es ist kein Zufall, daß die meisten Leserzuschriften bei den entsprechenden Zeitungen und Zeitschriften von älteren Damen kamen, die den Jungen in ihr Herz schlossen. Der Manager Ion Tiriac hatte Monate vor dem Wimbledonsieg einmal einem skeptischen Interviewer zu erklären versucht, daß der Junge Charisma habe – Charisma kann man nicht in zwei Worten erklären. Im klugen Wörterbuch steht da etwas von »Gottesgabe«.
Alles, was danach folgte, war nur logisch: Die Popularität des »siebzehnjährigen Leimeners« war die

Danach war nichts mehr so wie früher: Die Popularität des ersten deutschen Wimbledon-Siegers war die eines Weltstars.

eines Weltstars. Es ist ein Unterschied, ob man von Branchenstars wie dem Schweden Björn Borg oder dem Amerikaner John McEnroe hört und aus der Ferne erklärt bekommt, welche gewaltigen Geldsummen ausgegeben werden, um mit ihren Namen werben zu können – und dann ist da auf einmal jemand, der ist genauso groß und und bekommt genauso viel und wohnt gleich um die Ecke.
Boris Becker hat die Folgen seiner Tat am 7. Juli 1985 wohl lange Zeit genossen – selbst dann, wenn er manchmal die Verfolgungen verflucht haben mag. Irgendwann war er dann nicht mehr der »siebzehnjährige Leimener«, sondern erwachsen geworden. Da hat er – leise zunächst, dann immer lauter werdend – seine Zweifel geäußert an der verrückten Dollar-Spirale in diesem Turnier-Zirkus, an Geschehnissen in der Politik, an Armut und Krankheit, Reichtum und Arroganz. Es war sein gutes Recht – so wie es das Recht jedes jungen Menschen Anfang Zwanzig ist, die Welt verändern zu wollen.
Er hat dieses Turnier in Wimbledon noch öfter gewonnen, er hat hier Endspiele verloren und auch Matches, die einer wie er normalerweise nicht verliert. Er hat den Centre Court zu seinem Wohnzimmer erklärt, und er wurde sicherlich zu einem der größten Spieler der kleinen Tennis-Geschichte. Aber es war nie mehr so wie an jenem 7. Juli 1985 nachmittags gegen fünf Uhr.

Wimbledon, 7. Juli 1985
<u>Finale der Herren</u>

Boris Becker – Kevin Curren
6:3, 6:7, 7:6, 6:4

Hysterie

Boris Becker – John McEnroe

Hartford, 26. Juli 1987

Das Schöne an dem amerikanischen Städtchen Hartford im US-Staat Connecticut ist, daß alles in der Nähe liegt. Das Rathaus, vor dem sie die Auslosung dieser Daviscup-Begegnung zelebrierten – das Hotel, das man ein Jahr später im Fernsehen sah, als es mittels sorgsam angelegter Sprengladungen abgerissen wurde –, die Halle, in der sonst das Eishockeyteam der »Whalers« zu Hause ist. Mark Twain ist hier geboren, und man zeigt stolz ein braunes Holzhaus, in dem er das Licht dieser Welt erblickt haben soll.

Es gibt Bilder, die sprechen für sich: Becker und McEnroe bei einem Seitenwechsel.

Es war ein sogenanntes »Relegationsspiel« zwischen den Amerikanern und den Deutschen: Das USA-Team hatte in dieser Daviscup-Weltliga in der ersten Runde des Wettbewerbs 1987 in Paraguay verloren, und die amerikanischen Spieler erzählten, daß sie froh gewesen seien, mit dem Leben davongekommen zu sein – die Deutschen unterlagen in Barcelona den Spaniern, und das galt ebenfalls als Überraschung. Die Regeln besagten, daß unter den Verlierern jeweils noch ein Match stattzufinden habe – der Gewinner durfte im folgenden Jahr in der »Weltliga« bleiben, der Verlierer stieg ab in jene Daviscup-Zonen, die der Zweitklassigkeit vorbehalten sind.

Nur ein Spiel gegen den Abstieg also, und für die erfolgsverwöhnten Amerikaner nicht mehr als eine Formalität – eine Pflichtübung, die man so schnell wie möglich hinter sich zu bringen gedachte; sie hatten siebzehn Jahre nicht im eigenen Lande verloren, warum denn gegen die Deutschen? Boris Becker war immer noch erst neunzehn Jahre alt – er hatte einige Wochen zuvor in der zweiten Wimbledonrunde eine böse Niederlage gegen einen Australier namens Pete Doohan erlebt, von dem man seitdem nie wieder etwas hörte. Seinerzeit galt Eric Jelen als der zweite Mann, dem man zwar einen »goldenen Arm« nachsagte, der aber ein unauffälliger Partner war. Jeder blieb

damals unauffällig neben Becker. Die Amerikaner hatten John McEnroe aufgeboten, dessen glänzende Karrierekurve sich mittlerweile ein wenig neigte – dazu Tim Mayotte, den sauberen College-Boy, der zudem im benachbarten Springfield zu Hause war und die Halle mit seinen Anhängern füllte. Und im Doppel natürlich Ken Flach und Bob Seguso – es gab kein besseres Paar auf der Welt.

Es würde reichen, wenn sich der Chronist darauf beschränken würde, den Ablauf der Matches zu schildern. Sie bargen genügend Stoff für die statistischen Bücher, Dramatik, auch Klasse. Aber hier in Hartford spielten auf einmal andere Dinge eine Rolle – Dinge, auf die jedermann gerne verzichtet hätte. Man kann sie nicht nur als »kleine Tricks« bezeichnen, mit denen Spieler ihre Gegner ein bißchen aus der Konzentration zu kippen versuchen. Es wurde schlimmer – Fanatismus, Chauvinismus, Hysterie, Boshaftigkeit, Gift.

Zu dem, was unter sportlichen Regeln auf dem blauen Plastikplatz stattfand, der von der Kuppel dieses Gebäudes aus gesehen wie ein Swimmingpool wirkte, in dem sich zwei käfergroße Menschlein tummeln: Den Grundstein für einen späteren 3:2-Sieg der Deutschen legte bereits im allerersten Match Eric Jelen, der gegen Tim Mayotte mit 6:8, 6:2, 1:6, 6:3, 6:2 siegte. Man muß dazu sagen: Mayotte hat schon besser gespielt. Er hätte schon den ersten Satz verlieren können, als Jelen bei einer 5:4-Führung zum Satzball kam. Jelen brachte nur einen katastrophal niedrigen Prozentsatz seiner ersten Aufschläge ins Feld des anderen –

Rechte Seite: Nach Maureen Conolly (1953) und Margaret Court-Smith (1970) gewann Steffi Graf 1988 als dritte Spielerin der Geschichte den »Grand Slam«.

Links oben: Martina Navratilova gehört zu den erfolgreichsten Tennisspielerinnen aller Zeiten. Mit ihrem 158. Turniersieg brach sie 1992 erneut einen Rekord – diesmal den von Chris Evert (157 Turniersiege).

Unten: Ein eher ungewohnt fröhliches Bild der damaligen »Dauerrivalinnen« Steffi Graf und Gabriela Sabatini aus dem Jahr 1988.

Rechts oben: Geschafft! Nach den Australian Open und den French Open gewinnt Steffi Graf 1988 auch in Wimbledon – Zündstufe 3 auf dem Weg zum Grand Slam, den sie im selben Jahr noch zu vergolden wußte. Unten: in Seoul 1988.

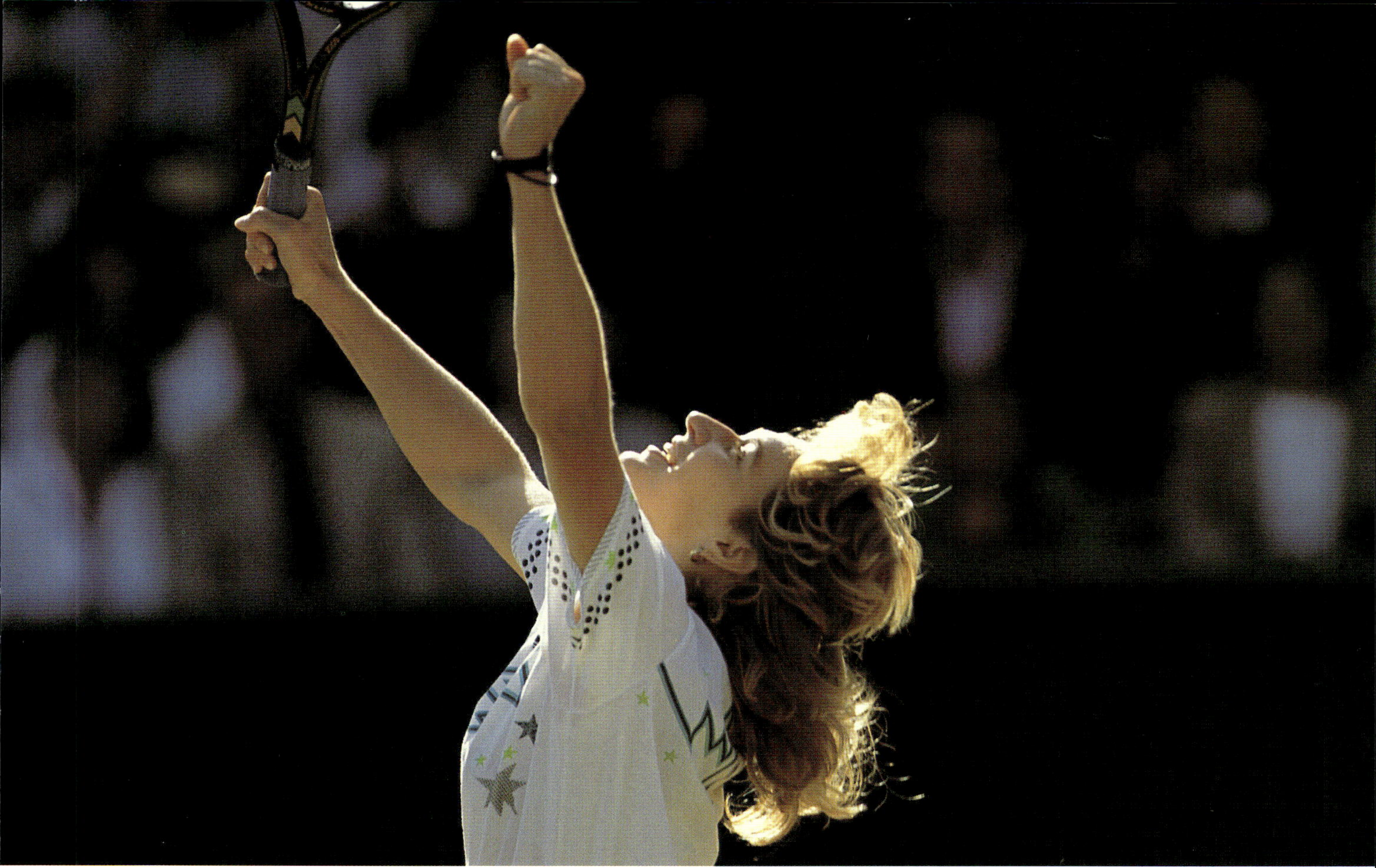

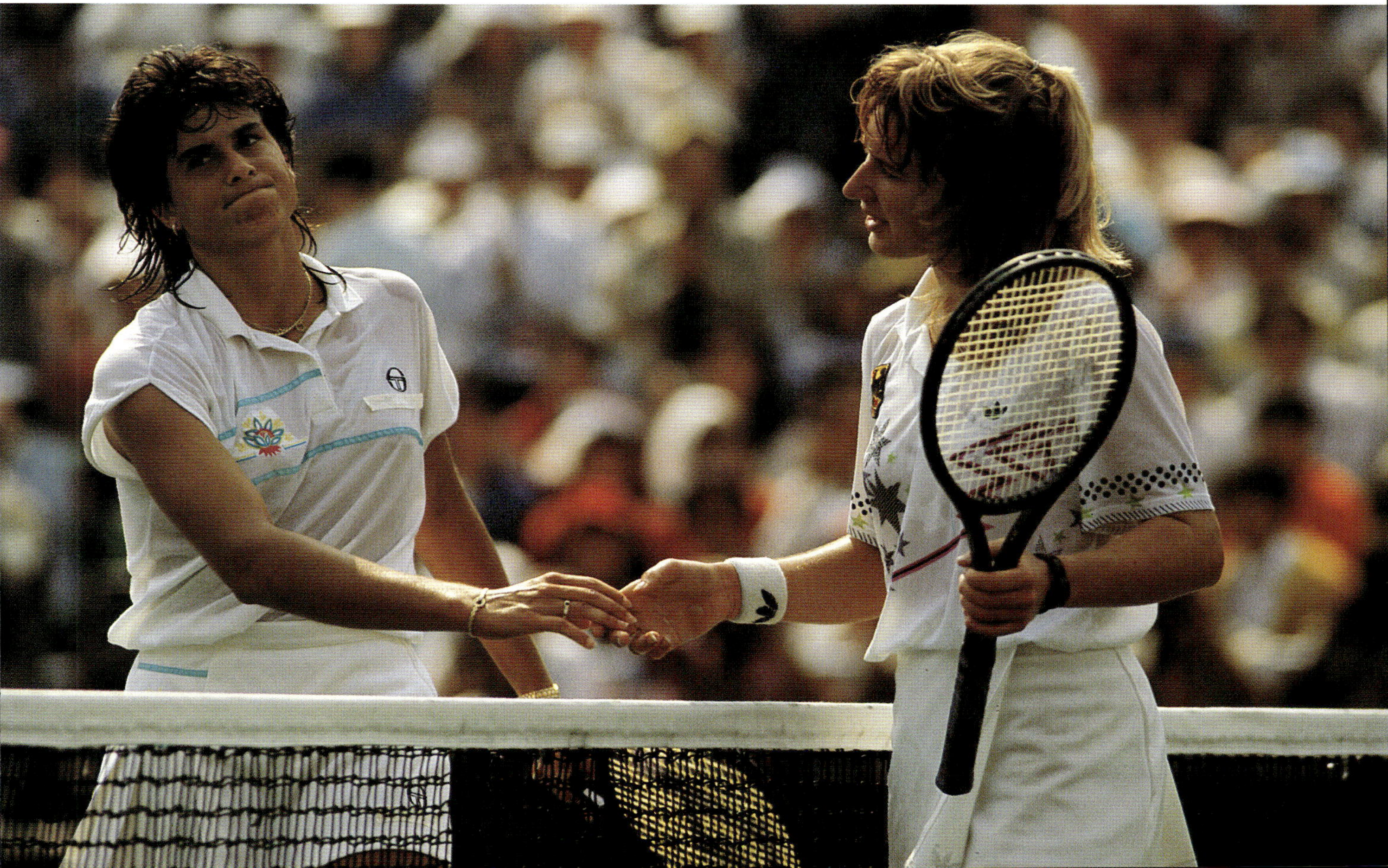

Links oben: Ein Ausnahme-
spieler, dem gelegentlich das
eigene Temperament in die
Quere kam – John McEnroe
nach seinem ersten Wimbledon-Sieg, 1981.

Unten: Ivan Lendl. Nur in
Wimbledon versagte seine
Kunst.

Rechts: Nach Boris Becker
und Stefan Edberg die
neue Nummer eins der Weltrangliste und noch für so
manche Sternstunde gut –
Jim Courier.

Links: Boris Becker in voller Aktion.

Rechts: Davis-Cup-Finale in Göteburg – die Sensation ist perfekt.

Unten: Nur fliegen ist schöner – Michael Stich in Wimbledon, 1991.

und die Zahl der sogenannten »leichten Fehler« lag fünfmal so hoch wie beim Gegner. Das entscheidende Spiel der ganzen Begegnung fand im vierten Satz statt, als es Jelen bei eigenem Aufschlag gelang, einen 15:40-Rückstand wettzumachen. Auf einmal saßen seine Aufschläge, die Passierschläge wurden präziser, jeder Schmetterball wurde zum Punkt, sogar die Volleys stimmten.

Das anschließende Match zwischen Becker und McEnroe begann um 16.37 Uhr und endete um 23.17 Uhr. In der Lokalzeitung »Hartford Courant« stand dem Sinne nach am folgenden Morgen folgendes zu lesen: »Sie spielten. Und spielten. Und spielten. Sie spielten den ganzen Freitagnachmittag und die Freitagnacht. Würde es jemals enden? Sie spielten, während sich Pärchen trafen, heirateten, sich scheiden ließen und erneut heirateten. Sie spielten, während Kinder geboren wurden, und sie spielten immer noch, nachdem diese Babys ihre Schulzeit beendeten, heirateten und eigene Kinder hatten. Es schien zumindest so. Sie spielten wie ein aneinanderhängendes Paar bei einem Tanzmarathon – mit dem Unterschied, daß sie nie leblos wirkten. Sie jagten sich umher mit Schlägen, von denen der eine immer noch spektakulärer war als der andere. Sie spielten für ihre Mannschaft, für ihr Land. Sie spielten sechs Stunden und vierzig Minuten.«

Dann hatte Becker mit 4:6, 15:13, 8:10, 6:2, 6:2 gewonnen. Kann man es dabei bewenden lassen? Kann man vergessen, wie McEnroe die Linienrichter einzuschüchtern versuchte – kann man seine Verbalin-

jurien einfach aus dem Gedächtnis streichen; die Gebärden, mit denen er die Zuschauer in den Fanatismus trieb, kann man ignorieren, daß auch die französischen Schiedsrichter geschriebene Regeln mißachteten, die für den Fall formuliert wurden, daß ein Gast-Team in diesem Wettbewerb belästigt wird? Man kann – wenn man das bessere Ende auf seiner Seite hat. Allein der zweite Satz dauerte zwei Stunden und fünfunddreißig Minuten – und Becker wehrte nicht weniger als fünf Satzbälle ab. Obgleich Becker den dritten Satz verlor – den Grundstein zum späteren Sieg hatte er in diesem zweiten Durchgang gelegt. Er sagte später, er habe in der Pause unter der Dusche praktisch weitergespielt – er sei keinen Moment aus dem Rhythmus gekommen. McEnroe spürte es. Er spürte wohl auch, daß irgendwann gegen diesen Gegner keine »miesen Tricks« und keine Routine mehr reichen würden – er war damals 27 Jahre alt, Becker 19.

Ein Trainer spielt va banque

Es stand nun 2:0 für die Deutschen, aber Kapitän Nikola Pilic wußte ganz genau, was ihm noch bevorstand – und er spielte ein wenig va banque: Er schonte Becker und stellte neben Jelen den darüber selbst überraschten Ricki Osterthun in das Doppel. Die beiden unterlagen gegen Flach/Seguso in drei Sätzen. Ähnlich erging es zu Beginn des dritten Tages Jelen gegen McEnroe – nun stand es plötzlich wieder 2:2. Das Vabanque-Spiel des Nikki Pilic bestand darin, gegen Tim Mayotte einen einigermaßen ausgeruhten Becker auf den Platz zu schicken, der die Kraft besaß, im letzten Match den dritten Punkt zu machen. Kurz: Es ging gut – Becker gewann das Match 6:2, 6:3, 5:7, 4:6, 6:2.

Er sagte nachher, er hätte es eigentlich in drei Sätzen gewinnen müssen. Aber was heißt schon »eigentlich« – erst recht im Davispokal. »Eigentlich« hätte Becker nämlich die Nerven verlieren müssen in dieser Atmosphäre, die von Minute zu Minute giftiger wurde. Es war beim Stand von 3:3 im zweiten Satz, als Becker nach gewonnenem Spiel den unbenutzten zweiten Ball ganz automatisch hinter sich schlug – zufällig in Richtung des dort sitzenden McEnroe, der ihn auffing und Becker hinterherwarf. Becker sah das als eine weitere Unfreundlichkeit an und beschwerte sich beim Schiedsrichter. Daraufhin wurde er ausgebuht, wie nie zuvor und danach in seinem Leben. Nein – Becker war nicht ganz unschuldig. Ein bißchen hat er provoziert, und er tat das auch später – aber daß er diese Auseinandersetzung schließlich doch noch gewann, zeugte von Nerven, die nichts mehr mit dem manchmal etwas weinerlichen »siebzehnjährigen Leimener«

Die beiden Davis-Cup-Teams bei der Vorstellung in Hartford: Hymnen erklingen und Fahnen wehen, Becker grüßt freundlich ins Publikum – doch das so friedlich wirkende Bild täuscht. Selten ist eine Daviscup-Begegnung in einer angespannteren Atmosphäre verlaufen.

der Vergangenheit zu tun hatten. Es war längst nicht mehr nur ein Duell zwischen zwei jungen Männern, das mit Schlägern und einem Ball durchgeführt wurde. Auch Mayotte peitschte die Hysterie in der Halle weiter auf. Mit seinen Gebärden ließ er jeden Punkt, jedes Spiel und schließlich auch jeden Satz so feiern, als sei es bereits der Sieg der gesamten Begegnung. Den Höhepunkt erreichte das Match beim 2:2 im fünften Satz und einem

15:40-Rückstand – Aufschlag Bekker. Mayotte vermochte den nächsten vier Schlägen des Deutschen nichts entgegenzusetzen. Es war – wenn man es im nachhinein betrachtete – die entscheidende Situation. Der Amerikaner gewann keines der restlichen Spiele mehr. Nochmals im nachhinein: Es lag an einem läppischen Punkt – wenn Tim Mayotte ihn zum Break in diesem letzten Satz gewonnen hätte, wäre wohl das Match und die ganze Begegnung verloren gewesen. Das deutsche Team wäre in die »zweite Liga« abgestiegen und hätte sich 1988 bemühen müssen, wieder nach oben zu kommen – 1988 gewannen die Deutschen übrigens zum ersten Mal in der Geschichte den Davispokal, und niemand

dachte beim Triumph in Göteborg daran, daß siebzehn Monate vorher in Hartford der Abstieg von diesem einen Punkt abhing.

Achja – Hartford: Nachdem drei Tage lang in dieser Halle die »Stars and Stripes« geweht hatten, nachdem sich seltsame und unangenehme Fanatismen breitgemacht und eine Stimmung hervorgerufen hatten, die so gar nichts von der vielgepredigten Fähigkeit des Sports zur »Völkerverständigung« besaß –

Rechte Seite: Während die Stimmung im Publikum eine an Hysterie erinnernde Form annahm, kämpften die beiden Hauptmatadoren bis ans Ende ihrer Kräfte. Dabei hatten die Amerikaner anfangs noch an eine Pflichtübung geglaubt, der sie sich zu entledigen hätten.

Die vermeintliche Pflichtübung der seit siebzehn Jahren zu Hause ungeschlagenen Amerikaner entwickelte sich schnell zu einem »Survival Match«, das auf beiden Seiten mit unerbittlicher Härte geführt wurde. Eric Jelen legte den Grundstein für den Erfolg der Deutschen, dann gingen Becker und McEnroe ins Rennen.

nachdem das alles vorbei war, ergriff Boris Becker eine große Fahne in den schwarz-rot-goldenen Farben und rannte damit über den Platz. Es war natürlich eine symbolhafte Gebärde, die vielleicht aus dem euphorischen Moment geboren wurde – in diesem Augenblick wurde sie von den enttäuschten amerikanischen Zuschauern sicherlich anders empfunden. Als alles vorbei war, hätte man sich eine andere, versöhnlichere Geste gewünscht, die die Chauvinisten beschämt und die Fanatiker beruhigt hätte – eine Szene, die darauf hingewiesen hätte, daß hier ein Tennis-Match stattfand, und nicht mehr.

Die Amerikaner hatten die Begegnung immer als »Survival Match« bezeichnet – als »Überlebenskampf«. Das ist Blödsinn – es geht im Tennis nicht um Leben und Tod. Selbst dann nicht, wenn man eine griffige Formulierung braucht. Um der Pflicht des Chronisten zu genügen: Die Spieler der amerikanischen Mannschaft nahmen im Hotel zu nächtlicher Stunde einen Salon auseinander. Wie vom Management zu erfahren war, lag der Schaden bei rund zwanzigtausend Dollar.

Hartford/US-Staat Connecticut,
26. Juli 1987

Daviscup-Relegationsspiel
USA – Deutschland
Zweites Einzel

Boris Becker – John McEnroe
4:6, 15:13, 8:10, 6:2, 6:2

Damendoppel

Graf/Kohde-Kilsch – Evert/Shriver

Vancouver, 28. Juli 1987

Ausgerechnet Damendoppel?! In dieser vom Männlichkeitswahn beherrschten Welt gibt es Vorurteile, die sich auch in weiteren hundert Jahren Emanzipation nicht abbauen lassen werden. Die Meinung über Damendoppel gehört dazu. Sie wird übrigens auch vom weiblichen Teil der Bevölkerung geschürt, was die Sache aber nur komplizierter macht: Kann ein Damendoppel etwas sein, das als

Claudia Kohde-Kilsch und Steffi Graf beim Federation-Cup, 1987.

»Sternstunde« zu bezeichnen wäre? Es kann.

Der Federation Cup ist ein junges Kind unter den traditionsreichen Wettbewerben dieses Spiels. In den zwanziger Jahren hatten sie den Wightman-Cup gegründet, der als weltweites Gegenstück zum »männlichen« Davispokal gedacht war, aber es dann schließlich doch nur zu der permanenten Auseinandersetzung zwischen den Damen der USA und Großbritanniens brachte. In den fünfziger/sechziger Jahren wurde der Plan für einen weltweiten Mannschaftswettbewerb der Damen immer wieder von der Australierin Nell Hopman propagiert – der längst vergessenen Gattin des Trainers Harry Hopman. Als der Internationale Tennis-Verband (ITF) 1963 sein fünfzigjähriges Bestehen zu feiern gedachte, setzte man sich dieses Denkmal und benannte es nach sich selbst – Federation Cup. Der Name spricht sicherlich nicht für großen Einfallsreichtum, aber immerhin hatte man jetzt diese »inoffizielle Weltmeisterschaft«. Im Gegensatz zum Davispokal wird sie an einem Ort innerhalb einer einwöchigen Veranstaltung durchgeführt. Zum Modus: Es werden drei Matches ausgetragen – zwei Einzel und ein Doppel.

Die deutschen Damen hatten bis zu diesem Sommertag 1987 im kanadischen Vancouver, drüben an der Pazifik-Küste, im Federation Cup oft die Rolle der »Unvollendeten« gespielt. Was bedeutet: Sie waren ganz gut, aber nicht sehr gut. Es gelang ihnen zwar einige Male, in die Phalanx der »ewigen Finals« zwischen den Amerikanerinnen und Australierinnen einzubrechen (1966 in Turin, 1970 in Freiburg, 1982 in San Francisco), aber in den Endspielen besaßen sie keine Chance. Das war auch nicht anders, als man 1983 in Zürich mit einem Male den Tschechoslowakinnen gegenüberstand.

1987 sah das ein wenig anders aus. Da gab es zunächst die damals achtzehnjährige Steffi Graf, die nur zwei Wochen zuvor erst im Endspiel von Wimbledon an der damals für sie noch zu routinierten Martina Navratilova gescheitert war. Und dann war da noch die seinerzeit dreiundzwanzigjährige Claudia Kohde-Kilsch, die zu den zehn Besten der Welt gehörte; sie hatte gerade an der Seite der Tschechoslowakin Helena Sukova das Damendoppel in Wimbledon für sich entschieden – vielleicht war sie 1987 die beste Doppelspielerin der Welt. Es wäre übertrieben, zu behaupten, daß der Teenager Steffi und der Twen Claudia die dicksten Freundinnen waren. Hier war eine davon überzeugt, die Welt zu erobern – dort stand eine, die auf Grund ihrer größeren Erfahrung wußte, daß das nicht so einfach ist.

Im *Hollyburn Country Club* von West-Vancouver gewannen sie gegen die Mannschaft aus Hongkong, wobei überhaupt nur erinnerlich blieb, daß Steffi Graf einen Satz abgab. Sie gewannen auch gegen Korea und dann gegen Argentinien, wobei übrigens Gabriela Sabatini außer ihrer Ansehnlichkeit

Von der Unvollendeten zur Vollendeten: Jahrelang hatten die deutschen Damen im Finale des Federation-Cups keine Chance – erst 1987 sollte sich das ändern.

Vom Zweckbündnis zur Erfolgspartnerschaft: Nach ihrem Sieg fallen sich Steffi Graf und Claudia Kohde-Kilsch in die Arme.

kaum etwas zur Spannung beitrug. Im Semifinale gab es die erste ernsthafte Probe für das Doppel Graf/Kohde-Kilsch gegen die Tschechoslowakinnen Hana Mandlikova/Helena Sukova, da es nach den beiden Einzeln 1:1 stand: Die Deutschen lösten diese Aufgabe zuletzt überlegen. Jubel allenthalben – aber man jubelt immer, wenn man ein Finale erreicht hat.

Im Endspiel gegen die Amerikanerinnen gewann Steffi Graf zunächst gegen die vierzehn Jahre ältere und zehntausend Matches routiniertere Chris Evert 6:2, 6:1 – das Ergebnis täuscht über nichts hinweg: Die erwachsene Frau hatte den schnellen Bällen und Gedanken des Teenagers nichts entgegenzusetzen. Pam Shriver hingegen, ähnlich hochgewachsen wie Claudia Kohde-Kilsch, sorgte nach den Einzeln für das 1:1 nach einem 6:0, 7:6. In der deutschen Mannschaft und un-

ter den wenigen mitgereisten Freunden begann man sich an den Gedanken zu gewöhnen, daß es wieder einmal nicht ganz reichen würde: Ein deutsches Doppel, das man lediglich hier als Zweckgemeinschaft zusammengestellt hatte, sollte gegen ein Paar gewinnen, das in dieser Disziplin schon die höchsten Titel gewonnen hatte – konnte das gut gehen? Es konnte.

Ohne Orientierung, wie auf einem fremden Planeten

Chris Evert und Pam Shriver gewannen den ersten Satz 6:1 und führten im zweiten 4:0. Es war eine Lehrstunde, in der sie die Bälle verteilten wie Tennislehrer, die Gegnerinnen zu Fehlern herausforderten – vor allem Chris Evert schien es Spaß zu machen, Überlegenheit gegen Steffi Graf zu dokumentieren, der sie vorher im Einzel so glatt unterlegen war. Die beiden Deutschen hingegen irrten auf ihrer Platzhälfte umher, als seien sie ohne Orientierung auf einem fremden Planeten gelandet. Das erste

Spiel im zweiten Satz zu ihren Gunsten zum 1:4 hatten sie vor allem der Schluderigkeit von Chris Evert zu verdanken, die sich im Vollgefühl ihrer Überlegenheit gleich zwei Doppelfehler in Folge leistete. Daß es beim Aufschlag von Steffi Graf zum 2:4 kam – nun gut. Daß Pam Shriver anschließend ihr Aufschlagspiel zum 3:4 verlor – das konnte man auch noch auf das Konto des sogenannten »Überlegenheitsgefühls« schreiben. Klaus Hofsäß, der Trainer des deutschen Teams, erzählte später, er habe den beiden jungen Damen in der Hoffnungslosigkeit des deprimierenden Rückstands beim Seitenwechsel von Jim Connors erzählt – der drei Wochen zuvor in Wimbledon einen 1:6, 1:6, 0:4-Rückstand gegen den Schweden Mikael Pernfors noch umgedreht hatte. Ob Steffi Graf und Claudia Kohde-Kilsch überhaupt begriffen, was Hofsäß sagen wollte?

Das Blatt wendet sich

Es kam zum 4:4, und wer genau hinschaute, bemerkte auf einmal, wie die beiden deutschen Mädchen sich nach einem Fehler trösteten, sich einen kleinen Klaps gaben und wie sie sonst versuchten, sich gegenseitig Mut zu machen. Auf der anderen Seite des Netzes indessen waren die ersten Anzeichen für Nervosität nicht zu übersehen: Das hektische Zupfen am Ärmel der Bluse, das ungläubige Kopfschütteln, das Suchen der Finger am Schläger nach dem richtigen Griff, das zittrige Streichen über das Haar. Chris Evert starrte beim Seitenwechsel vor sich hin und trocknete mit dem Handtuch die Arme, als sei sie mutterseelenallein auf dem Platz – Pam Shriver, die es fertigbrachte, selbst vor dem amerikanischen Kongreß ihre Beredsamkeit darzustellen, schwieg und zog

Das deutsche Siegerteam: Porwick, Meier, Bunge, Graf, Kohde-Kilsch, mit dem Trainer Hofsäss (von links nach rechts).

Grimassen, als käme sie vom Zahnarzt und wolle die Wirkung der erhaltenen Spritzen kontrollieren. Steffi Graf und Claudia Kohde-Kilsch gewannen diesen Satz nach dem 0:4-Rückstand mit 7:5.

Natürlich gibt es all diese Weisheiten, die beispielsweise Fußballtrainer vor oder nach dem Spiel sagen, ebenso im Tennis: Der Ball ist auch hier rund, man braucht dazu ein Quentchen Glück, und ein Match ist erst zu Ende, wenn der letzte Schlag getan ist. Obgleich dieses Damendoppel nun wieder offen schien, wird es nur wenige gegeben haben, die einen Cent auf die beiden Deutschen gesetzt hätten. Realistisch gesehen hatte sich an der Ausgangsposition ja nicht viel geändert: Hier die allein für den Federation Cup zusammengestellte Zweckgemeinschaft – dort die beiden erfahrenen Spielerinnen, denen derartige Begegnungen nicht fremd waren.

Nein, es gibt keine Parallele für das, was geschah – und es soll erst einmal jemand kommen und sagen, er habe ein besseres, verrückteres Damendoppel gesehen. Es fanden Volley-Duelle am Netz statt, bei denen die Bälle hin- und herzuckten wie gelbe Blitze – nicht eines, nicht zwei, sondern mindestens ein Dutzend. Rationale Überlegungen spielen in solchen Momenten keine Rolle mehr, nur noch *Reaktionen*. Diese Duelle zu viert, bei denen die Spielerinnen sich ja oft nur zwei, drei Meter gegenüberstanden, hätten es alle verdient, zumindest in ein Kuriositäten-Kabinett aufgenommen zu werden. Niemandem gelang ein Aufschlag-»Break« bis zur 5:4-Führung von Steffi Graf und Claudia Kohde-Kilsch; dann Matchball, und Chris Evert wußte keine Antwort auf den Return und setzte schließlich den Ball ins Netz – 1:6, 7:5, 6:4.

Natürlich lagen sie sich in den Armen und küßten sich, natürlich waren die Väter gemeinsam stolz auf ihre Töchter, natürlich hätte der Trainer am liebsten auch noch den Platzmeister an die breite Brust gedrückt, und natürlich haben sie gefeiert. Chris Evert gab zu: »Nicht wir haben verloren, sondern die beiden Deutschen haben gewonnen – jeden Punkt!« Pam Shriver fand Superlative: »Dieses war die dramatischste und fürchterlichste Doppel-Schlacht, die ich je geschlagen habe – und Gott weiß, daß ich da einige Erfahrung habe. Aber wir haben alle vier Tennisgeschichte geschrieben!« – Nun denn.

Steffi Graf und Claudia Kohde-Kilsch sind am nächsten oder übernächsten Tag abgereist – in verschiedene Richtungen. Es war in der ersten Euphorie die Rede davon, daß man die Geburt eines Weltklassedoppels der Damen erlebt habe, aber die beiden haben nie mehr zusammen gespielt.

Vancouver, 28. Juli 1987

Finale um den Federation Cup
Deutschland – USA, Doppel

Steffi Graf/Claudia Kohde-Kilsch –
Chris Evert/Pam Shriver
1:6, 7:5, 6:4

Nummer eins der Damen

Steffi Graf – Chris Evert

Los Angeles, 16. August 1987

Das Turnier der sogenannten Virginia-Slims-Serie der Damen in Los Angeles ist nur ein Stop dieses permanenten Wanderzirkusses, der zwölf Monate im Jahr um die Welt zieht. Die Achtzehnjährige, die hier am 16. August 1987 das Endspiel gegen die Amerikanerin Chris Evert gewann, hatte eine gute Erinnerung an Finals mit dieser Gegnerin: 1986 hatte sie gegen die unermüdliche Evert endlich ihr erstes Finale überhaupt gewonnen – das war in Hilton Head gewesen in South Carolina, wo die feuchte Hitze einen umbringt und wo die Einheimischen sagen, daß aus den Sümpfen die Alligatoren zuschau-

en. Jetzt in Los Angeles spielte Steffi Graf also wieder gegen Chris Evert. Sie gewann 6:3, 6:4 – und es wäre ein Sieg wie mittlerweile viele andere gewesen, wenn da nicht auf der anderen Seite des Kontinents, in Florida, der Computer in Aktion getreten wäre. Dieser Computer, der sich nicht darum kümmert, ob es den tennisspielenden Damen gerade gutgeht, ob der Arm schmerzt oder sie sich den Magen verdorben haben, ob sie die Nacht auf der Jagd nach einer Mücke im Hotelzimmer verbringen oder vielleicht Heimweh haben und diese ganze immerwährende Reiserei zum Teufel wünschen – dieser Computer re-

gistriert weiter nichts als eingegebene Ergebnisse: er sortiert, addiert, subtrahiert, dividiert. Schließlich spuckt dieser Computer als Ergebnis seiner elektronischen Bemühungen eine Liste aus, auf die er programmiert ist. Die Liste am Abend dieses August-Tages 1987 bestätigte der Steffi Graf aus dem badischen Brühl, daß sie nach ihrem Sieg über Chris Evert nun die neue Nummer eins der Welt sei. Steffi Graf sagte, sie habe es nicht gewußt oder zumindest nur geahnt. Sie erfuhr es von ihrem Vater, zu dem sie nach dem letzten Ball geeilt war.

Als sie vor nicht einmal vier Jahren öffentlich sagte, sie wolle die Nummer eins werden – und, wie entschuldigend wegen ihrer Vermessenheit, hinzufügte, daß sich das viele Training ja auch einmal lohnen müsse, hatte der Frager ein bißchen nach innen gegrinst und sich den Hinweis verkniffen, daß den gleichen Wunsch ein paar tausend junge Mädchen auf der Welt haben und er sich trotzdem nie erfüllen wird. Später hat es ihr wahrscheinlich leidgetan, überhaupt so offen von ihren Wünschen gesprochen zu haben; man kann sicherlich nicht sagen, daß Steffi Graf ihr Herz auf der Zunge trägt.

Sie war dreizehn Jahre und vier Monate alt, als ihr Name zum erstenmal in jenem Computer erschien – als Nummer 124. Nun mag es gar nicht so schlecht sein, in irgendeiner Sache auf der Welt die Nummer 124 zu sein, aber für Stefanie Graf haben derartig geringe Ansprüche wohl nie gegolten. Mit dreizehn gewann sie die Jugendmeisterschaften, die den Achtzehnjährigen vorbehalten sind. Sie war

Der Erfolg steckt noch in den Kinderschuhen. Schon als Vierjährige soll Steffi Graf aus Brühl im heimischen Wohnzimmer die ersten Bälle gespielt haben.

154

fünfzehn, als sie in Los Angeles bei den Olympischen Spielen den Demonstrations-Wettbewerb gewann, der sich vier Jahre später in Seoul zum richtigen Olympia-Turnier mit richtiger Goldmedaille entwickelte. Sie begann das Jahr 1985 als die Nummer 22 und beendete es als Nummer 10. Sie wurde 1986 von der Organisation der professionellen Tennisdamen (WTA) als jene Spielerin geehrt, die den größten Sprung nach vorne gemacht hatte (Most Improved Player Award). Sie war immer die Jüngste und fast immer die Beste.

Steffi Graf war schon lange die Nummer drei in der Rangliste des Computers und hatte immer noch kein einziges von diesen Turnieren gewonnen, die in dem Programm dieses elektronischen Geräts Berücksichtigung finden. Vor ihr standen abwechselnd Chris Evert und natürlich Martina Navratilova – mehr als ein Jahrzehnt älter, tausend Matches erfahrener, und auch vertrauter mit allen jenen kleinen und großen Machenschaften und Privilegien, die man erhält, wenn man ganz vorne ist. Steffi Graf hatte sich diese Position erkämpft, obgleich sie immer wieder im Semifinale oder im Finale verlor – immer wieder gegen eine dieser beiden routinierten Spielerinnen, die da eine unantastbare Extraklasse bildeten. Bis zu jenem Tag 1986 in Hilton Head in South Carolina eben, als es ihr erstmals gelang, Chris Evert zu schlagen.

Vergangenheit verklärt

Steffi Graf wurde am 14. Juni 1969 geboren, und wenn man der Legende Glauben schenkt, muß es ir-

In jeder Hinsicht reifer geworden – und hier schon die Nummer eins: Steffi Graf bei den French Open, 1988 in Paris. Im Finale besiegte sie Natalia Zwerewa 6:0, 6:0.

gendwann im Sommer 1973 gewesen sein, als ihr der Vater Peter den Griff eines leichten Schlägers absägte, um es der Vierjährigen etwas leichter zu machen. Es heißt, sie hätten das Sofa in die Mitte des Wohnzimmers geschoben und sich den Ball darüber zugeschupft. Mutter Heidi dürfte das nicht immer mit besonderer Begeisterung betrachtet haben – der jüngere Bruder Michael lag ja noch in den Windeln. Es ist immer ein bißchen schwer, den Wahrheitsgehalt solcher Geschichten zu überprüfen, weil sie lange her sind, und in der Vergangenheit verklären sich manche Begebenheiten manchmal zu bedeutungsschweren Taten. Immerhin: Der Vater arbeitete eine Weile auch als Tennislehrer, und da kann es schon so gewesen sein. Aber derartiges ist gar nicht so selten – nur: Die Zahl jener Fälle, in denen das Kind nach einiger Zeit die Lust an diesem Spiel verliert, ist weitaus größer. Steffi Graf verlor nicht die Lust daran. Sie, die zur besten Tennis-Athletin der Welt wurde und diese Position von 1987 bis 1990 insgesamt 168 Wochen lang ungefährdet behielt, war auch eine unermüdliche Arbeiterin. Nein – der Spaß an diesem Spiel hat nie gelitten.

A star is born

In jenem Jahr 1987 spielte sie insgesamt 75 Matches, von denen sie nur zwei verlor; sie stand bei dreizehn Turnieren im Finale und gewann elf davon; holte sich in Paris den ersten ganz großen Sieg, dem ein Jahr später der »Golden Slam« folgte – die Reporter kamen sogar auf die Idee, bei ihren Spielen die

Chris Evert prägte zusammen mit Martina Navratilova mehr als zehn Jahre lang das internationale Damen-Tennis. 1986 wurde sie erstmals von Steffi Graf geschlagen.

Europas Sportlerin des Jahres 1988: Steffi Graf bei der Ehrung in der Stuttgarter Schleyer-Halle.

Minuten zu zählen, und wenn sich die Zahl der Stundengrenze näherte, sprach man bereits davon, daß es mühevoll gewesen sei. Wenn sie einen Satz verlor, galt das schon als sensationell – bald sprach man von einer »langweiligen Überlegenheit«, was man aber ihr am wenigsten vorwerfen konnte. Doch Stefanie Graf wurde zum Star der Szene, ob sie das nun wollte oder nicht. Es ist anzuzweifeln, ob sie das in den folgenden Jahren immer genoß – vor allem, als sie feststellen mußte, daß eine, die ihr Geld mit der Öffentlichkeit verdient, diese Öffentlichkeit auch in ihrer privaten Sphäre erdulden muß.
Von dieser Erkenntnis war sie am 16. August 1987 allerdings noch weit entfernt. Es war ein großes Turnier der Serie mit einem Preis-

geld von 250000 Dollar, aber sie gehörte ja längst zu jenen Spielerinnen, deren Einkommen über der Dollar-Million lag. Sie hatte nacheinander die Amerikanerin Terry Phelps geschlagen, die Französin Pascale Paradis gar 6:0, 6:0 abgefertigt, ihre Landsmännin Bettina Bunge mit 6:1, 6:1 kaum besser behandelt, und schließlich die Argentinierin Gabriela Sabatini mit 7:5, 7:5 besiegt, bevor sie im Endspiel auf Chris Evert traf – zu jenem Zeitpunkt knapp 34 Jahre alt. Aber in dem einen Jahr, das seit dem allerersten Turniersieg gegen die gleiche Gegnerin vergangen war, hatte Steffi Graf es gelernt, wie

Drei Jahre lang war Steffi Graf die Nummer eins der Weltrangliste. Dann übernahm Monica Seles den Schläger.

man Endspiele gewinnt. Sie jagte die Amerikanerin mit ihren harten Vorhandschlägen, sie zwang die Gegnerin mit ihrer Rückhand tief in die Platzecken – es gibt kein Mitleid in diesem Geschäft, und wer sich auf dem Tennisplatz allzu respektvoll verhält, wird kaum jemals zu den Siegern gezählt. Die Schatten der Tribüne fielen auf den Platz, als das Match länger wurde, und Chris Evert suchte die Verschnaufpausen zwischen den Ballwechseln. Ein- oder zweimal mag Steffi Graf auch ein wenig Glück gehabt haben, als sich der Ball noch gerade so über das Netz mo-

gelte oder die Linie nur eben streifte. Aber Chris Evert wußte sicherlich, daß es kein Glück gibt – oder daß das, was in diesem Spiel als Glück bezeichnet wird, immer nur mit jenen ist, die dann auch gewonnen haben. Als sie schließlich ans Netz kam, um Stefanie Graf zu gratulieren, war das eine Formalität, mit der sie sich längst vor dem Matchball abgefunden hatte.

Der 16. August 1987 war nicht nur der Tag, an dem der jungen Frau Graf aus dem Computer bestätigt wurde, daß sie nun auch offiziell die Nummer eins der Tennisspielerinnen der Welt sei. Es war auch der Tag des endgültigen Generationswechsels, obgleich Chris Evert und auch Martina Navratilova noch lange darauf bestanden, daß sie

den Platz an der Spitze wieder einnehmen würden. Derartiges hört man immer wieder von Sportlern, weil es schwer ist, begreifen zu müssen, daß es auf einmal Jüngere, Bessere gibt – als die Evert und die Navratilova mehr als ein Jahrzehnt zuvor ihr Regime begannen, hatten sie sich auch nicht um die Gedanken ihrer Vorgängerinnen geschert. Als Steffi Graf Jahre später ihre Position abzugeben gezwungen war, hieß die neue Nummer eins Monica Seles – und die war zu diesem Zeitpunkt erst sechzehn.

Los Angeles, 16. August 1987
Finale des Damenturniers

Steffi Graf – Chris Evert
6:3, 6:4

Golden Slam

Steffi Graf – Gabriela Sabatini

Seoul, 1. Oktober 1988

Der Flughafen in Hongkong gehört nicht unbedingt zu den schönen Bauten dieser Welt, und der Duty-Free-Shop dort entbehrt sogar des Einkaufs-Reizes. Vor allem gegen Mitternacht. Das junge Mädchen, das dort zu dieser Stunde zwischen Vitrinen und Kiosken herumschlendert, um die Zeit bis zum Abflug zu überbrücken, sieht müde aus. Todmüde. Jemand erkennt sie und bittet um ein Autogramm. Sie unterschreibt – müde. Sie trifft einen Bekannten am Stand mit diesem aus Jade geschnitzten Schnickschnack, der ihr ein kleines Hündchen aus dem grünen Stein verehrt: »Weil Sie ja

sonst alles haben!« Sie lächelt – müde.

Steffi Graf war an jenem 1. Oktober 1988 neunzehn Jahre alt und hatte wenige Stunden zuvor in Seoul eine Goldmedaille erhalten – Olympiasiegerin im Tennis, die erste wieder seit 1924. Sie hatte damit den Grand Slam dieses Jahres vergoldet. In den Zeitungen war am nächsten Tag vom »Golden Slam« zu lesen. Siege in Melbourne, Paris, Wimbledon, New York in einem Jahr: Das hatte vor vielen Jahren Maureen Conolly geschafft und später die mächtige Margaret Smith-Court – allerdings ohne den goldenen Tupfer drauf, denn die

Tennisspieler standen ja lange nicht im olympischen Programm.

Stefanie Maria Graf aus Brühl in Baden – die beste deutsche Tennisspielerin aller Zeiten. In Melbourne gewann sie das Endspiel gegen Chris Evert, ohne einen Satz zu verlieren. Die Situation in Paris war kaum anders. Im Finale überließ sie der Russin Natalia Zwerewa noch nicht einmal ein Spiel. Das »zu null« im Finale eines Grand-Slam-Turniers hatte es im modernen Tennis nie zuvor gegeben. Selbst in Wimbledon änderte sich das nicht, wo der Rasenplatz ein völlig anderes Spiel verlangt – bis zum Endspiel hatte sie in keinem Satz mehr als drei Spiele verloren. Hier schließlich führte Martina Navratilova 7:5 und 2:0. Dann geschah etwas, was die Experten noch heute als das »beste Damentennis auf Rasen« anerkennen: Steffi Graf gewann den zweiten Satz 6:2 und den dritten 6:1. Und zuletzt die US-Open in Flushing Meadow: Steffi Graf holte sich den Sieg im entscheidenden Match über Gabriela Sabatini. Neben diesen vier größten Turnieren der Welt hatte sie noch sechs weitere für sich entschieden. Als sie wenige Tage nach dem Triumph von New York nach Seoul flog, war sie seit dem 9. Mai des Jahres ungeschlagen. In Korea eingetroffen, wies sie darauf hin, sehr müde zu sein.

Go for Gold

Olympisches Tennis – das ist eine Geschichte, die bis zur Gründung der modernen Spiele 1896 zurückreicht. Und vier Jahre später waren die Tennisspielerinnen die ersten

Steffi Graf mit der olympischen Goldmedaille in Seoul: 1988 war *das* Jahr der Deutschen, und ein gebührender Platz in der Tennis-Geschichte ist ihr schon heute sicher.

Frauen, denen man gestattete, an Olympischen Spielen teilzunehmen. Übrigens gegen den Willen des Wiedererweckers dieses Treffens der Jugend – der französische Baron Pierre de Coubertin wollte nach dem Vorbild der alten Griechen eine sportive Männergesellschaft. Als die Olympier und die Tennisleute sich nach den Spielen 1924 in Paris voneinander trennten, geschah das mehr oder weniger im beiderseitigen Einvernehmen – man hatte sich auseinandergelebt. Die Siegerin im Jahr 1924 war die kühle Schönheit Helen Wills aus Kalifornien, die dann nicht weniger als achtmal in Wimbledon gewann. Steffi Graf machte sich in Seoul daran, Nachfolgerin einer der besten Spielerinnen aller Zeiten zu werden.

Es war gar nicht so einfach gewesen, dieses Spiel wieder in das olympische Programm zu bringen. Der Italiener Giorgio di Stefani hatte es versucht – einst Daviscupspieler seines Landes und später angesehenes Mitglied des Internationalen Olympischen Komitees (IOC). Schließlich wurde es zum Wunschtraum von Philippe Chatrier, der als Präsident den Weltverband führte, und seinem Generalsekretär David Gray, der seinen Schreibtisch in einer Londoner Zeitungs-Redaktion mit jenem des Funktionärs tauschte. Beim Olympischen Kongreß 1981 in Baden-Baden gelang es – und Seoul erhielt bei der gleichen Gelegenheit die Spiele '88 zugesprochen. David Gray hat sie nicht mehr erlebt.

Linke Seite: Konzentration bei den French Open in Paris, 1988.

Rechte Seite oben: Jubel in Wimbledon, 1988 – damals die »Stufe 3« auf dem Weg zum »Golden Slam«. Unten: Die Herzogin von Kent überreicht der Wimbledon-Siegerin Steffi Graf die Siegerschale.

Stationen eines einzigartigen Erfolgs: 1988 gewann Steffi Graf (von links nach rechts) in Australien, Frankreich, Wimbledon und bei den US Open.

Chatrier wurde dann sogar IOC-Mitglied. Man mußte neue Statuten schaffen, die die Teilnahme von professionellen Sportlern ermöglichten – der Abschied von den Amateurregeln, die fast ein Jahrhundert lang gegolten hatten, war nicht leicht.

Steffi Graf war 1981 gerade zwölf Jahre alt und galt als bemerkenswertes Talent.

Trotz aller Müdigkeit nach einer langen und kräfteraubenden Saison: Sie hat Olympia genossen. Sie traf auf einmal Sportler, mit denen sie sonst nur auf derselben Zeitungsseite stand – dieses Zusammentreffen von Boxern mit Reitern, Läufern mit Schwimmern, Schützen mit Ringkämpfern ist

vielleicht eines der Ziele dieser Spiele. Man sah sie auf der Tribüne bei den Basketballspielen – sie fand sich zum Laufen bei den Leichtathleten ein – und sie entdeckte auch, wie es ist, im Olympischen Dorf zu wohnen, im Speisesaal in einer langen Reihe mit den anderen zu stehen. Es war eine seltsame Erfahrung auch für Spielerinnen wie die ältere Chris Evert: Sie waren es gewohnt, geräumige Hotelsuiten zu bewohnen, ausgesuchte Mahlzeiten serviert zu erhalten und alle jene angenehmen Rücksichten, die man einem Star entgegenbringt. Olympische Dörfer sind eine gewaltige Jugendherberge – lärmig, spartanisch, gesellig.

Eine Szene des olympischen Alltags: Steffi Graf hatte die Startnummer 0520 bei diesen Spielen, und als sie einmal nach einem Match aus dem kleinen Stadion eilen wollte, wurde sie von einem

streng blickenden Herrn aufgehalten: Nummer 0520 sollte etwas tun, was bei Olympischen Spielen nicht so ungewöhnlich ist: sie sollte müssen, obgleich sie gar nicht mußte – es ging um die obligaten Dopinguntersuchungen. Es ist schwierig zu müssen, wenn man gar nicht muß – es warteten rund dreißig Ärzte, Schwestern, Laboranten, Helfer darauf, daß die Nummer 0520 endlich konnte, und als das Warten schließlich erfolgreich war, geschah die größte Schusseligkeit dieser Spiele: Der streng blickende Herr ließ das Glas fallen und bedeutete der Nummer 0520, daß sie *noch einmal* zu müssen habe, obgleich sie nun noch weniger müssen mußte als zuvor. Die Nummer 0520 ergab sich in ihr Schicksal – nein, Blicke von neunzehnjährigen Damen können nicht töten.

Sie hatten ganz in der Nähe des Olympischen Dorfes ein Dutzend

Tennisplätze angelegt mit einem stumpfen Gummiboden sowie einem schönen Centre Court. Die Bälle entstammten einer koreanischen Manufaktur ohne große Erfahrung in diesem Metier – die meisten Spieler waren nicht glücklich damit. Steffi Graf schlug zunächst die Georgierin Leila Mashki aus Tiflis, dann die Französin Catherine Suire. Im Viertelfinale traf sie auf die Russin Larissa Sawtschenko, die im dritten Satz auf einmal 3:1 in Führung lag – niemand wußte, wie es geschah: Die Gegnerin hatte noch nicht einmal besonders gut gespielt, aber auf einmal waren die Bälle der Deutschen einige Zentimeter zu lang oder blieben im Netz hängen. Es blieb die einzige wirklich gefährliche Situation für Steffi Graf in diesem olympischen Tennisturnier. Im Semifinale überließ sie der Amerikanerin Zina Garrison in zwei Sätzen zwei Spiele

– im Endspiel gewann sie gegen Gabriela Sabatini 6:3, 6:3.

Es ist fraglich, ob Steffi Graf in dem Moment begriff, daß sie mehr als nur irgendein Tennisturnier gewonnen hatte. Sie schaute ein wenig verwundert, als man ihr bedeutete, auf dieses Treppchen zu steigen, als man die Fahne emporzog, die Hymne spielte, und als der Olympier Willi Daume ihr die goldene Medaille überreichte. Niemand verlangte von ihr jene sonst übliche kleine Rede, in der es meistens heißt, wie toll die Zuschauer waren, wie tapfer die Gegnerin, wie spendabel die Sponsoren. Hier war sie eine von vielen Olympiasiegerinnen, die nach der letzten Zeremonie eine Feier beginnen konnte oder die Koffer packen.

Die Koffer waren bereits gepackt, und drei Stunden nach dem Matchball saß sie im Flugzeug – ein neunzehnjähriges, erfolgreiches und

unendlich müdes Mädchen. Umsteigen in Hongkong, wo der Flugplatz nicht zu den schönen Bauten dieser Welt gehört und selbst der Duty-Free-Shop kaum einen Kaufreiz verursacht. Nach einer Weile kam ein Angestellter der Luftlinie und bot beflissen an, daß man die Wartezeit ja weitaus bequemer in der für solch prominente Gäste vorgesehenen Lounge verbringen könnte. Er marschierte zielbewußt voran über einen langen Gang und noch einen langen Gang und noch einen. Als man angelangt war, stellte sich heraus, daß der bequeme Warteraum längst geschlossen war. Steffi Graf sah nun noch müder aus.

Seoul, 1. Oktober 1988
<u>Finale des Olympischen Turniers</u>

Steffi Graf – Gabriela Sabatini
6:3, 6:3

Davispokal-Sieg

Schweden – Deutschland

Göteborg, 18. Dezember 1988

Wenn die Wolken in Göteborg ganz tief hängen und es leise vor sich hintrieft, wenn es den ganzen Tag nicht richtig hell wird und man unten am Wasser die tristen Häuser der Innenstadt vergißt, dann ist es so, als würden sie immerfort Solveigs Lied spielen.

Selbstverständlich hat das nichts mit diesem Spiel zu tun, das sie in diesen vorweihnachtlichen Tagen in einer Halle austragen, die man »Scandinavium« nennt. Es ist das Finale des Daviscup-Wettbewerbs 1988, und es spielen die Schweden gegen die Deutschen. Die Einheimischen verfügen mindestens über ein halbes Dutzend Athleten, die den Gästen überlegen sind. Die Nummer eins der Welt heißt Mats Wilander, und ihm zuliebe hat man einen weichen Sandplatz in die Halle gelegt – einen roten Boden, auf dem er kaum einmal verloren hat, wenn es darauf ankam. Die Nummer fünf der Welt heißt in diesen Tagen Stefan Edberg, der einige Monate zuvor im Endspiel von Wimbledon gegen Boris Becker gewann, die Nummer vier. Edberg und Anders Jarryd sind die Sieger im Doppel bei den Grand-Slam-Turnieren in Melbourne und New York. Der Zweitbeste bei den Deutschen ist die Nummer 74 in der Welt, ein Linkshänder namens Carl-Uwe Steeb – das Doppel mit Becker und Eric Jelen ist ein für diesen Anlaß zusammengestelltes Paar, eine Notgemeinschaft.

Drei Jahre zuvor hatten die Schweden in München das Finale gewonnen – man muß weitere achtzehn Jahre zurückgehen, um das 0:5-Finale eines deutschen Teams gegen die Amerikaner zu finden. Egal wie sie immer hießen: Die Deutschen hatten ihre Ambitionen auf diese »Salatschüssel« in fast neun Jahrzehnten nie erfüllen können – Kreuzer und Froitzheim nicht, Bungert und Kuhnke nicht, auch Becker und Westphal-Schwaier-Jelen nicht. Man hätte an jenem grauen Tag in Göteborg mit Leichtigkeit ein Dutzend weiterer Gründe aufzählen können, die alle die Favoritenstellung der Schweden untermauerten. Der Chronist erinnert sich, daß vor Beginn ein schöner Mensch mit tief in den Rücken fallenden Haaren die Nationalhymnen sang – und er erinnert sich weiter, daß er daran dachte, nie zuvor einen farbigen Tenor erlebt zu haben, der so ergreifend von Einigkeit und Recht und Freiheit sang.

Das erste Match zwischen Wilander und Steeb begann um 16.25 Uhr. Steeb hatte die Wahl gewonnen und sich dafür entschieden, Wilander zuerst aufschlagen zu lassen. Nach etwa vierzig Minuten gelang Steeb ein Break. Da stand es 3:2. Der Chronist erinnert sich, fortgegangen zu sein – er führte zwei längere Telefongespräche, trank eine Tasse Kaffee und plauderte mit einem zauseligen Menschen namens Ion Tiriac. Als er zu-

rückkehrte, war das Match eine Stunde alt, und es stand 5:5. Beim 8:7 kam Steeb zu drei Satzbällen bei Wilanders Aufschlag, und als sie vergeben waren, konnte man sich des Eindrucks nicht erwehren, daß die britischen Schiedsrichter den Deutschen zumindest nicht gerade zuvorkommend behandelt hatten. Nach einer Stunde und fünfzig Minuten hatte Wilander den ersten Satz mit 10:8 gewonnen. Nachdem Wilander auch den zweiten Satz mit 6:1 für sich entschieden hatte, war es 18.50 Uhr.

Seltsam, aber Carl-Uwe Steeb, den sie alle Charly nennen, sah auch bei diesem Rückstand nicht so aus, als habe er sich aufgegeben. Er prügelte diese Bälle, die viele Spieler für »tot« halten, und rannte, bis ihm die Hornhaut unter den Füßen platzte; er spürte die Anzeichen von Wadenkrämpfen und sicherlich auch das Pochen seines Herzens. Steeb hielt bei den endlosen Grundlinien-Duellen, die des Schwedens Spezialität waren, nicht nur mit, sondern versuchte selber zu diktieren – er, der Nobody aus den unteren Regionen der Weltrangliste gegen die Nummer eins. Er wechselte das Tempo, schoß zwischendurch plötzlich seine Linkshänder-Vorhand die Linie herunter. Gegen Ende des dritten Satzes holte Steeb sich einmal elf Punkte in Folge. Um 19.18 Uhr hatte Steeb diesen Durchgang mit 6:2 gewonnen, dann ging man in die bei dieser Gelegenheit vorgeschriebene Pause. Um 20.20 Uhr hatte Steeb auch den vierten Satz 6:4 gewonnen. Es sah aus, als würde es Wilander Schwierigkeiten bereiten, bei seinen Schlägen in die Knie zu gehen – als habe er jene Flüssigkeit in seinen Bewegungen verloren, die ihm in Melbourne, Paris und New York zu seinen Siegen verhalf.

Steeb führte im fünften Satz wie im

Die deutsche Mannschaft beim Davis-Cup-Finale in Göteborg. Oben: Carl Uwe Steeb. Unten von links: Eric Jelen, Patrik Kühnen, Boris Becker, Nicola Pilic.

ersten 4:2, aber was will das schon besagen auf einem sandig-weichen Untergrund, der das Tempo aus den Bällen nimmt und dem anderen die Möglichkeit gibt, sich doch noch in eine Schlagposition zu bringen? Dann stand es 6:5 für Wilan-

der – Matchball. Es ist fraglich, ob Carl-Uwe Steeb zu erklären vermag, was bei dem nächsten Schlag vor sich ging – ob es überhaupt irgendeine Überlegung gab. Es sah zumindest so aus, als habe er die Augen geschlossen und einfach

draufgedroschen: Der Ball fetzte hinten rechts in den Winkel zwi-

schen Grund- und Seitenlinie. Um
21.27 Uhr stand es 6:6. Der ver-
rückteste Ballwechsel war der vor-
letzte: Steeb stand ungünstig mindestens zwei Meter vor dem Netz –
Wilander hieb einen harten Passierschlag die Linie hinunter auf
Steebs Rückhand – Steeb streckte
sich und brachte auf irgendeine
Weise den Schläger an den Ball,

**Jubel in Göteborg (oben) und Jubel in
Bonn (unten: Bei einem Empfang des Bun-
despräsidenten Richard von Weizsäcker in
der Villa Hammerschmidt, am Tag nach der
Göteborger Sensation).
Annähernd neun Jahrzehnte brauchten die
Deutschen, um sich ihre Ambitionen auf
die »Salatschüssel« erfüllen zu können,
und nie wird es wieder so sein wie 1988 in
Göteborg.**

Rechte Seite: Vier Freunde müßt ihr sein.

der fast parallel zum Netz auf die andere Seite tropfte. Als Steeb dieses Match beendet hatte, war es 21.35 Uhr. Seit dem ersten Aufschlag waren fünf Stunden und zehn Minuten vergangen.

Aber es war ja nur das erste Match. Es stand 1:0 für die Deutschen – gut und schön. Da blieb der weiche Platz, da blieb das heimische Publikum –, da blieb die Tatsache, daß man ja drei Punkte zum Sieg benötigt – da blieb auch die Überlegung, daß Boris Becker sich auf diesem Sand nicht gerade wohlfühlte. Bekker hatte in seinem Hotelzimmer auf dem Bett gelegen und das erste Match am Fernseher verfolgt. Als Steeb zwei Sätze verloren hatte, machte er sich auf in die Halle. Er legte sich auf die Massagebank und wartete. Er nahm zur Kenntnis, daß Steeb den dritten Satz gewann, und schöpfte etwas Hoffnung, als man ihm sagte, Steeb habe den Satzausgleich geschafft – schließlich »ertrank« er fast in der Freude, die die anderen in den Umkleideraum brachten. Dann ging er hinaus, um gegen Stefan Edberg zu spielen. Er versuchte wohl, sich einzureden, daß es nur eine weitere Begegnung mit dem Schweden sei, gegen den er ja schon als Junge gekämpft hatte – fünfzehnmal insgesamt, wobei Becker neunmal siegreich geblieben war. Aber die Niederlage im Wimbledonfinale vor gut fünf Monaten – sie schmerzte.

Es heißt, daß Boris Becker nie besser auf einem Sandplatz spielte als an diesem Abend: eiskalt, routiniert, mit einer wütenden Überlegenheit, als würde sein Heil von jedem Punkt abhängen. Zwischen Spielern, die beide unter den besten Fünf der Welt stehen, kann es normalerweise keine »Deklassierung« geben – hier geschah sie. Die Bälle, die Becker seinem Gegner ins Feld hieb, entmutigten nicht nur den Schweden, sondern auch

die Zuschauer, die fluchtartig die Halle verließen. Becker schlug Edberg 6:3, 6:1, 6:4. Es war kurz nach Mitternacht.

Es ist bereits gesprochen worden von der Überlegenheit des schwedischen Doppels mit Stefan Edberg und Anders Jarryd – und bis zum Beginn des dritten Satzes gab es keine Veranlassung, davon auch nur eine Silbe zurückzunehmen. Becker versuchte später abzuwiegeln: Sie hätten ordentlich gespielt, und Jelen sei ein guter Partner gewesen – auch zu Beginn. Niemand ist objektiv – vor allem dann nicht, wenn er selber beteiligt ist. Und bis zum 3:3 im dritten Satz war es ein schlimmes Bemühen der beiden Deutschen, »im Spiel« zu bleiben, mitzumachen, vielleicht doch einen Zusammenhalt und eventuell eine Schwäche bei den Schweden zu finden. Becker kassierte sogar eine Verwarnung vom Schiedsrichter, als er nach drei vergebenen BreakChancen seinen Schläger ärgerlich auf den Boden warf.

Dann geschah etwas, wofür es bis heute keine Erklärung gibt – nicht geben kann. Anders Jarryd, laut Rangliste der beste Doppelspieler der Welt, erlitt die schwärzeste Serie seiner ganzen Laufbahn – eine Serie, die eventuell auch seine ganze Karriere später negativ beeinflußte. Er verlor jedes seiner folgenden sechs Aufschlagsspiele. Selbstverständlich verliert man im Doppel so etwas nie alleine, aber Edbergs Bemühungen nutzten da gar nichts mehr. Es fiel ihnen auch keine taktische Variante ein, keine Lobs, keine Veränderung der Formation, nichts. Edberg meinte hinterher, man würde immer so spielen – man könne den Stil nicht während eines Matches ändern. Unterdessen wuchs Eric Jelen mit jedem Punkt, mit jedem Spiel, mit jedem Erfolgserlebnis – Boris Becker fügte seine Kraft hinzu, seine trotz der

Jugend schon so große Erfahrung: Das deutsche Paar zog sein Spiel so harmonisch auf, als würde es jedes Wochenende miteinander antreten. Becker/Jelen schlugen Edberg/Jarryd 3:6, 2:6, 7:5, 6:3, 6:2 und setzten zum erstenmal »Deutschland« auf die Siegerliste des Davispokal-Wettbewerbs.

Wie sehr es die Schweden getroffen haben muß, dieses Finale auf eine Weise zu verlieren, die niemand zu prophezeien gewagt hätte, wurde am dritten Tag offenbar – bei den letzten beiden Einzeln, die für den Ausgang bedeutungslos geworden waren. Nur Stefan Edberg fühlte sich noch imstande, ein Match zu bestreiten – er gewann es gegen Steeb. Den letzten Punkt überließ man kampflos den Deutschen, da Wilander unauffindbar war und Jarryd sich krank meldete – man kann Kummer auch in Göteborg ersäufen, wenn es grau ist. Um den Zuschauern für das Eintrittsgeld noch ein weiteres Match zu bieten, holte man Mikael Pernfors von der Tribüne und ließ ihn gegen Patrik Kühnen spielen – Kühnen gewann.

Ein Jahr später gewannen die Deutschen wiederum dieses Finale gegen die Schweden – dieses Mal in Stuttgart. Aber es war bereits ein Erfolg, den man mit einer gewissen Erwartung zur Kenntnis nahm – es ist immer so, wenn derartiges zum zweiten Mal geschieht.

Kein Mensch vermochte damals zu sagen, ob überhaupt und, wenn ja, wie oft die Deutschen den Davispokal noch gewinnen werden. Aber es wird nie wieder so sein wie damals in Göteborg.

Göteborg, 18. Dezember 1988
Davis-Cup-Finale
Schweden – Deutschland
Erstes Einzel

Carl-Uwe Steeb – Mats Wilander
8:10, 1:6, 6:2, 6:4, 8:6

Aufschlag, Volley, Punkt
Martina Navratilova – Zina Garrison

Wimbledon, 7. Juli 1990

Sie war ein pummeliger Teenager, achtzehn Jahre alt, und es ist nicht unbedingt anzunehmen, daß sie sich große philosophische Gedanken um politische Freiheiten machte. Gesetzt den Fall, sie hätte sich damals beim Treppensteigen zu Hause den Knöchel verrenkt oder wäre plötzlich so erkrankt, daß sie nicht mehr Tennis spielen konnte: Sie wäre heute vielleicht Verkäuferin in einem Supermarkt in Dallas oder New York oder Los Angeles, und kein Mensch würde sich ihrer erinnern.

Martina Navratilova hatte im Spätsommer 1975 das Semifinale der US Open verloren, die damals noch auf den Rasenplätzen des *West Side Tennis Clubs* in Forest Hills bei New York ausgetragen wurden. Sie war zeitweise bereits die Nummer drei auf der Weltrangliste gewesen, was seinerzeit aber nicht viel bedeutete. In Wimbledon war sie im Viertelfinale gescheitert – in Paris und in Melbourne verlor sie die Endspiele. Natürlich hatte sie auch Turniere gewonnen, aber es war keineswegs so, daß man in ihr einen kommenden Star sah. Es gab Sprachschwierigkeiten, und die Konkurrentinnen sahen in ihr nicht mehr als eines von jenen Mädchen aus der Tschechoslowakei, die – hervorragend ausgebildet – hinaus in die Welt geschickt wurden, um harte Devisen heimzubringen, die der Staat dringend benötigte. Als die US-Meisterschaften 1975 vor-

bei waren, bekam Martina Navratilova einige kleine Schlagzeilen: Sie gab bekannt, daß sie nicht mehr heimkehren wolle und um politisches Asyl nachgesucht habe. Im schnellebigen Amerika passierte das öfter, und es war nicht mehr wert als eine kurze Nachricht.

Sie suchte sich ein Apartment im texanischen Fort Worth und tat alles das, was ihr bisher verwehrt worden war: Sie behängte sich mit billigem Schmuck, aß alles, was Spitzensportler nicht essen sollten, und wurde noch pummeliger – sie las auf der Straße einen Hund auf, um ein lebendiges Wesen um sich zu haben, und verlor mehr Matches als sie gewann. Die wenigen Leute, die ein Auge auf ihr Talent geworfen hatten, wandten sich ab. So ist das nun einmal in diesem Geschäft. Es war wohl so, daß Martina Navratilova Freunde fand – genauer: Freundinnen –, die sie daran erinnerten, daß Talent allein zum Erfolg nicht ausreicht. Und daß man in Amerika Erfolg haben muß, um etwas zu gelten – mehr noch als anderswo. Sie begann wieder mit der Arbeit, die sie daheim in Bernice unweit Prag einst gelernt hatte, mit der Mutter, mit dem Stiefvater, mit den Trainern. Sie war gefördert worden unter dem System, obgleich sie dieses Spiel anders betrieb als die anderen – nicht auf die geduldige Art von der Grundlinie, sondern aggressiver – Aufschlag, Volley, Punkt.

Fünfzehn Jahre später: An diesem Samstagnachmittag spielte Martina Navratilova auf dem Centre Court von Wimbledon ihr elftes Endspiel, von denen sie acht gewonnen hatte. Acht Wimbledonsiege im Einzel: Das hatte bisher nur die Amerikanerin Helen Wills-Moody in den dreißiger Jahren geschafft. Martina Navratilova gewann hier erstmals 1978, dann 1979, und sie glaubte damals wohl, daß es immer so weitergehen würde. Als sie 1980 hier verlor, brach eine kleine Welt zusammen; sie vergaloppierte sich in seltsame Formulierungen und meinte, es sei so, als wäre ihr ein Kind gestorben. Aber beim zweiten Hinhören konnte man sogar diesem »hinkenden Vergleich« Verständnis entgegenbringen: Sie hatte ja nichts anderes als dieses Spiel und den Erfolg darin – in den Zeitungen in Prag wurde ihr Name verschwiegen, und wenn die Eltern ihre Tochter sehen wollten, reisten sie an die deutsche Grenze, um einer Fernsehübertragung zuzuschauen. Nein – es ging ihr längst glänzend, denn einer doppelten Wimbledonsiegerin geht es nie mehr schlecht. Aber sie war doch immer noch erst Anfang zwanzig Jahre alt.

Doch Martina Navratilova kam wieder und holte sich von 1982 bis 1987 sechs Wimbledonsiege in Folge – dazu Siege in Paris, Melbourne und New York; oft blieb sie monatelang ohne Niederlage. Aus dem Pummel war längst eine sehnige Athletin geworden mit neuer Haarfarbe, neuen Zähnen, neuer Spielauffassung, neuer Umgebung.

Die Navratilova reiste mit einem Stab von Beratern. Da war die Transsexuelle Renee Richards, die sich ihr Recht, eine Frau zu sein, vor dem Gericht erstritten hatte, nachdem sie als Richard Raskind Marineoffizier war und ein berühmter Augen-Chirurg. Da war

Nancy Lieberman, die einst eine der besten Basketballspielerinnen der USA war. Da war ein Ernährungswissenschaftler, ein Trainingspartner und einer, der über jedes Match und jede eventuelle Gegnerin eine Computer-Analyse erstellte. Es gab keine andere Athletin – egal in welchem Sport – auf der Welt, die sich so ihrem Beruf hingab. Sie nahm Millionen-Beträge ein. Einmal, 1984, kassierten in der professionellen Sportwelt nur drei Boxer mehr als sie. Als sie achtmal in Wimbledon gesiegt hatte, wünschte sie sich den neunten Titel – Sportler finden immer neue Ziele. Aber in den Jahren 1988 und 1989 kam ein junges Mädchen aus Deutschland – Steffi Graf – und zerstörte diesen Traum.

Der Rekord

An diesem 7. Juli 1990 war Martina Navratilova fast vierunddreißig Jahre alt, und vielleicht hat sie in der Nacht zuvor manchmal an das gedacht, was in den fünfzehn vergangenen Jahren alles mit ihr passiert war. Die junge Deutsche, der man es am ehesten zugetraut hatte, ihren Spuren zu folgen, plagte sich mit anderen Gedanken – Steffi Graf gewann, so lange sie es vermochte, und als es nicht mehr ging, verlor sie das Semifinale gegen die farbige Zina Garrison. Es war kein besonders erinnerungswürdiges Match. Martina Navratilova hingegen hatte in keinem Satz mehr als vier Spiele abgegeben – sie tat es auch im Finale nicht, das sie gegen

Links: 1978 stand Martina Navratilova erstmals im Wimbledon-Finale – und gewann gegen Chris Evert mit 2:6, 6:4, 7:5.

Rechts: Zina Garrison jubelt über ihren Halbfinalsieg in Wimbledon gegen Steffi Graf, 1990. Mit ihr im Endspiel: Martina Navratilova.

So ist sie – auf dem Weg zum Rekord: Martina Navratilova hat alle Ehrungen erhalten, die eine Athletin erhalten kann, und in Wimbledon 1990 schien sie jeden Grashalm zu kennen.

Zina Garrison 6:4, 6:1 gewann, die sich auf einmal davor zu erschrecken schien, so kurz vor dem Gipfel zu sein, und die vieles von dem vergessen hatte, was sie zumindest in die erweiterte Weltklasse führte. Und auch das Spiel der Martina Navratilova strahlte nicht den Glanz vergangener Tage aus. Sie besaß die Routine von jenem knappen Dutzend Wimbledon-Finals, sie schien jeden Grashalm hier zu kennen – und trotzdem: Es sah manchmal so aus, als sei ihr mehr daran gelegen, nur ja keinen Fehler zu begehen. Das Match erhielt seinen besonderen Charakter lediglich aus der Spannung, ob es der einen gelingen würde, diesen neunten Sieg zu erringen. Als es vorbei

war, hüpfte die Navratilova winkend über den Platz. Immerhin: Sie wußte, daß es lange dauern wird, bis es jemand schafft, diese neun Erfolge zu übertreffen. Sie sprach später davon, wie gerne sie nun auch den zehnten Sieg ansteuern möchte, und die Frage nach einem eventuellen Ende ihrer Laufbahn schob sie weit von sich: Sie spüre es, daß sie noch viele Siege in sich habe.

Als sie ein Jahr später einer noch Jüngeren unterlag, wirkte sie nachdenklicher.

»Die Navratilova«

Man redet längst von »der Navratilova« – so, wie man »die Garbo« oder »die Pawlowa« sagt. Sie hat jahrelang mit Chris Evert um die Vorherrschaft gerungen und diese dann eindeutig für sich entschieden. Sie hat alle Ehrungen erhalten, die eine Athletin bekommen

kann – inklusive jener als »Athletin des Jahrzehnts«. Sie hat ihren immensen Reichtum zu teilen gewußt mit kranken Kindern, Unterprivilegierten und der Dritten Welt. Sie hat natürlich auch gespendet, als man Geld sammelte für die Renovierung der Freiheits-Statue im Hafen von New York. Am 21. Juli 1981 gab man ihr die Staatsbürgerschaft der Vereinigten Staaten. Als man die Neubürgerin in das amerikanische Team für den Federation-Cup-Wettbewerb berief, der in Prag stattfand, unternahm sie auch diese Reise und genoß es, daß man sich an sie erinnerte und sie feierte. Sie besitzt eine ganze Reihe von Häusern in den schönsten Gegenden der USA, die sie mit Hunden, Katzen und Freundinnen teilt. Einmal – Mitte der achtziger Jahre – hatte sie es geschafft, die Eltern zu sich nach Amerika zu holen; sie kaufte ihnen ein Haus eine Straße weiter. Aber nach einigen Monaten waren die beiden froh, wieder zurück nach Prag reisen zu dürfen – sie wurden nicht glücklich in der fremden Umgebung und mit dem für sie fremden Leben der Tochter. Vielleicht hat Martina Navratilova an all das gedacht, als sie an diesem 7. Juli 1990 ihren neunten Titel in Wimbledon gewann. Vielleicht hat sie auch daran gedacht, was geschehen wäre, wenn jenes pummelige Mädchen fünfzehn Jahre vorher sich beim Treppensteigen den Knöchel verrenkt hätte – vielleicht.

Wimbledon, 7. Juli 1990
Finale der Damen

Martina Navratilova – Zina Garrison
6:4, 6:1

Kaum vorstellbar, daß einer anderen Spielerin in diesem Jahrtausend ein vergleichbares Kunststück gelingt: Überglücklich hält Martina Navratilova in Wimbledon die Siegerschale hoch – zum neunten Mal!

Nummer eins der Herren

Boris Becker – Ivan Lendl

Melbourne, 27. Januar 1991

Dieses Mal war es ganz anders: In gut fünf Jahren hatte Boris Becker es sich abgewöhnt, seine Siege hüpfend-lachend-jubelnd zu feiern – nur noch ein kleines Lächeln, ein leiser Triumph, ein emporgestreckter Zeigefinger. Aber dieses Mal brach es aus ihm heraus wie in den früheren Jahren – die sichtbare Bemühung, nur ja »cool« zu wirken, war verschwunden. Er sprang ein ums andere Mal herum wie ein Füllen bei der ersten Begegnung mit einer grünen Wiese, schleuderte seinen Schläger in die Westkurve dieses Stadions im Flinders Park von Melbourne und lachte über das ganze Gesicht. Dann sprang er über eine von diesen Reklametafeln und verschwand im dunklen Tunnel.

Die Zuschauer in diesem Stadion, das so modern wirkt wie eine versehentlich hier gelandete riesige Raumkapsel von einem anderen

6. Juli 1985: Nicht nur in der Dortmunder »Rote-Becker-Straße« grassiert das Wimbledon-Fieber.

Stern, kicherten verständnisvoll – die vielen Millionen an den Bildschirmen überall auf der Welt vermochten noch zu sehen, wie die Kamera ihn im Halbdunkel bis vor eine Tür verfolgte, die erst auf ein zweites Dagegenstemmen nachgab – dann war er weg, einfach verschwunden.

Eine kleine Weile hielt das kichernde Verständnis an: Warum soll einer, der gerade die 78. Meisterschaften Australiens, das erste Grand-Slam-Turnier 1991, gewonnen hat, nicht einmal »rausmüssen«? Sicherlich hatte ihn die Not des kleinen Geschäftchens zuletzt bedrückt während des Finals gegen Ivan Lendl – gleich würde er erleichtert wieder erscheinen, verständnisinnig begrüßt von der Welt. Nur: Er kam nicht.

Boris Becker war hinausgelaufen durch den Gang, durch die Tür, durch noch einen kleinen Gang und über den Parkplatz – dorthin, wo ein paar Bäume standen, Gras wuchs.

Vom Pathos des Augenblicks

Er soll später gesagt haben, daß er weglaufen wollte – weg von allen Menschen, weg vom Trara der Zeremonien, weg von den Feierlichkeiten, weg vom manchmal peinlichen Pathos dieser Augenblicke. Nein – er ist nicht weit gelaufen. Irgendwann wird es ihm zum Bewußtsein gekommen sein, daß ei-

ner wie er nicht mehr weglaufen kann. Dann ist er zurückgegangen in diese Riesenschüssel voller Menschen, hat sich beglückwünschen lassen, Hände gedrückt, einen Pokal entgegengenommen und auch einen Scheck. Die obligate Rede, die man bei solchen Gelegenheiten von dem Sieger erwartet, beschränkte er auf zwei-drei kurze Sätze: Er könne jetzt wenig sagen – es sei schwierig für ihn in diesem Moment, er danke allen, es täte ihm leid.

Das war's. Natürlich könnte man ihm unterstellen, einen Kloß im Hals gespürt zu haben, aber sicher weiß man das nicht. Glück? Vielleicht. Sicherlich aber Zufriedenheit.

Die »offizielle« Nummer eins!

So hat es sich abgespielt, als Boris Becker endlich die Nummer eins der Weltrangliste war – offiziell bescheinigt und vom Computer ausgedruckt. Für viele Menschen war er es wohl auch früher schon manchmal gewesen, aber wenn man sich darauf einläßt, seinen Status von elektronisch gesteuertem Gerät bescheinigen zu lassen, braucht man eine solche Bestätigung. Computer kennen weder Nationalitäten noch Sympathien und sie werten einen blöden Zufallsball nicht anders als den krachenden Vorhandschlag, mit dem Boris Becker zuvor dieses Turnier beendete.

Ausgerechnet in Australien! Er war ein halbes Dutzend Mal hierhergefahren und hatte sich Nieder-

Sechs Jahre nach dem ersten Sieg eines Deutschen im Wimbledon-Finale ist der Name »Boris« auch auf dem fünften Kontinent ein Begriff. Von den Fernsehkameras in alle Welt übertragen kürt sich Becker 1991 bei den Australien Open in Melbourne zur offiziellen Nummer eins.

Boris-Becker-Fans in Indianapolis, 1985.

lagen eingehandelt, die unerklär-
lich schienen – zunächst auf dem
Rasen des alten Kooyong-Stadions,
später hier auf dem Plastikplatz im
Flinders Park. Da standen Namen
wie Michiel Schapers, Wally Ma-
sur, Jonas Svensson, auch der lust-
los gewordene Mats Wilander: In
Melbourne hatte Becker nie mehr
als die Runde der letzten Acht erreicht. Er war dieses Mal schon vor
Weihnachten nach Australien gekommen, aber es begann gar nicht

verheißungsvoll: Beim Turnier in
Adelaide verlor er in der ersten
Runde gegen Magnus Larsson, und
als er in einem Schaukampf gegen
den jungen Goran Ivanisevic unterlag, gab es sogar Überlegungen, die
»Open« zu streichen. Es war wohl
sein Trainer Bob Brett, der ihn
überzeugte, am Turnier teilzunehmen.
In den ersten beiden Runden spielte ein durchaus nicht glänzender
Becker gegen den Briten Jeremy
Bates und den Tschechoslowaken
Marian Vajda. Die beiden Drei-

satzsiege waren nicht mehr als ein
Aufwärmen. Dann folgte der Italiener Omar Camporese; als es vorbei war, hatte man fünf Stunden
und elf Minuten gespielt – nie gab
es ein längeres Match bei Australiens Meisterschaften. Becker gewann es 7:6, 7:6, 0:6, 4:6, 14:12!
Und man geht wohl nicht fehl in
der Annahme, daß es dieses Match

**Ein Traum wird wahr. Vor dem neunzehn-
ten Match zwischen Becker und Lendl war
noch alles offen: »Show down« im Flinders
Park.**

war, in dem Becker vergaß, daß er »in Melbourne nicht gewinnen kann«.

Der Südafrikaner Wayne Ferreira vermochte gegen die kontrollierte Kraft Beckers genausowenig auszurichten wie der Franzose Guy Forget, der wenige Wochen zuvor zwei Turniere gewonnen hatte. Im Semifinale schließlich gegen Patrick McEnroe, den jüngeren Bruder Johns, gab es nur zu Beginn Unsicherheiten und einen mit 2:7 im Tiebreak verlorenen Satz. Dann Ivan Lendl – im Endspiel.

Gegen den Titelverteidiger

Es war die neunzehnte Auseinandersetzung zwischen diesen beiden Spielern seit 1985 – eine Fortsetzung auch des Kampfes zweier Generationen. Lendl ist fast acht Jahre älter.

Jeder hatte neunmal gewonnen bis zu diesem Tag; für Becker sprach, daß er noch nie bei einem Grand-Slam-Turnier gegen Lendl verlor.

Es hieß, der Deutsche habe eine Zerrung im Rücken; der Masseur kam auf den Platz und massierte ihm eine wärmende Salbe in die Haut. Bevor noch die letzten Zuschauer Platz genommen hatten, stand es 5:0 für Lendl; er gewann den Satz 6:1. Es war still im Stadion wie immer bei solchen Resultaten: keine Begeisterung, auch kein Mitleid, vielleicht eher Langeweile – nichts ist so langweilig wie ein einseitiges Duell. Becker begann den zweiten Satz mit seinem Aufschlag, aber es schien so weiterzugehen wie zuvor – Lendl kam zu einem Breakpunkt. Becker wehrte ihn ab und gewann dieses Spiel. Hinterher, wenn man glaubt, klüger zu sein, gibt es immer Erklärungen: Wenn Ivan Lendl diesen einen läppischen Punkt geschafft hätte, wäre er wahrscheinlich auch der Sieger geworden.

Becker hatte wohl seine Schmerzen vergessen und begann, seine mächtigen Drives einzusetzen, bei denen es oft den Anschein hat, als würde er absichtlich auf die Linien zielen. Lendls Versuche fing er am Netz ab, zweimal zeigte Becker seine spektakulären Hechtrollen beim Volley: Jedermann weiß, daß es Alles-oder-nichts-Schläge sind, mit denen unbedingt der Punkt gemacht werden muß – aber sie sind »Kaviar fürs Volk« und bringen selbst phlegmatische Zuschauer auf die Beine.

Bei einer 5:4-Führung nahm Becker seinem Gegner den Aufschlag ab, als sei es das einfachste auf der Welt. Ivan Lendl zupfte an den Saiten seines Schlägers, rückte sein Hemd zurecht – sein Blick über das Netz zu dem anderen war nicht mehr so ruhig. Im dritten Satz führte Becker schnell 3:0, dann 4:1, dann 5:3 mit eigenem Aufschlag. Er kam zu fünf Satzbällen, aber Lendl erwiderte sie alle – vielleicht auch mit jenem Mut, den man erhält, wenn man eine Niederlage vor Augen hat. Becker verlor dieses Aufschlagspiel. Anschließend nahm der Deutsche dem Älteren wieder den Aufschlag ab – als er zum Satzball kam, schlug er die Vorhand im vollen Lauf die Linie herunter, und die Zuschauer sprangen von ihren Sitzen. Im vierten Satz war Boris Becker nur im fünften Spiel in Gefahr, aber zwei gewaltige Rückhandschläge – einen längs der Linie, den anderen quer über den Platz – glichen einen 15:40-Rückstand aus. Spätestens zu diesem Zeitpunkt dürfte Ivan Lendl gespürt haben, daß er dieses Match nicht mehr gewinnen konnte. Beim 5:4 kam Becker zu drei Matchbällen, als er einen Lob seinem Kontrahenten vor die Grundlinie schmetterte. Den ersten wehrte Ivan Lendl mit einer quer über den Platz gesetzten Rückhand ab –

dann entschied Becker diese »Australian Open 1991« mit dieser unheimlich harten Vorhand für sich.

Das war's denn also: Das Ende einer Jagd, die mehr als fünf Jahre gedauert hatte. Endloses Training; Quälereien, die niemand sieht; Schmerzen, die niemand spürt – auch Enttäuschungen, die niemand nachempfinden kann. Boris Becker war drei-, viermal bereits bis auf wenige Punkte an die vom Computer errechnete erste Position der Rangliste herangekommen – zunächst hinter Lendl, dann hinter dem Schweden Stefan Edberg. Aber der schwere Körper hatte oft gestreikt, Zerrungen, Muskelanrisse, dazu die Reisen innerhalb kurzer Zeit durch mehrere Zeitzonen – Müdigkeit nicht nur des Körpers, sondern viel mehr wahrscheinlich Müdigkeit im Kopf.

Während der dämliche Computer nun schwarz auf weiß das auspuckte, worauf er so lange gewartet hatte, meinte Becker, er sei nun der Beste in seinem Beruf und das könnten nicht viele Menschen von sich behaupten; er würde einige Wochen brauchen, um das richtig verarbeiten zu können.

Es dauerte nicht einmal diese kleine Zeitspanne – dann streikte ein Muskel, und der Computer rechnete aus, daß Boris Becker wieder die Nummer zwei war.

Traurig? Wahrscheinlich war er eher ärgerlich, aber nur einen Moment lang. Was auch immer in der Zukunft geschehen würde: Es wird nie wieder so sein wie in jenen Minuten nach dem Matchball unter den Bäumen im Flinders Park von Melbourne.

Melbourne, 27. Januar 1991

Finale der »Australian Open« im Flinders Park

Boris Becker – Ivan Lendl
1:6, 6:4, 6:4, 6:4

Zwei Sieger

Michael Stich – Boris Becker

Wimbledon, 7. Juli 1991

Wenn einem keine plausiblen Erklärungen mehr einfallen, spricht man von einem Wunder. Natürlich gibt es im Sport keine Wunder; trotzdem ist es verständlich, wenn viele es als Wunder betrachteten, daß an diesem 7. Juli 1991 zwei junge deutsche Herren das Endspiel in Wimbledon bestritten. Als sechs Jahre zuvor Boris Becker siebzehnjährig dieses Finale gewann, herrschte ungläubiges Staunen – das sich steigerte, als 1989 neben dem Sieger Becker auch noch die Siegerin Steffi Graf für ein deutsches »Double« sorgte. 1991 nun zu der Siegerin Steffi Graf auch noch die Tatsache, daß der Beobachter sich vor dem Finale im »Gentlemen Single« beruhigt zu-

Für Michael Stich boten die Londoner Buchmacher 1991 die Außenseiter-Quote von 66:1 – gutes Geld für die Mutigen.

Stets zur Stelle, wenn es einen Wimbledon-Sieger zu feiern gilt: die Herzogin von Kent. An diesem 7. Juli 1991 würde es auf jeden Fall ein deutscher Spieler sein.

rücklehnen konnte – was auch immer geschah, er würde einen Landsmann als Gewinner verkünden können.

Nie zuvor standen sich zwei deutsche Spieler im Endspiel von Wimbledon gegenüber; ja, nie zuvor hat man derartiges in der Geschichte der Grand-Slam-Turniere erlebt – jedenfalls nicht bei den Herren.

Michael Stich aus dem holsteinischen Elmshorn gewann das Herrenfinale 1991 in Wimbledon mit 6:4, 7:6, 6:4 gegen Boris Becker aus dem badischen Leimen.

Stich? Es ist nicht bekannt, wieviele Menschen die von den Londoner Buchmachern angebotene Außenseiter-Quote von 66:1 vor dem Turnier wahrnahmen.

Er wurde am 18. Oktober 1968 geboren und – obgleich nur elf Monate jünger als Becker – er drückte am 7. Juli 1985 noch die Schulbank. Man sagte, er spiele ganz gut Fußball und sehr ordentlich Tennis, aber er selbst meinte viel später einmal, daß ihn der Wimbledonsieg Beckers damals kaum sehr berührt habe. Im Gegensatz zu allen anderen schaffte er ein Abitur, das leider nicht gut genug für ein Studium der Sportmedizin war. Irgendwann muß ihm dann wohl der Gedanke gefallen haben, einfach mal zwei Jahre Tennisprofi zu werden – wenn's nicht klappt, kann man ja etwas anderes anfangen.

Es heißt, er sei das erste Mal im Jahr 1987 auf der Weltrangliste erschienen – als Nummer 795. Vier Jahre später war er immerhin die Nummer sieben der Welt. Da hatte er ein einziges Turnier gewonnen – 1990 in Memphis –, hatte einige

Endspiele verloren, und richtig aufmerksam wurde man erst vier Wochen vor Wimbledon, als er in Paris im Semifinale stand.

Michael Stich: Ein langer Schlaks, der Bücher liest, die andere nicht lesen; einer, der fließend und bestimmt zu diskutieren versteht, der auf dem Tennisplatz so kalt wie eine Hundeschnauze wirkt und manchmal auf dem schmalen Grat balanciert, den es zwischen herrlichem Selbstbewußtsein und schmerzender Arroganz gibt. Er hatte gesagt, daß sein Ziel in Wimbledon das Viertelfinale sei: Das unterschied ihn bereits angenehm von vielen Zauderern. Er hatte auch gesagt, daß sein Spiel sich gut für das Spiel auf Rasenplätzen eigne, womit er sicherlich recht hatte: Stich beherrscht die an sich einfachen Mittel für diesen Boden – er kann sehr gut aufschlagen, seine Volleys sind ausgezeichnet, er ist trotz seiner Länge sehr schnell.

»It's raining cats and dogs«

Die erste Turnierwoche war wegen des Regens angeblich die schlimmste in der Wimbledon-Geschichte. Die Spieler saßen stundenlang in den Aufenthaltsräumen herum, warteten und erfuhren schließlich, daß sie heute doch nicht mehr drankamen. Die Organisatoren sahen sich erstmals gezwungen, den zwischen den beiden Wochen liegenden Sonntag in den Spielplan aufzunehmen – und da sie es mit schnell gedruckten Eintrittskarten

Während Michael Stich im Finale durch sein ebenso kluges wie präzises Spiel überzeugte, schien Becker mehr als einmal mit seinem Schicksal zu hadern. Hier Kopf, dort Bauch? Hier kühle Ratio, dort heiße Emotion? Keiner der beiden wird sich so einfach festlegen lassen, und doch standen sich selten zwei so grundverschiedene Charaktere auf dem Centre Court gegenüber.

zum Einheitspreis von dreißig Mark taten, erlebte man am Centre Court auf einmal Tennis-Fans anstatt der Wimbledon-Fans. Ja – da gibt es einen ganz erheblichen Unterschied.

Die Experten erwarteten zum vierten Mal ein Finale zwischen dem Vorjahressieger Stefan Edberg und Boris Becker. Der Schwede erhielt als Nummer eins der Weltrangliste natürlich einen ganz erheblichen Vorteil: Da seine Matches immer vor jenen des Deutschen angesetzt waren, wurden sie in den Pausen zwischen den Regenschauern auch etwas schneller durchgezogen; Becker wurde in der ersten Woche meistens auf den nächsten Tag vertröstet – oder auf den übernächsten. Das bedeutete, daß das Programm sich in der zweiten Woche zusammendrängte – zuletzt traf das aber auch auf Edberg zu.

Becker schlug nach seinem Landsmann Steeb den Schweden Lundgren, dann den Russen Olhowsky, den Schweden Bergström, den Franzosen Forget und schließlich im Semifinale den Amerikaner David Wheaton. Obgleich er nie richtig in Gefahr gekommen war, schien ihm etwas von der ruhigen Sicherheit zu fehlen, die einen Spieler auszeichnet, der von sich weiß, ich bin in Form.

Michael Stichs Weg ins Endspiel war eher schwieriger. Der Amerikaner Goldie und der Italiener Nargiso kamen zunächst noch aus einer unteren Liga; gegen den Italiener Camporese gab es eine gelungene Revanche für das verlorene Daviscup-Match ein paar Monate zuvor. Gegen den Russen Alexander Wolkow allerdings hatte Stich »eigentlich« schon verloren: Wolkow führte im fünften Satz 5:4 mit eigenem Aufschlag, es stand 30:30. Wolkow hatte Stich weit aus dem Platz getrieben, um zum Matchball zu kommen. So richtig

genau kann es wahrscheinlich auch Stich selbst nicht sagen, wie er diesen Ball noch erreichte – was heißt hier erreichte: Der Ball wäre deutlich ins Aus geflogen, wenn er nicht die Netzkante berührt und von dort in schönem Bogen seine Richtung geändert hätte, bis er genau auf der Linie landete. Glück? Man kann natürlich sagen, es gibt kein Glück, obgleich der zehn Minuten später konsterniert geschlagene Wolkow es sicherlich anders sah. Aber dann waren es zumindest freundliche Umstände, die dafür gesorgt hatten, daß es nach dem Achtelfinale noch den Teilnehmer Michael Stich im Turnier gab.

Im Viertelfinale schlug Stich den Amerikaner Jim Courier in drei Sätzen, gegen den er noch vier Wochen zuvor in Paris verloren hatte. Und im Semifinale gewann er nach verlorenem ersten Satz die drei nächsten im Tiebreak gegen Stefan Edberg, der dabei kein einziges Mal ein Aufschlagsspiel verlor und vorher keinen einzigen Satz abgegeben hatte.

Das Match Stich-Edberg war mit seinen perfekten Aufschlägen und Volleys eine Demonstration dafür, wie man Tennis auf Rasen spielt – wenn man es kühler betrachtet, besaß es den gleichen Unterhaltungswert wie das Pendel einer Standuhr. Ein älterer Kollege auf der Pressetribüne meinte, wenn es sich hier um das Tennis der Zukunft gehandelt habe, brauche er nicht mehr herzukommen. So sehr unrecht hatte er nicht damit.

Favorit gegen Außenseiter

Natürlich war Becker der Favorit und Stich der Außenseiter – zuvor haben sie diese Positionen wahrscheinlich beide genossen.

Stich nahm Becker im ersten Spiel des ersten Satzes den Aufschlag ab und führte schon 3:1, als der drei-

malige Sieger endlich zu merken schien, daß ihm der jüngere Bruder ernsthaft das Erbe streitig machte. Becker gelang zwar der Ausgleich, aber man geht nicht ganz fehl in der Annahme, daß das Match schon entschieden war. Stich hatte da bereits die Selbstsicherheit gefunden, um zu spüren, daß er zumindest gleichwertig, wenn nicht sogar in manchen Situationen besser war an diesem Tag.

Es war ein seltsames Duell – und es gibt kaum eine Parallele dafür, wie sich zwei so grundverschiedene Charaktere auf dem Centre Court präsentierten. Hier Becker, der das Turnier schon dreimal gewonnen hatte und dieses Spiel »aus dem Bauch heraus« betreibt – einer, der seine Gefühle, seine Freude und auch seinen Frust nie verbirgt. Vielleicht ist sogar ein großer Teil seiner Popularität darauf zurückzuführen. Dort Stich, von dem man manchmal glauben möchte, daß er sogar die Hundertstelsekunde einer Reaktion noch zur kühlen Überlegung nutzt – ein intelligenter junger Mann, der so wirkt, als sei er zur Leidenschaft nicht fähig und nur von der Ratio beherrscht. Vielleicht ist beides falsch.

Später an diesem Abend gab es in jenem Haus in Wimbledon, das der Deutsche Tennis Bund seinen Spielern als nützliche Zuflucht gemietet hatte, eine Szene, wie es sie immer gibt unter Siegern und Besiegten. Drinnen im Wohnzimmer fläzte Michael Stich auf dem Sofa und beantwortete viele Fragen vieler Menschen, die um ihn herumsaßen und jedes Wort eifrig notierten – jemand machte ihn immer wieder

Aufsteiger des Jahres 1991 und die größte Überraschung der »All England Lawn Tennis Championships« in Wimbledon, seit Boris Becker 1985 hier zum ersten Mal gewann: Michael Stich, der damals noch die Schulbank drückte.

Das versöhnlich wirkende Schlußbild mag vielleicht täuschen, aber es hat dennoch etwas überaus Tröstliches an sich: Zwei Sieger verlassen Wimbledon.

darauf aufmerksam, daß er doch unbedingt zum Dinner der Champions müsse, aber Michael Stich wirkte wie einer, der ganz genau weiß, daß eine Hochzeit immer erst dann beginnt, wenn der Bräutigam eingetroffen ist.

Draußen auf der kleinen Terrasse über dem verwilderten Garten auf dem Bänkchen hockte Boris Bekker – es waren zwei, drei Leute um ihn; er sinnierte, daß es eine gute Gelegenheit gewesen wäre zum Aufhören – er war wieder die Nummer eins der Welt, weil Stich Edberg besiegt hatte –, wenn er nun auch noch in Wimbledon gewonnen hätte. Man hätte meinen können, er spreche mit sich selbst, als er von der Leere redete, die er verspüre – er sagte auch, daß wahrscheinlich ein gutes halbes Jahr vergehen würde, bevor Stich spürt, was sich alles geändert hat im Leben. Irgendwann schaffte es ein Fotograf, die beiden zusammen auf die kleine Gartenbank zu setzen. Alle Deutungen der Blicke der beiden sind wohl ebenfalls falsch.

Michael Stich war die größte Überraschung der »All England Championships« seit mindestens sechs Jahren – damals hatte Boris Becker gewonnen. Nein – es war wohl noch zu früh, von einer Stabübergabe zu reden. Niemand vermochte an diesem Abend zu sagen, ob der eine tatsächlich den Stab abgeben will – und auch nicht, ob der andere ihn tatsächlich übernehmen möchte. Es war nur so eine Idee.

Wimbledon, 7. Juli 1991
<u>Finale der Herren</u>

Michael Stich – Boris Becker
6:4, 7:6, 6:4